Benedetto XVI
Joseph Ratzinger

Vedere l'amore

Il mio messaggio per il futuro della Chiesa

Prefazione di Federico Lombardi

Rizzoli

Titolo originale dell'opera:
GLAUBE UND ZUKUNFT. KLEINE SCHRIFTEN ZUR THEOLOGIE
VOM SINN DES CHRISTSEINS. DREI PREDIGTEN
DER GOTT JESU CHRISTI. BETRACHTUNGEN ÜBER DEN DREIENIGEN GOTT

ISBN 978-88-17-09386-6

Prima edizione: aprile 2017

L'editore ringrazia la casa editrice Queriniana per i diritti di traduzione dei volumi Fede e futuro*;* Il Dio di Gesù Cristo *e* Tempo di Avvento

Edizione italiana a cura di Chicca Galli

Traduzione italiana di Rosino Gibellini, Carlo Danna e Dino Pezzetta

Da Fede e futuro *sono tratti i capitoli* Credere e sapere, Il futuro del mondo e la speranza dell'uomo *e* Come sarà la Chiesa del Duemila?*; da* Il Dio di Gesù Cristo *i capitoli* Dio, Gesù Cristo, Lo Spirito Santo*; da* Tempo di avvento *i capitoli* Siamo redenti? Ovvero Giobbe parla con Dio, La fede come servizio, *Soprattutto l'amore.*

Vedere l'amore

Prefazione

Questa raccolta di scritti risale al periodo di Ratzinger «professore» negli anni dopo il Concilio Vaticano II. Joseph Ratzinger non solo si era già fatto la fama di essere un brillante giovane teologo, con largo seguito fra i suoi studenti, ma era già stato chiamato dal cardinal Frings per accompagnarlo a Roma come suo esperto in occasione del Concilio, e là era entrato in contatto con i più autorevoli teologi cattolici del tempo e aveva dato un contributo di grande importanza all'elaborazione di alcuni fra i principali documenti conciliari. Era quindi un teologo maturo e affermato e la sua audience diventava sempre più ampia.

In quegli anni anche io ero in Germania, giovane studente di teologia, e anche io ho letto allora la famosa *Introduzione al cristianesimo* appena pubblicata – forse il libro di maggior successo di Ratzinger – e continuo a considerare quella lettura una delle più importanti, o forse proprio la più importante del periodo della mia formazione teologica. Le dispense dei suoi corsi accademici andavano a ruba anche in facoltà diverse da quelle in cui insegnava, e molti studenti di teologia – come me – cercavano occasioni per andare a sentirlo, a vederlo, quando teneva conferenze o lezioni in qualche luogo a loro accessibile.

I testi di quel tempo, fra cui appunto quelli ben scelti per questo volume, non hanno perso il loro fascino, che spiega bene il successo del professore e del conferenziere di allora. Ratzinger ha avuto un dono non comune nell'unire l'acutezza della riflessione teologica con l'esperienza della fede, e poi nel saper comunicare questa sintesi vissuta con un linguaggio intenso, ricco, espressivo e coinvolgente e allo stesso tempo limpido, del tutto comprensibile all'ascoltatore e al lettore attento.

Ma oltre al linguaggio, ad affascinare è anche la serietà del confronto con le domande cruciali del tempo, che anche a diversi decenni di distanza non hanno perso la loro attualità. Un confronto che si può ben definire sincero e coraggioso, deciso a non sfuggire in alcun modo davanti alle questioni difficili e radicali. Anzi, desideroso di cercarle e metterle in luce per affrontarle e rispondervi in modo credibile. Perché cercare e servire la verità è una vocazione e una sfida a cui Ratzinger non ha mai voluto sottrarsi. Domande di carattere teologico e culturale, ma perciò stesso anche di rilievo spirituale e pastorale decisivo per i credenti e per la loro comunità, la Chiesa.

Perciò la rilettura di questi testi in fondo non ci fa solo comprendere perché il Ratzinger professore avesse successo e seguito, ma anche perché Paolo VI – continuando la grande tradizione di vescovi tedeschi di alta levatura culturale e teologica – abbia pensato a lui come arcivescovo di Monaco, e infine anche perché Giovanni Paolo II, che ne aveva conosciuto il valore, non abbia in nessun modo voluto rinunciare ad averlo a Roma come prefetto della Congregazione per la Dottrina della Fede e suo principale collaboratore nel campo dottrinale durante tutto il suo lunghissimo pontificato. Si trattava infatti non solo di custodire il contenuto della fede, ma anche di saperlo esprimere con la sensibilità e il linguaggio adatti al nostro tempo.

Il pensiero di Joseph Ratzinger si è così arricchito e ha allargato i suoi orizzonti: il papato gli ha dato infine un orizzonte davvero universale. Ma è rimasto sempre coerente a se stesso con una continuità profonda. Perciò lo spirito e il discorso che sottendono gli scritti qui ripubblicati si possono riconoscere facilmente anche nel corso del suo pontificato: il primato di Dio, la ricerca dell'incontro con il volto di Cristo, la consapevolezza della condizione di minoranza della Chiesa nella società occidentale e la sfida che ne consegue per la profondità e la genuinità della sua fede e della sua testimonianza.

Perciò è utile, anche ora che egli compie novant'anni, rileggere i testi di allora. Gli siamo grati per l'eredità durevole e ispiratrice che ci consegna.

FEDERICO LOMBARDI S.I.

Scienza e fede

Credere e sapere

Sono ormai passati più di cent'anni da quando il filosofo e sociologo francese Auguste Comte ha formulato la teoria secondo la quale l'evoluzione della coscienza umana è passata storicamente attraverso tre stadi: dallo stadio teologico-fittizio, attraverso lo stadio metafisico-astratto, fino al pensiero positivo, che via via è destinato ad abbracciare tutti gli ambiti della realtà. Da ultimo si riuscirà anche a penetrare e a rielaborare il settore più complicato, il più sfuggente, l'ultima roccaforte, quella difesa più a lungo: la sfera dei fenomeni morali, l'uomo stesso in ciò che ha di proprio nel suo essere-uomo. Anche in questo campo, con il progresso del pensiero esatto, perderà terreno il mistero dei teologi e alla fine sarà possibile sviluppare una «fisica sociale», che non sarà meno esatta della fisica del mondo inorganico. Ciò porterà alla scomparsa definitiva della cerchia dei preti e la questione circa il reale passerà, senza residui, nelle mani dei dotti. In seguito a questa evoluzione del pensiero, la questione di Dio diventerà necessariamente una questione superata, che la coscienza lascia dietro di sé ritenendola inconsistente: come oggi a nessuno passa per la testa di negare l'esistenza degli dèi omerici, perché quest'esistenza non rappresenta più un vero problema, così, nell'ambito di un pensiero diventato definitivamente positivo cesserà da sé di porsi la questione di Dio. Per questo motivo Comte si risparmia le emozioni di una lotta contro Dio, quale taluni dei più grandi atei, prima e dopo di lui, combatterono con la più accesa passione: egli avanza calmo verso un'era post-ateistica; nel periodo più avanzato della sua vita s'impegnò persino a progettare una nuova religione dell'umanità per questo tempo, perché l'uomo potrebbe sì vivere senza Dio, ma non senza la religione.

Mi sembra innegabile che la coscienza teorizzata da Comte sia oggi largamente condivisa: la questione di Dio non trova più nessun punto d'aggancio nel pensiero, il contesto del mondo è in se stesso conchiuso e l'ipotesi Dio, per riprendere una nota espressione di Laplace, non è più necessaria per comprenderlo. Anche tra i credenti si diffonde sempre più un sentimento, quale può gravare tra i compagni di viaggio di una nave che affonda: essi si domandano se la fede cristiana abbia ancora un futuro, o se, invece, non si renda sempre più palese come essa sia semplicemente superata dal progresso intellettuale.

A monte di queste riflessioni sta la coscienza di una profonda spaccatura tra il mondo della fede e quello del sapere che appare essere incolmabile, vanificando così la fede.

Le difficoltà poste dalla Bibbia

Vediamo allora a grandi tratti dove si situino, per quanto riguarda il nostro problema, i punti della crisi. La difficoltà incomincia già con la prima pagina della Bibbia: la rappresentazione del divenire del mondo ivi descritta sta in aperto contrasto con tutto quello che noi oggi sappiamo sul sorgere del cosmo, e, anche se veniamo informati che queste righe non rappresentano un manuale di storia naturale e pertanto non devono essere prese alla lettera come spiegazione del divenire cosmico, dobbiamo pur ammettere che lasciano in noi un senso di disagio; rimane sempre il timore che si voglia cercare qui un sotterfugio per nulla fondato nei testi originali. E, così, leggendo la Bibbia, pagina dopo pagina, s'affastellano le questioni: ecco, passo ostico anche questo, l'immagine del fango che sotto l'azione di Dio diventa uomo, e, subito dopo, l'immagine della donna che è tratta dal fianco dell'uomo addormentato e viene da lui riconosciuta come carne della sua carne, in risposta alla domanda delle sue solitudini. Ora, forse noi oggi impariamo di bel nuovo che queste immagini sono da intendere come profonde espressioni simboliche sull'uomo, come immagini la cui verità sta su un piano del tutto diverso da quello su cui si muovono la teoria sull'origine delle specie e la biologia, ma che sempre di verità si tratta, anzi di una verità più profonda, una verità che tocca di più l'uomo in ciò che egli ha di più specificamente umano che non gli enunciati della scienza naturale, per quanto esatti e importanti essi siano. Può essere, ma già nel secondo capitolo vengono sollevate nuove questioni, con il racconto della caduta: come può accordarsi con la concezione che l'uomo, secondo l'indicazione della scienza naturale, non comincia dall'alto, ma dal basso, non cade, ma sale lentamente e continuamente è alle prese con questo compito, di farsi, da animale, uomo? E il paradiso? La sofferenza e la morte erano nel mondo molto tempo prima che ci fossero uomini; triboli e spine crescevano molto prima che un uomo aprisse i suoi occhi; e ancora di nuovo: questo primo uomo difficilmente poteva essere conscio di se stesso, abbandonato com'era alle necessità di un'esistenza che faticosamente riusciva ad affermarsi, molto lontano dall'avere quei doni di conoscenza perfetta che tuttavia la vecchia dottrina del paradiso gli attribuisce. Ma se l'immagine del paradiso e della caduta va in frantumi, sembra che la stessa sorte sia riservata necessariamente all'immagine connessa della redenzione.

Naturalmente, anche qui, potremmo fare riflessioni simili a quelle fatte prima a proposito del Dio vasaio, che soffia lo spirito nel fango della terra, così da farne un uomo; voglio dire che potremmo anche qui, come là, far vedere come la verità dell'uomo vada ben oltre le constatazioni della biologia. Infatti, se l'uomo, visto biologicamente, incomincia «dal basso», non è per questo ancora chiaro se egli incominci veramente dal basso, o se forse, invece, il suo specifico inizio, il vero punto d'origine dell'essenza-uomo non sia «in alto», per usare un'immagine il cui simbolismo è comprensibile, anche se da tempo ormai il nostro universo non conosce più punti fissi di riferimento, in quanto alto e basso, sinistra e destra sono diventati interscambiabili a seconda della posizione dell'osservatore. Ma la difficoltà resta perché tali riflessioni rimangono al di fuori dell'orizzonte del nostro modo normale di pensare che si limita a constatare la contraddizione.

Procediamo tuttavia nell'evidenziare le questioni e le contraddittorietà che angustiano la coscienza generale, così da saggiare fino in fondo tutta l'asprezza della problematica che affiora dietro l'espressione credere e sapere. Dopo il racconto della caduta, le difficoltà continuano con la concezione biblica della storia che colloca Adamo in un periodo culturale databile attorno all'anno 4000 a.C. Questa data in effetti s'accorda con la cronologia biblica, che fa risalire l'origine del mondo a circa quattromila anni prima della nascita di Cristo. Ma noi tutti sappiamo oggi che a questo punto del tempo erano già trascorsi centinaia di migliaia di anni di vita umana e di fatica che non possono essere abbracciati dalla visione storica che ci offre la Bibbia, limitata al quadro del pensiero antico-orientale del suo tempo.

E con questo si tocca subito un altro punto: la Bibbia, che la fede venera come parola di Dio, attraverso gli studi di critica storica si è palesata a noi in tutta la sua umanità. L'ambiente in cui si è formata non determina solo la forma letteraria dei suoi testi, ma anche quella del suo pensiero, fin nelle questioni più profonde dell'ambito specificamente religioso. Possiamo noi credere ancora nel Dio che ha chiamato Mosè dal roveto ardente, che ha percosso i primogeniti d'Egitto, che ha guidato il suo popolo nelle guerre contro gli abitanti di Canaan, che fulminò Uzza, perché aveva osato toccare l'arca santa? O invece non è questo per noi semplicemente antico Oriente, una testimonianza interessante, forse importante come stadio della coscienza umana, ma appunto solo stadio della coscienza umana e non espressione di un discorso divino? Certamente ci si ricorda che Pascal, uno dei grandi spiriti della nascente scienza della natura, portava cucito nel risvolto del giustacuore un biglietto con le parole: Dio d'Abramo, d'Isacco e di Giacobbe, non dei filosofi. Il Dio sotto spoglie umane era diventato un fatto determinante della sua vita. Solo nel Dio vicino, il Dio che parla, il Dio che agisce, il Dio che ama, il Dio che s'adira aveva scoperto per la prima volta l'essere divino di Dio in contrapposizione ai prodotti della riflessione umana, ma quanto a lungo aveva sofferto, prima che a lui s'aprisse il varco, attraverso i fatti singolari dell'Antico Testamento, per giungere al fuoco del roveto ardente e si facesse percettibile la voce del Dio vivente! E chi di noi ha il tempo e la forza per arrivare a una sofferenza e a una esperienza simili, che vengono inoltre contraddette in modo così manifesto dall'apparenza? Perché ci sono anche tutti i racconti di miracoli dell'Antico Testamento che per noi oggi non sono più segni a sostegno della fede ma piuttosto impedimenti contro di essa; anche qui ci troviamo di fronte a espressioni di una concezione del mondo secondo la quale spiriti di ogni tipo dominavano il cosmo a loro capriccio, così che i miracoli apparivano altrettanto normali, tanto quanto sono elementi estranei in un mondo di leggi trasparenti.

Passiamo ora al Nuovo Testamento. Senza dubbio esso è molto più vicino al nostro modo di sentire che non l'Antico Testamento: lo spirito che in esso aleggia ci tocca ancor oggi in forma immediata al contrario di tante storie fosche e paurose di non pochi libri dell'Antico Testamento. Ma la pretesa ch'esso avanza è, a guardarla bene, ancora più grande. Infatti tutte le storie sono legate alla figura di Gesù di Nazaret. Un singolo uomo dev'essere il centro di tutta la storia, il punto decisivo della sorte dell'umanità intera. Ma non si tratta della pretesa ingenua di un'epoca semplicemente incapace di vedere la grandezza del cosmo, la grandezza della storia e del mondo? Non ha più ragione il pensiero indiano che parla di una pluralità di *Avatara* di Dio, di «discese», nelle quali a ogni nuova trasformazione l'Eterno si mostrava ai mortali, ma così che in nessuna di esse era Dio stesso, nella sua propria forma unica ed insuperabile? I pensatori indiani non esitano a riconoscere anche Gesù di Nazaret come *Avatara* di Dio, accanto a Krishna, Buddha e molti altri: essi tutti sono «manifestazioni» di Dio, riflessi dell'Eterno nel tempo. In tutti si rende visibile qualcosa di lui, essi tutti mediano la vicinanza di Dio, ma nessuno «è» Dio. Essi stanno l'uno accanto all'altro come i colori dell'arcobaleno nei quali si scompone l'unica luce; essi non si escludono, ma si richiamano a vicenda. Come suona pio tutto questo e come appare giudizioso di fronte alla pretesa della fede cristiana: Gesù è Dio, vero uomo e vero Dio, non una pura manifestazione, ma essere dell'Eterno, mediante il quale Dio si unisce al mondo radicalmente ed irrevocabilmente. Io ritengo, lo confesso apertamente, che tutta la diatriba odierna attorno alla nascita verginale sia una scappatoia di fronte alla vera questione che qui si pone: un Dio che può diventare uomo, può anche essere nato dalla Vergine ed offrire in ciò un segno della sua unicità. Ma ecco il punto: Dio può essere un uomo? Un uomo completamente uomo ed insieme vero Dio ed esigere per questo la fede da tutti e per tutti i tempi? O non è qui semplicemente sopravvalutato un momento del tempo? Non si manifesta qui semplicemente ed ancora una volta l'immagine del mondo che non è più la nostra: la Terra come pavimento del cosmo, sul quale si inarcano i cieli, così che la Terra è la parte più bassa e più piccola dell'universo, ma proprio per questo anche il fondamento del tutto, così da essere significativamente lo scenario dell'incontro del creatore con la sua creatura? Ma quand'anche si fosse disposti ad accettare in linea di principio l'idea di una incarnazione, resta tuttavia da chiedere di fronte alla pretesa della fede cristiana: perché Dio non si è testimoniato con maggior chiarezza? Perché Dio non si è reso percettibile ad ognuno, così da essere chiaramente riconosciuto, così da poter dire: qui c'è Dio?

Le difficoltà poste dalla storia della Chiesa

La serie delle difficoltà, che sembrano rendere fede e sapere irriconciliabili, continua, se oltrepassiamo la soglia del Nuovo Testamento ed entriamo nella storia della Chiesa. Qui innanzitutto si pone la domanda: dov'è propriamente la Chiesa? A quale dei contendenti ci si deve attenere? Forse che fin dall'inizio vi furono opposte confessioni, così che si potrebbe sempre scegliere un cristianesimo parziale, oppure si dovrebbe cercare il cristianesimo dietro le chiese o magari contro di esse? In ogni caso ci sembra che le opposte controversie delle singole chiese mettano in discussione la loro pretesa, diminuiscano la loro credibilità e la nostra fiducia in esse. A ciò s'aggiungono, per continuare la lista delle difficoltà, tutti i problemi del magistero ecclesiastico: il dogma del Dio trino esprime veramente la fede della Bibbia, o invece non è che il prodotto del pensiero greco, che in questo modo ha soddisfatto la propria curiosità speculativa? E, in ogni caso, che significa propriamente Dio unitrino? Si esprime con queste parole una realtà che ci può riguardare ancora? Saltiamo tutti gli altri enunciati che provengono dalla fede della Chiesa antica e che oggi rappresentano un ostacolo per noi e menzioniamo un solo esempio, scegliendolo tra i dogmi medioevali: la dottrina della transustanziazione, della mutazione sostanziale dei doni eucaristici. Il contenuto sottile di questa proposizione ha sempre corso il rischio di essere interpretato in modo grossolano dalla coscienza comune, con il conseguente risultato di falsarne il senso preciso; a ciò s'aggiunge la difficoltà creata dal fatto che il concetto medioevale di sostanza da tempo ci è diventato inaccessibile. È vero che noi oggi parliamo ancora in genere di sostanza, ma con questo intendiamo le ultime particelle costitutive della materia, cui non appartiene certamente quel miscuglio chimicamente complesso che è il pane. Anche se, con un po' di pazienza, la riflessione riesce a chiarire qualche cosa su questo argomento, uno finisce sempre per chiedersi: ma perché è così difficile?

Un concetto comprensibile solo a prezzo di interpretazioni complicate non palesa proprio per questo di essere superato, irrilevante per il presente?

La situazione spirituale dell'uomo moderno

E con questo siamo arrivati, mi sembra, al disagio vero e proprio, che va sotto l'espressione «credere e sapere» e angustia noi uomini di oggi; ma abbiamo certamente toccato anche il punto dal quale si può incominciare a cercare una risposta. Ciò che più ci disturba nella religione cristiana è di gran lunga il peso dei troppi enunciati che si sono accumulati nel corso della storia e si presentano ora tutti insieme agli uomini esigendo da loro un atto di fede. Gli uomini oggi sentono come un peso la forma della fede, ma nel contempo sono animati dall'esigenza di rimanere credenti. Proprio oggi vi è, per quanto paradossale possa suonare, una nostalgia della fede: il mondo della pianificazione e della ricerca, del calcolo esatto e della sperimentazione da solo non basta. In fondo ci si vuole liberare da esso, così come ci si vuol liberare dei vecchi dogmi. Ma la fede non potrebbe essere un fardello, se non ci toccasse sul vivo, se qui non ci fosse qualche cosa che ci impone di cercare oltre.

Il disagio dell'uomo moderno non riguarda solo la fede, ma anche il mondo dominato dalla scienza, e solo se si descrive questo *doppio* disagio, che invero Auguste Comte non aveva previsto, si dà oggi una descrizione in qualche modo esatta dei presupposti del problema della fede e del sapere. È la stranezza della nostra ora, che proprio nel momento in cui si conchiude il sistema del pensiero moderno, si fa palese nel contempo la sua insufficienza, così da dover necessariamente arrendersi alla relativizzazione. Il positivismo, che si presenta innanzitutto come esigenza di tipo metodico delle scienze esatte della natura, si è affermato oggi largamente, soprattutto sotto l'impulso dato da Wittgenstein, anche in filosofia. Ma questo significa che, come la scienza della natura, così anche la filosofia oggi non cerca più la verità, ma solo l'esattezza dei metodi impiegati, e utilizza il pensiero logico, in primo luogo l'analisi linguistica, indipendentemente dalla questione se ai punti di partenza del pensiero corrisponda anche la realtà: questa appare senz'altro irraggiungibile. La rinuncia alla verità stessa, la ritirata su ciò che è constatabile e sull'esattezza dei metodi appartengono alle caratteristiche tipiche del moderno atteggiamento scientifico. L'uomo si muove ancora soltanto nel suo proprio guscio, l'aumento dei suoi metodi d'osservazione non lo ha condotto a una maggiore libertà e a penetrare nell'intimo delle cose, ma, al contrario, lo ha reso prigioniero dei suoi metodi, prigioniero di se stesso. La verità, la realtà stessa, si sottrae all'uomo, egli appare (per citare il titolo di un libro di Günter Grass) sottoposto ad anestesia locale, capace di cogliere solo brandelli deformati del reale; egli è insicuro ovunque lo abbandoni la scienza esatta, e dalla misura del suo essere abbandonato comprende allora quanto esiguo sia, nonostante tutto, il settore di realtà nel quale questa scienza gli dà certezza.

Il senso specifico della fede

L'uomo, che si limita allo scibile esatto, cade nella crisi della realtà, la verità gli si sottrae. C'è in lui un grido di fede che l'ora attuale del mondo non riesce a sopprimere, ma rende anzi più drammatico. C'è il richiamo accorato alla liberazione dal carcere della scienza positiva e certamente anche da una visione della fede che la rende un peso invece che la forma della libertà. E con ciò siamo finalmente arrivati al punto in cui è possibile porre la domanda: quali dovrebbero essere propriamente le condizioni di una tale fede? Va detto innanzitutto che la fede non è una forma diminuita di scienza della natura, un primo grado di sapere, antico o medioevale, destinato a scomparire quando arriva il sapere autentico, bensì qualcosa di ben diverso. Non è un sapere provvisorio. È vero che usiamo il verbo «credere» nell'accezione di «opinare» – io credo che sia così – ma se noi diciamo: io credo in te, esso acquista un senso del tutto diverso. Credere significa allora io mi fido di te, io mi affido a te, forse persino: io mi fondo su di te. Il tu, al quale io mi affido, mi dà una certezza che è diversa ma non meno solida della certezza derivata dal calcolo e dall'esperimento. Ed è in questo senso che la parola è assunta nel contesto del *Credo* cristiano. La forma fondamentale della fede cristiana non suona io credo qualche cosa, ma: io credo in Te. La fede è un dischiudersi della realtà che si attua solo per colui che ha fiducia, per colui che ama, per colui che agisce come uomo, e in quanto tale non è derivata dalla conoscenza ma ne possiede la stessa originalità, anzi per ciò che è propriamente umano è più fondamentale e centrale del sapere.

Riconoscere questo assunto ha conseguenze importanti, che in realtà possono essere «liberatrici», se vengono prese seriamente. Significa infatti che la fede non è in primo luogo uno strano secondo ordine del sapere, un grande edificio di cognizioni soprannaturali che dovrebbe affiancarsi all'ambito della scienza, ma una risposta positiva a Dio, che ci infonde speranza e fiducia. Naturalmente quest'adesione a Dio non è priva di contenuto: essa è la fiducia che Dio stesso si è mostrato in Cristo e che noi possiamo vivere rassicurati nella certezza che Dio è come Gesù di Nazaret, e dunque nella certezza che Dio prende su di sé il mondo e con esso anche me. Ma già ora si fa chiaro che il contenuto non è paragonabile a un sistema scientifico, bensì si fonda sul criterio della fiducia. Per questo non è nemmeno essenziale, in ultima analisi, conoscere o penetrare tutte le particolarità e tutti i singoli contenuti della fede. Naturalmente, in funzione della predicazione, è importante per la Chiesa cercare sempre di comprendere anche le particolarità. Un tale impegno produrrà senza dubbio un grande arricchimento, come nel caso, per esempio, in cui si riesca a capire bene che l'affermazione secondo la quale il mondo si è fatto dalla parola non contraddice l'altra affermazione, secondo la quale il mondo si è formato da una espansione della materia, perché in entrambi i casi si esprime una verità sul mondo in due modi completamente diversi. E questo vale per tutti i problemi indicati sopra. Così facendo si deve pur sempre rimanere consci che ogni tempo ha i suoi punti ciechi, che nessuna età può esaurire il tutto e che pertanto nei singoli periodi ci dev'essere qualcosa che rimane inspiegato perché mancano semplicemente gli strumenti intellettuali per comprenderlo.

Questa è del resto una situazione che non si verifica soltanto in teologia. La fisica progredisce nelle sue conoscenze tra l'altro perché, sulla base di diverse osservazioni singole, formula poi un modello che spiega questi fenomeni a partire dal tutto, li inserisce in un contesto globale e, da qui, offre la possibilità di investigare oltre. Un modello è utile quanti più fenomeni riesce a spiegare. Ma i progressi decisivi si hanno sempre quando si riescono ad acquisire osservazioni fino a quel momento non riconducibili a un modello. Sono proprio i fenomeni non classificabili quelli importanti perché costringono a una ulteriore ricerca, fino a che non spunti un nuovo contesto e sia possibile un nuovo modello che faccia saltare l'orizzonte di prima e offra una nuova e più esauriente visione della realtà. Qualcosa di simile capita anche nella riflessione teologica: la fede si trova continuamente di fronte a situazioni inconchiuse, che costituiscono i suoi travagli, ma anche la sua speranza. Non si può mai rendere del tutto trasparente l'unità di credere e sapere, e non ci si deve lasciar costringere, da un'impazienza in sé comprensibile, a sintesi affrettate che alla fine compromettono la fede, anziché essere al suo servizio. Questo vale soprattutto per il singolo: si tratta del tutto, della risposta positiva della fede come tale, e solo secondariamente della parte, cioè dei diversi contenuti nei quali si enuncia la fede. Un uomo rimane cristiano fintantoché si attiene all'adesione centrale, fintantoché tenta di pronunciare il sì fondamentale della fiducia, anche se non sa inquadrare o risolvere tutte le particolarità. Ci saranno momenti nella vita in cui nella molteplice oscurità della fede ci si dovrà concentrare realmente su quel semplice sì: io credo in te, Gesù di Nazaret; io credo che in te si è mostrato quel senso divino per il quale posso vivere la mia vita rassicurato e calmo, paziente e coraggioso. Fino a quando questo centro è chiaro, l'uomo vive nella fede, anche se molti dei singoli enunciati gli sono oscuri e per il momento non li trova praticabili.

Perché, nel suo nucleo centrale la fede non è, lo ripetiamo di nuovo, un sistema di conoscenze, ma un atto di fiducia. La fede cristiana è «trovare un "tu" che mi sorregge, e che, nell'incompiutezza e nella profonda inappagabilità di ogni incontro umano, mi accorda la promessa di un amore indistruttibile, che non solo aspira all'eternità, ma ce la dona. La fede cristiana vive del fatto che non solo esiste obiettivamente un senso della realtà, ma che questo Senso mi conosce e mi ama, sicché io posso affidarmi a lui con l'atteggiamento del bambino, il quale sa che tutte le sue domande trovano sicurezza nel "tu" della madre. Conseguentemente, fede, fiducia e amore formano in ultima analisi un tutto unico e tutti i contenuti, attorno a cui la fede ruota, sono unicamente concretizzati da quella svolta che sostiene tutto, dell'"io credo in Te", ossia della scoperta di Dio guardando il volto dell'uomo Gesù di Nazaret».[1]

[1] J. Ratzinger, *Introduzione al cristianesimo*, Queriniana, Brescia, 19ª ed., 2013, p. 72.

Il Dio dei cristiani

Dio

Dio è uno e trino

Quante volte facciamo distrattamente il segno di croce e invochiamo il nome della Trinità divina? Questo gesto significa rinnovare le promesse battesimali, accettare le parole con le quali siamo stati fatti cristiani, accogliere nella nostra vita ciò che ci è stato donato nel battesimo senza la nostra partecipazione e riflessione. Allora, infatti, ci è stata versata dell'acqua sul capo ed è stata pronunciata la formula: «Ti battezzo nel nome del Padre e del Figlio e dello Spirito Santo». La Chiesa rende l'uomo cristiano pronunciando il nome del Dio trinitario. Fin dall'inizio è questo il modo di cui essa si serve per esprimere ciò che considera davvero decisivo per essere cristiani: la fede nel Dio uno e trino.

Ciò ci delude. Lo sentiamo tanto distante dalla nostra vita da apparirci inutile, incomprensibile. Giacché si tratta di una breve formula, ci aspettiamo qualcosa che ci attragga, ci stimoli, qualcosa che mostri immediatamente la sua importanza per l'uomo e la sua vita. Ma è appunto quel che traspare da queste parole: il cristianesimo è interessato innanzitutto a Dio, non alla Chiesa o all'uomo. Il suo specifico orientamento non riguarda le nostre speranze, i nostri timori e desideri, ma Dio, la sua sovranità e potenza. La prima proposizione della fede cristiana, l'orientamento di fondo della conversione del cristiano suona: Dio è.

Ma cosa vuol dire? Che cosa significa nella vita quotidiana in questo nostro mondo? Significa innanzitutto che Dio è, e che quindi gli «dèi» non sono Dio. È Lui che dobbiamo adorare, e nessun altro. Ma non è vero forse che gli dèi sono morti ormai da tempo? Non è talmente chiaro da suonare ovvio? Chi osserva attentamente la realtà deve rispondere qui con un'altra domanda: è proprio vero che nel nostro tempo non si veneri più alcun idolo? Non esiste proprio nulla che oggi si adori accanto e contro Dio? Non è vero che dopo la «morte di Dio» gli dèi hanno ripreso a esercitare il loro inquietante potere? Nel *Grande catechismo* Lutero ha formulato in modo estremamente efficace tale questione: «Che cosa significa avere un Dio o che cos'è Dio? Significa avere ciò da cui ci si attende ogni bene e protezione in tutte le nostre difficoltà. Avere un Dio non significa altro che fidarsi di lui con tutto il cuore e a lui credere con tutte le forze, come ho detto spesso, e che soltanto questa fiducia e fede del nostro cuore fanno entrambi: Dio e l'idolo».[1] In che cosa confidiamo e crediamo dunque noi? Il denaro, il potere, la reputazione, l'opinione pubblica, il sesso non sono forse diventati poteri di fronte ai quali gli uomini si inchinano, che servono come idoli? E il mondo non assumerebbe un altro aspetto nel caso in cui questi dèi venissero deposti dai loro troni?

Dio è significa che al di sopra di tutti i nostri obiettivi e interessi stanno la verità e il diritto. Sta il valore di ciò che, dal punto di vista terreno, è privo di qualsiasi valore. C'è l'adorazione di Dio, l'adorazione autentica, che protegge l'uomo dalla dittatura dei fini ed è la sola in grado di difenderlo dalla dittatura degli idoli. Dio è significa anche che noi tutti siamo sue creature. Soltanto creature, ma appunto come tali veramente originate da Dio. Noi siamo creature, da Lui volute e destinate all'eternità: lo è anche il nostro vicino, anche la persona antipatica che mi sta accanto. L'uomo non è un prodotto del caso, non è il risultato della mera lotta per l'esistenza, che farebbe trionfare ciò che è adatto a un determinato scopo, ciò che riesce a imporsi: l'uomo è frutto dell'amore creativo di Dio. Dio è – e qui bisogna sottolineare soprattutto la paroletta «è» – significa: Dio è realmente, vale a dire che opera, agisce e può agire. Non è un'origine lontana o un indeterminato «punto d'arrivo

[1] *Il piccolo catechismo. Il grande catechismo*, Claudiana, Torino 1998, p. 123.

del nostro trascendere». Non ha preso affatto le distanze dalla sua macchina del mondo, non ha abdicato a ogni sua funzione perché tutto ormai funzionerebbe da sé. Il mondo è e rimane il suo mondo, il presente è il suo tempo, non il passato. Egli può agire, e agisce in modo davvero reale ora, in questo mondo e nella nostra vita. Noi riponiamo in Lui la nostra fiducia? Nei calcoli che facciamo lungo il corso della nostra vita, nel nostro vivere quotidiano, egli rientra come realtà? Abbiamo compreso il significato della prima tavola dei dieci comandamenti, la vera istanza fondamentale rivolta alla vita dell'uomo, ripresa poi dalle prime tre invocazioni del Padre nostro, che intendono renderla orientamento di fondo del nostro spirito, della nostra esistenza?

Dio è. E la fede aggiunge: Dio è Padre, Figlio e Spirito Santo, uno e trino. Questo punto così centrale rimane circondato, nella cristianità, da un silenzio imbarazzante. La Chiesa non è forse andata troppo oltre? Non sarebbe stato forse meglio lasciare che questa immensità, che questa inaccessibilità rimanesse avvolta nel suo mistero? Del resto, che significato può avere per noi? Certo, questa proposizione è e rimane espressione dell'alterità di Dio, il quale è infinitamente più grande di noi, trascende ogni nostro pensiero ed essere. Tuttavia, se non avesse avuto nulla da dirci, non ci sarebbe stato manifestato nemmeno il suo contenuto. Sì, egli poteva essere compreso soltanto entro gli schemi di un linguaggio umano, poiché si era già inserito nel processo di riflessione e di vita degli uomini.

Che cosa significa, dunque, questo? Incominciamo dal momento in cui Dio stesso ha voluto manifestarsi. Egli si definisce «Padre». La paternità umana può fornire un'anticipazione di ciò che Lui è. Ma quando questa paternità non esiste, quando la si esperimenta soltanto come un fenomeno biologico, e non anche umano e spirituale, diventa vuoto anche ogni nostro discorso su Dio Padre. Se la paternità umana scompare, non riusciamo nemmeno a pensare e parlare di Dio. Morto non è Dio, bensì ciò che nell'uomo costituisce la premessa perché Dio viva nel mondo. La crisi della paternità che noi oggi stiamo vivendo tocca il centro della crisi che minaccia l'uomo nella sua umanità. Quando la paternità rappresenta soltanto un fatto biologico privo di una vera dimensione umana, o una forma di tirannia che dev'essere rifiutata, allora si è inferta una sorta di ferita alla stessa struttura fondamentale dell'essere umano. Per la sua completezza questo essere uomo ha bisogno del «padre» nel senso autentico del termine, cioè nel senso che ci è stato manifestato nella fede: come responsabilità per l'altro, responsabilità che non domina l'altro, ma lo rende libero perché divenga se stesso; come amore che non vuole imprigionare l'altro, ma nemmeno lo lascia semplicemente nella sua condizione, spacciando ciò per libertà, bensì vuole che realizzi quella verità profonda che ha le sue radici nel Creatore. Una simile paternità è ovviamente possibile solo quando si accetta la propria figliolanza. Il detto di Gesù: «Uno solo è il Padre vostro, quello celeste» (*Mt* 23,9) ci fa comprendere il modo corretto di esercitare la nostra paternità: non nell'imporre il nostro potere su altre persone, ma nel renderci responsabili della verità che si è aperta a Dio e che può, dunque, rendere l'altro libero perché diventi se stesso, senza egoismi, per il Dio nel quale egli si trova.

Dobbiamo però anche riflettere su un altro punto: il fatto che nella Bibbia Dio ci si manifesta innanzitutto nella figura di «Padre» implica che anche il mistero della maternità abbia origine in Lui, a Lui rimandi o da Lui si scosti nelle sue deformazioni esattamente come la paternità. Che l'uomo sia «immagine di Dio» riesce comprensibile, nel suo contenuto reale ed estremamente pratico, proprio qui. Egli non è immagine di Dio in modo astratto: ci troveremmo allora di fronte anche a un Dio astratto. Lo è nella sua realtà concreta, e questa realtà è relazione: lo è come padre, madre, figlio. Sono caratterizzazioni che, se riferite a Dio, vanno considerate «immagini», ma lo sono perché l'uomo è «immagine», e lo sono con la pretesa di realtà che è loro propria. Sono immagini che esigono l'«immagine» e in questo possono diventare presenza di Dio o la sua «morte». Il divenire-uomo dell'uomo e la sua conoscenza di Dio sono tra loro inseparabili, proprio perché l'uomo è l'«immagine» di Dio. Distruggere l'essere umano significa compromettere l'immagine stessa di Dio. La dissoluzione della paternità e della maternità, che si preferirebbero trasferite al laboratorio o perlomeno ridotte a un puro momento biologico che non riguarderebbe l'uomo come tale, è intimamente legata alla dissoluzione della figliolanza, che verrebbe meno alla piena uguaglianza dell'inizio. Questo è il programma della *hybris* che vuole sottrarre l'uomo alla sfera biologica e allo stesso tempo renderlo lì nuovamente schiavo. E arriva fino alle radici dell'essere uomo e della nostra stessa possibilità di pensare Dio: un Dio che non può essere più immaginato non può essere nemmeno pensato. Quando il pensiero impiega tutte le proprie energie per rendere impossibile l'immaginazione, ogni «prova dell'esistenza di Dio» si rivela inutile.

Ovviamente in queste riflessioni critiche sul nostro tempo non dobbiamo coinvolgere la Chiesa. Da un lato non possiamo dimenticare che anche ai nostri giorni ci sono offerti ottimi esempi di paternità e di maternità, e che grandi figure come Janusz Korczak e Madre Teresa dimostrano come, anche a prescindere dall'aspetto biologico, sia possibile realizzare il senso più vero e profondo della paternità e della maternità. Dall'altro dobbiamo tener conto del fatto che la realizzazione totalmente pura resta sempre un'eccezione e che l'immagine di Dio nell'uomo ha sempre conosciuto contaminazioni e deformazioni. È perciò vuoto romanticismo dire: risparmiateci i dogmi, la cristologia, lo Spirito Santo, la Trinità, perché ci basta annunciare Dio Padre e la fraternità tra gli uomini, e vivere l'annuncio senza far ricorso a teorie mistiche; in fondo questo soltanto sarebbe importante. Si tratta di un'esigenza all'apparenza legittima, ma su questa via si arriva davvero a conoscere l'essere così complicato che l'uomo è? Donde conosciamo che cosa significa essere padri, essere fratelli, in modo tale da poter fondare su questo la nostra fiducia? È vero, anche nelle culture antiche troviamo testimonianze toccanti della fiducia piena nel «Padre» che è nei cieli. Ma è altrettanto vero che nell'evoluzione successiva l'attenzione religiosa si è rivolta, più che a questo «Padre celeste», ad altre potenze mondane; nel corso della storia anche l'immagine dell'uomo e la stessa immagine di Dio hanno assunto ovunque tratti di ambiguità. È noto che i greci chiamavano Zeus «Padre». Questo appellativo, tuttavia, non esprimeva alcuna fiducia, ma soltanto la profonda ambiguità di Dio, la tragica ambiguità di un mondo che incuteva paura.

Chiamandolo «Padre», essi intendevano dire che Dio è come i padri umani: senz'altro buoni quando sono di buon umore, ma nel loro intimo egoisti, tiranni, imprevedibili e pericolosi. Allo stesso modo conoscevano il potere misterioso che domina il mondo: alcuni individui vengono corteggiati e stimati, altri vengono lasciati morire di fame e fatti schiavi. Il «Padre» del mondo, come lo sperimentiamo nella nostra vita, riflette l'immagine dei padri umani: faziosi e, in definitiva, inquietanti. Ma la stessa «fraternità», oggi tanto esaltata nel prendere distanza dal mondo dei padri, si presenta poi così chiara, così carica di speranze, a livello di esperienza? La prima coppia di fratelli della storia è, secondo la Bibbia, quella di Caino e Abele; nel mito romano corrispondono a Romolo e Remo: il motivo è ricorrente, come una parodia crudele all'inno alla «fraternità» scritta dalla stessa realtà. E le esperienze che abbiamo vissuto dal 1789 in poi non hanno forse aggiunto tratti nuovi e ancor più terribili a questa parodia?

Da dove sappiamo che la paternità è bontà affidabile e che Dio, nonostante ogni apparenza, non gioca affatto con il mondo, ma lo ama e lo amerà sempre? Per farcelo comprendere Dio stesso ha dovuto mostrarsi, demolire le immagini e introdurre un nuovo criterio di misura. Questo è avvenuto nel Figlio, in Cristo. La sua intera esistenza è proiettata, nella preghiera, dentro l'abisso della verità e della bontà che è Dio. Solo a partire da questo Figlio noi sperimentiamo realmente chi è il Padre. La critica della religione nel XIX secolo sosteneva che le religioni sarebbero sorte nel momento in cui gli uomini incominciarono a proiettare in cielo ciò che consideravano ottimo e bello, per rendersi così più sopportabile il mondo. Quando però iniziarono a proiettare in cielo la loro stessa realtà, a questa diedero il nome di Zeus, un dio inquietante. Nella Bibbia il Padre non è un duplicato celeste della paternità umana, poiché pone qualcosa di assolutamente nuovo: Egli costituisce la critica divina nei confronti della paternità umana. Dio stabilisce il suo proprio criterio.[2]

[2] Ciò che qui diremo è stato ampiamente illustrato in *Dogma e predicazione*, Queriniana, Brescia 1974, pp. 81-89.

Senza Gesù noi non sapremmo chi è realmente il «Padre». Questo ci viene spiegato nella sua preghiera, e tale preghiera accompagna continuamente la vita di Gesù. Un Gesù che non fosse continuamente immerso nel Padre, che non comunicasse continuamente e profondamente con lui, sarebbe un essere del tutto diverso dal Gesù della Bibbia, dal Gesù reale della storia. Gesù ha vissuto di preghiera e nella preghiera ha compreso Dio, il mondo e gli uomini. Guardare il mondo con gli occhi di Dio e viverlo nella sua prospettiva: questo significa porsi alla sequela di Gesù. È lui che ci rende palese che cosa significhi vivere interamente della certezza che «Dio è». È lui che ci fa capire che cosa significhi accettare la prima tavola dei comandamenti come davvero «prima». È lui che ha dato senso a questo centro e che ci mostra ciò che esso è.

Ma sorge allora un'altra domanda: attraverso la preghiera Gesù comunica incessantemente con Dio; la sua esistenza si fonda sulla preghiera; se non pregasse, Gesù sarebbe diverso da chi effettivamente è. Ma la preghiera riguarda anche il Padre, a cui egli si rivolge, nel senso che anche il Padre sarebbe diverso se non venisse interpellato in questa forma? O ciò non lo sfiora minimamente? La risposta è: è proprio del Padre dire «Figlio», così come è proprio di Gesù dire «Padre». Il Padre non può prescindere dal Figlio, così come Gesù non può prescindere dal Padre. Senza questo dialogo il Padre non sarebbe più lo stesso. Gesù non lo sfiora soltanto dall'esterno, ma, in quanto Figlio, appartiene all'essere Dio di Dio. Prima ancora che il mondo fosse creato, Dio è già amore di Padre e Figlio. Egli può diventare Padre nostro e criterio di ogni paternità *proprio perché* da sempre Egli è Padre. Nella preghiera di Gesù possiamo vedere dentro Dio stesso, come Dio è. La fede nel Dio uno e trino non è altro che la spiegazione di ciò che avviene nella preghiera di Gesù. Nella sua preghiera si profila la realtà trinitaria. Ma perché «trinitaria»? Unità di due, lo abbiamo capito, è evidente da quanto abbiamo detto. Da dove viene, così all'improvviso, il «Terzo»? A questa domanda dedicheremo altre pagine. Qui ci limitiamo ad alcuni accenni. Diremo innanzitutto che non esiste una pura biunità, poiché o rimane la contrapposizione, la dualità – e quindi non si giunge a un'unità reale – o i due si fondono – e quindi la dualità viene eliminata. Cerchiamo di procedere in modo meno astratto. Padre e Figlio non diventano una-cosa-sola al punto da dissolversi l'uno nell'altro. Rimangono uno di fronte all'altro, poiché l'amore si fonda su una reciprocità che non può essere superata. Se ciascuno rimane se stesso ed essi non si superano reciprocamente, il loro essere-una-cosa-sola non può consistere nell'essere ognuno per sé, ma nella fecondità in cui ognuno si dona all'altro pur rimanendo se stesso. Essi sono una-cosa-sola per il fatto che il loro amore è fecondo e va oltre loro stessi. Nel Terzo, nel quale si donano, nel dono, essi sono insieme se stessi e una-cosa-sola.

Facciamo un passo indietro. Nella preghiera di Gesù risplende il Padre, Gesù si fa conoscere come Figlio e così si coglie un'unita che è triunità. A partire da qui, diventare cristiani significa partecipare alla preghiera di Gesù, entrare nel suo modello di vita, ossia nel suo modello di preghiera. Farsi cristiani significa dire, con lui, «Padre» e diventare così figli di Dio – Dio – nell'unità dello Spirito che ci lascia essere noi stessi e proprio così ci inserisce nell'unità di Dio. Essere cristiani significa guardare il mondo da questo centro e diventare dunque liberi, nella speranza, in modo deciso e sereno.

Siamo così al tempo stesso ritornati al punto di partenza. Senza esserne consapevoli, siamo stati un giorno battezzati nel nome del Padre, del Figlio e dello Spirito Santo. Un gesto che oggi ci lascia perplessi poiché abbiamo l'impressione che in questo modo siano state anticipate e imposte alla persona decisioni che, in verità, solo lei può prendere. Una simile anticipazione ci sembra compromettere la libertà umana in un ambito centrale in cui l'individuo dà forma alla sua vita. In questo si esprime la nostra profonda insicurezza nei confronti della stessa fede cristiana: l'avvertiamo più come un peso che come grazia, un onere che uno potrebbe accettare solo in base a libera scelta. Qui dimentichiamo, però, che anche la vita ci è data senza averla chiesta, e con la vita molte altre cose: quando un essere umano viene alla luce non gli è data soltanto l'esistenza biologica, ma anche il linguaggio, il tempo, il pensiero, i suoi criteri di valutazione. Non esiste una vita senza ricevere. Il problema non è che venga dato qualcosa, bensì che cosa viene dato. Se il battesimo rappresenta il dono di essere amati dall'Amore eterno, quale dono sarebbe più prezioso e puro di questo? Il dono della vita, da solo, è privo di senso: può diventare un peso insopportabile. Possiamo dare la vita? Questo è sopportabile solamente se la vita stessa è sostenibile, se essa è sorretta da una speranza capace di superare tutti gli orrori che la Terra ci riserva.

Se la Chiesa appare soltanto come un'associazione di persone che si trovano insieme per caso, il dono della fede diventa allora problematico. Ma chi è convinto che non è un'associazione, bensì un dono dell'amore, che ci attende prima ancora che incominciamo a respirare, costui non troverà compito migliore che preparare l'uomo al dono dell'amore, che solo giustifica il dono della vita. Dovremo, dunque, soprattutto imparare nuovamente a comprendere l'essere cristiani alla luce di Dio, come fede nel suo amore, come fede nel fatto che egli è Padre, Figlio e Spirito Santo: solo così ha senso l'affermazione che «Dio è amore». Se Dio non è in sé amore, non è nulla; ma se in sé Egli è amore, allora deve essere Io, Tu e poi deve essere una-cosa-sola: deve essere uno e trino.

Gesù Cristo

Descendit de caelis, *discese dal cielo*

Il concetto di «discesa» presenta certamente alcune difficoltà di comprensione per l'uomo d'oggi, che si manifestano in due direzioni. Innanzitutto ci si chiede: Dio si rende forse dipendente dall'uomo? Ciò che è casuale può costituire il fondamento dell'Eterno? Il fondamento per Dio e il suo agire può non essere sempre null'altro che Dio stesso? Può Dio agire diversamente che per Dio? Oppure, è possibile che Dio agisca in modo divino, per Dio, proprio quando egli agisce per l'uomo?

Un'altra difficoltà, non così grave, è ancor più evidente: non si presuppone qui, forse, quel mondo a tre livelli che appartiene al mito? Non ci si immagina un Dio che abita in alto, sopra le nubi, mentre gli uomini vivono sotto e la Terra sia il piano della creazione, sul quale Dio deve scendere per ripristinare l'ordine dell'universo?

Sullo sfondo, però, si pone anche tutta una serie di interrogativi che vanno ben oltre quelli che abbiamo appena formulati e che, al tempo stesso, per alcuni aspetti, li risolvono: non ci piace l'idea che qualcuno si «abbassi» verso un altro. Noi non vogliamo «condiscendenza», ma uguaglianza. Al «*descendit de caelis*» preferiamo la parola della Scrittura «*deposuit potentes de sede*» (depose i potenti dai loro troni), anche se esiste uno stretto legame fra le due proposizioni, poiché quel Dio che discende è Colui che sbalza i potenti dal trono per innalzare a primi coloro che finora venivano considerati ultimi. Noi preferiamo, però, che la detronizzazione dei potenti avvenga per opera nostra, senza presupporre la discesa di Dio. L'immagine di un mondo che non conosce più un «sopra» e un «sotto», un mondo omogeneo, privo di punti di riferimento, non è qualcosa di puramente esteriore, risponde anche a un nuovo modo di accostarsi alla realtà, dove l'idea di «sopra» e «sotto» è considerata una illusione e ogni «sopra» va eliminato a favore dell'uguaglianza, della libertà e della dignità dell'uomo. Concludendo, potremo effettivamente dire che se Dio è disceso, se ora egli è sotto, allora anche il «sotto» è diventato un «sopra». Allora è crollata l'antica separazione di «sopra» e «sotto». Allora è cambiata l'immagine del mondo, ma anche l'immagine dell'uomo. È cambiata, però, proprio a opera del Dio che è disceso.

Resta dunque il fatto incontrovertibile e insostituibile che Dio *è* disceso. Ciò, a sua volta, significa che *c'è* l'altezza, la gloria, la signoria di Dio e di Gesù Cristo: l'elevatezza assoluta della Sua parola, del Suo amore, della Sua potenza. C'è il «sopra» – Dio: il secondo articolo di fede non elimina il primo. Anche nella discesa, nell'abbassamento e nascondimento estremi, Dio rimane il vero «sopra». Prima di affrontare il problema della storia della salvezza bisogna professare energicamente la fede: «Dio è». Prima di ogni altra riflessione bisogna richiamare alla memoria la sublimità inviolabile di Colui dal quale tutto proviene. Se questo non è chiaro, anche la discesa di Dio perde le sue reali dimensioni e sfocia nella generica monotonia del ritorno senza scopo di ciò che è eternamente uguale. In questo caso, tuttavia, non è soltanto il dramma della storia, il dramma dell'essere uomo a perdere ogni tensione e senso, ma l'uomo stesso si rimpicciolisce; egli non è allora più il «sopra» nel mondo, ma viene a coincidere con i capricci con cui il mondo sperimenta le sue possibilità, l'«animale non ancora stabilizzato» di Nietzsche.

Se si vuol capire la discesa, bisogna prima aver capito il mistero dell'altezza, che nel Credo niceno viene indicato con la parola «cielo». All'inizio sta il mistero del roveto ardente, la potenza che ci impone rispetto e stabilisce i criteri. Ma il fuoco del roveto ardente non è il fuoco universale della filosofia stoica: da esso esce una voce, da esso si manifesta Dio che ha ascoltato il gemito delle creature asservite, il grido di aiuto d'Israele. Questo fuoco è già al tempo stesso la discesa di Dio, che sta presso i perduti. Come primo risultato delle nostre riflessioni potremo allora dire che non si tratta di una discesa «geografica» da un piano superiore del mondo a uno inferiore, bensì di qualcosa di ben più profondo, che può essere simboleggiato mediante un'immagine cosmica: il movimento dall'essere di Dio all'essere umano, e più ancora il movimento dalla gloria alla croce, il movimento verso gli ultimi che in tal modo diventano i primi. Certamente riusciremo a capire la profondità di ciò che si intende con la parola «discesa» solo se seguiremo la lunga evoluzione che questa immagine ha conosciuto negli scritti dell'Antico e del Nuovo Testamento, dove inizia come un rigagnolo, che poi si gonfia in un torrente dai molti affluenti. Nel racconto della Torre di Babele incontriamo per la prima volta la «discesa» di Dio, una discesa adirata, alla quale si affianca, nel racconto del roveto, una nuova discesa ispirata alla compassione e all'amore. Vorrei scegliere e analizzare, soltanto a titolo di esempio, un testo dall'Antico e uno dal Nuovo Testamento, dai quali traspare con particolare chiarezza il significato storico della «discesa» di Dio, benché entrambi non utilizzino questo termine.

1. Le fiere e il Figlio dell'Uomo in *Daniele* 7

Possiamo ragionevolmente datare il libro di *Daniele*, nella forma in cui oggi si presenta, negli anni compresi fra il 167 e 163 a.C., quindi nel periodo della più dura persecuzione che la fede israelitica ha subìto a opera del re ellenistico Antioco IV Epifane. Nella tribolazione estrema in cui la fede del popolo di Dio, la sua speranza storica, sembra essere condotta definitivamente all'assurdo, il veggente si forma una nuova visione della storia nel suo complesso. Dopo l'esilio Israele non vede soddisfatte le sue aspettative. È rimasto un popolo dipendente, miserabile; non è riuscito a ottenere la propria autonomia, né a ricostruire il tempio splendido che Ezechiele aveva predetto: al suo posto ha potuto a fatica costruire solamente un povero sostituto, che è ben lontano dalla magnificenza del primo tempio. Del pellegrinaggio dei popoli verso Israele non c'è traccia, anzi è Israele stesso, spinto dalla miseria, a disperdersi fra i popoli. La vittoria di Alessandro Magno e il dominio dei diadochi ellenistici hanno fatto svanire definitivamente ogni speranza di miglioramento. Nel popolo serpeggia lo scetticismo. Se Giobbe aveva osato confrontarsi drammaticamente con Dio, Qohelet si presenta ormai stanco e rassegnato: tutto è vano e non rimane altro che prendere dalla vita ciò che essa offre. Alla fine l'illuminismo greco si impone in un vuoto che si sta aprendo alla razionalità di questa cultura universale e che può vantare la legittimazione del potere, del successo ottenuto. Le opportunità vengono offerte soltanto a chi accetta l'apertura mentale e la libertà spirituale dell'Ellade; la via del progresso, che scorre lungo la storia, è ormai chiara. La circoncisione non viene praticata più, anzi è considerata un ripugnante rito pagano. Si costruiscono i ginnasi, che diventano i nuovi centri di cultura umanistica. Sempre più decisamente gli dèi illuminati della Grecia si sostituiscono a YHWH.

In questa situazione, per i pochi credenti rimasti in Israele, per un'esigua minoranza che non ha capito il progresso, Antioco IV Epifane diventa il simbolo soprattutto delle potenze della storia nemiche di Dio. Daniele chiama questo personaggio «piccolo corno» (7,8), che però fa discorsi mirabolanti. È un ridicolo re provinciale, ma ciò che irrita è appunto il fatto che questo «piccolo corno» possa dileggiare il Dio d'Israele, calpestare la fede di Israele. Il veggente osserva la tribolazione del momento presente inserendola nell'intero decorso del processo storico: questo corno appartiene al quarto regno; la storia del mondo viene, di volta in volta, dominata da quattro fiere che emergono dal mare. Ma alla fine la Terra verrà consegnata a colui che viene dall'alto e che è «come un Figlio di uomo». Ciò che è decisivo è il contrasto: le potenze che hanno finora dominato la Terra sono animali che vengono dal basso, dal mare, il simbolo di tutto ciò che è inquietante, pericoloso e malvagio. Di fronte alle fiere si pone l'Uomo, Israele; l'Uomo viene dall'alto, dallo spazio di Dio. Per il veggente la storia ripete così, sotto un certo aspetto, lo svolgersi della creazione del mondo, come lo rappresenta il racconto del *Genesi*: all'inizio sono le fiere a popolare la Terra, ma alla fine, quando Dio avrà domato la potenza del *caos*, avrà imposto al mare i suoi confini, sarà l'uomo a esercitare la sua signoria sul mondo. Nelle tribolazioni del momento la promessa di Daniele suona dunque: non abbiate paura, perché se ora dominano le fiere, alla fine la storia porterà a compimento le promesse della creazione

L'immagine del Figlio dell'Uomo nel libro di *Daniele*, nella quale l'Israele afflitto manifesta la speranza che un giorno il potere blasfemo dei diadochi ellenistici, di queste fiere che vengono dal profondo, verrà sconfitto, ha costituito un presupposto fondamentale per la professione di fede nella discesa di Dio nel Figlio dell'Uomo Gesù Cristo. La ritroviamo così sullo sfondo della proposizione del nostro Credo: a ciò che viene dal basso, al potere bestiale che con la sua brutalità devasta il mondo, si oppone l'«Uomo» che viene dall'alto. Questa antitesi è tale che include allo stesso tempo sia la sua impotenza, sia la sua vittoria. La sua impotenza deriva dal fatto che l'Uomo non è una fiera, non è munito di fauci voraci, di denti di ferro, di artigli di bronzo e di corna che producono un forte rumore. Al contrario, egli si presenta come individuo indifeso, perduto. Ma questa immagine è anche espressione della sua vittoria: alla fine l'uomo dominerà le fiere, le domerà con la potenza diversa e misteriosa dello spirito e del cuore, che gli è stata data. Alla fine il potere apparterrà a lui, ma in questo modo il «potere» verrà al tempo stesso trasformato.

Gesù, il Figlio di Dio, è venuto, in quanto uomo, tra le fiere. Nella debolezza dell'uomo egli ripristina la sovranità di Dio. Proprio nel segno della debolezza, che si contrappone alla brutalità, egli incarna la superiorità di Dio. Viene tra le fiere senza diventare una fiera, senza assumerne i metodi. Verrà divorato, ma proprio così le vincerà. Proprio la sconfitta accettata rappresenta la vittoria del diverso: non esiste soltanto l'istinto animalesco, ma anche l'«amore sino alla fine» (*Gv* 13,1). In questo l'uomo viene ripristinato. Egli cammina tra le fiere in figura di uomo. Ciò significa che egli cerca quelli che sono con lui, che si pongono dalla sua parte, che si fidano del potere dell'«Uomo dall'alto» e si lasciano così redimere.

2. La discesa come avvenimento spirituale

Nel capitolo 10 della *Lettera agli Ebrei* troviamo una delle più profonde spiegazioni della discesa del Figlio, dove è ormai scomparsa ogni idea spaziale e viene messo pienamente in luce il contenuto personale, spirituale. L'autore della lettera riprende dapprima il concetto di fondo, che cioè i sacrifici animali non sono adatti a stabilire un corretto rapporto fra Dio e l'uomo. Prosegue poi dicendo: «Per questo, entrando nel mondo, Cristo dice: *Tu non hai voluto né sacrificio né offerta, / un corpo invece mi hai preparato. / Non hai gradito né olocausti né sacrifici per il peccato. / Allora ho detto: "Ecco, io vengo*

/ – poiché di me sta scritto nel rotolo del libro – / per fare, o Dio, la tua volontà"» (*Eb* 10,5-7; cfr. *Sal* 40 [39],7-9).

Citando un detto del *Salmo* 40, che viene posto sulle labbra di Gesù quando fa il suo ingresso nel mondo, la lettera ci propone una teologia corretta dell'incarnazione, dove non è rimasta più traccia dei «piani» cosmici. «Discendere», «entrare» vengono intesi piuttosto come un evento di preghiera. La preghiera è qui concepita come un vero processo che coinvolge l'intera esistenza e la inserisce in un movimento che la trascende. Qui l'ingresso di Cristo nel cosmo viene compreso come un avvenimento di volontà e di parola, come la realizzazione effettiva di quell'orientamento del pensiero e della fede che riscontriamo nella spiritualità di molti salmi.

Cerchiamo ora di analizzare meglio il testo del salmo e la trasformazione che ha subìto nel Nuovo Testamento. Che cosa ci dice questo salmo? È il ringraziamento di colui che Dio ha risuscitato dai morti.[3] Ma l'orante, a partire dalla sua concezione religiosa, non ringrazia Dio offrendogli, per esempio, un sacrificio animale. Egli si muove sulla linea della tradizione profetica e dice: Tu non

[3] Nel testo veterotestamentario qui si intende «la sfera della morte», il «regno dei morti»: H.-J. Kraus, *Psalmen* I, Neukirchen 1960, pp. 305-310, qui 307. Solo nel Nuovo Testamento, con il riferimento alla morte reale e alla risurrezione reale di Cristo, il testo acquista tutto il suo realismo. L'enunciato assume una dimensione ancora diversa quando viene riferito, oltre che all'incarnazione, allo stesso dialogo intradivino (come qui osserviamo).

gradisci sacrifici e offerte, ma mi hai aperto gli orecchi. Ciò significa che Dio non vuole cose, ma l'ascolto da parte dell'uomo, la sua obbedienza, quindi la sua stessa persona. È questo il ringraziamento vero, adeguato a Dio: l'entrare dentro la volontà divina.

Per la *Lettera agli Ebrei* queste parole del salmo illustrano quel dialogo fra Padre e Figlio che è l'incarnazione. Attraverso di esse l'incarnazione appare come un processo intratrinitario, spirituale. Alla luce dell'adempimento, la *Lettera agli Ebrei* cambia soltanto *una* parola: al posto degli orecchi, dell'ascolto, ora è subentrato il corpo: mi hai preparato un corpo. Per «corpo» qui si intende l'essere umano, l'essere con la natura umana. L'obbedienza si incarna. Il suo supremo adempimento non si esaurisce più nel puro ascolto, ma è «incarnazione». La teologia della Parola diventa teologia dell'Incarnazione.

La dedizione del Figlio al Padre è frutto di un dialogo intradivino: diventa accettazione e così offerta della creazione riassunta nell'uomo. Questo corpo, o meglio l'essere uomo di Gesù, è il prodotto dell'obbedienza, il frutto dell'amore del Figlio che risponde al Padre. È, per così dire, una preghiera divenuta concreta. In questo senso l'essere uomo di Gesù è già un contenuto interamente spirituale, di origine «divina».

Riflettendo meglio, ci si accorge allora che l'abbassamento dell'incarnazione, anzi, l'umiliazione della croce, risponde profondamente al mistero stesso dell'essere

Figlio: Figlio, per sua natura, è il dono e la restituzione di se stesso, appunto ciò costituisce il suo essere Figlio. Figlio, trasposto nella creazione, significa: «Fattosi obbediente fino alla morte e a una morte di croce» (*Fil* 2,8). Il testo, però, scende poi dalla sublimità del mistero per rivolgersi direttamente alla nostra realtà: noi diventiamo Dio non ponendoci in modo autarchico, non cercando l'autonomia senza limiti della totale emancipazione. Simili tentativi sono destinati a fallire per la loro stessa contraddizione interna, per la loro profonda falsità. Noi diventiamo Dio seguendo l'esempio del Figlio, diventiamo Dio divenendo «figli». Lo diventiamo, dunque, inserendoci nel dialogo che Gesù intrattiene con il Padre, e inserendo questo dialogo con il Padre nella carne della nostra vita quotidiana: «Un corpo mi hai preparato...».

La nostra salvezza consiste nel diventare «corpo di Cristo», come Cristo stesso: nell'accettazione quotidiana di noi stessi, per amor suo; nel quotidiano restituire; nell'offrire giorno dopo giorno il nostro corpo come luogo della Parola. Lo diventiamo ponendoci alla sua sequela, scendendo e salendo. E questo è appunto il contenuto delle parole: *descendit de caelis*. Esse parlano di Cristo, ma anche di noi. Questa professione di fede non può esaurirsi nell'espressione verbale, ma dalla parola rimanda al corpo: risulterà verace soltanto all'interno del movimento dalla parola al corpo e dal corpo alla parola.

«... e si è fatto uomo»

L'affermazione che riguarda l'Incarnazione di Dio è la proposizione centrale del Credo cristiano. Attorno a queste parole ruota la riflessione dei teologi di tutti i secoli, i quali hanno cercato di coglervi, come in uno specchio, qualcosa del mistero di Dio e dell'uomo. Non è questo il luogo in cui affrontare le grandi e profonde questioni che sollevano. Vogliamo piuttosto cercare di individuare un sentiero teologico che, a partire da ciò che è vicino e semplice, ci permetta di cogliere quello che è grande e lontano in ciò che tocca la nostra vita. A questo riguardo ci lasceremo guidare dalla seguente idea: è possibile considerare l'essere uomo alla luce delle sue componenti fondamentali, ovvero spirito e corpo, Creatore e creazione, il singolo e la comunità, la storia come lo spazio della nostra esistenza. Ma è possibile tener conto, al di là di queste grandi e complesse strutture che inseriscono il singolo in un tutto, anche del fatto che ciascuno di noi non possiede mai la propria vita perfettamente e interamente nell'istante: anche nell'individuo singolo la vita si dilata nel tempo, e «quest'uomo» in definitiva è soltanto la totalità di tale struttura temporale. Nella temporalità della singola persona si sviluppa anche il nesso tipicamente umano tra sfera biologica e spirituale: il tempo dell'uomo è caratterizzato dallo sviluppo vitale dall'infanzia, alla maturità, alla vecchiaia, fino alla morte. In queste fasi si struttura la sua vita. La religiosità del Medioevo e della prima età moderna ha rivolto la sua riflessione sull'essere uomo di Gesù prevalentemente a questo contenuto; parlava dei «misteri della vita di Gesù», intendendo proprio le singole fasi del suo itinerario storico-terreno La preghiera contemplativa, cui seguì la pittura meditativa, si immergeva con entusiasmo in queste «acque» della vita di Gesù, al fine di sperimentare il più possibile da vicino quella realtà incommensurabile che noi professiamo quando diciamo che «il Figlio di Dio si è fatto uomo». Sarebbe proprio impossibile ripercorrere questo cammino? Qui cercheremo di muovere solo qualche passo, riflettendo soprattutto su che cosa significhi che Gesù ha vissuto l'essere uomo nelle fasi dell'infanzia, maturità e morte.

1. L'infanzia di Gesù

Dio si è fatto bambino. Che cosa significa essere bambini?

Significa anzitutto dipendenza, bisogno di aiuto, riferimento agli altri. In quanto bambino Gesù non viene soltanto da Dio, ma da altre persone. Si è formato nel grembo di una donna, dalla quale ha ricevuto la carne e il sangue, il battito del cuore, i gesti, il linguaggio. Ha ricevuto vita dalla vita di un'altra persona umana. Questa provenienza da altri di ciò che è proprio non è un fatto puramente biologico. Significa che Gesù ha ricevuto da persone che lo hanno preceduto, e soprattutto da sua madre, anche le forme di pensiero e i modi di vedere, la stessa connotazione della propria anima umana. Significa che dai suoi antenati ha assunto lo stesso complesso itinerario che da Maria risale fino ad Abramo e, in definitiva, fino ad Adamo. Egli porta in se stesso il peso di questa storia e con la sua vita e le sue sofferenze trasforma tutte le negazioni e le incertezze in un puro «sì»: «Il Figlio di Dio, Gesù Cristo... non fu "sì" e "no", ma in lui vi fu il "sì"» (2 *Cor* 1,19).

Sorprende il fatto che Gesù stesso attribuisca una posizione di primo piano all'infanzia per l'essere uomo: «In verità vi dico: se non vi convertirete e non diventerete come i bambini, non entrerete nel regno dei cieli» (*Mt* 18,3). Per Gesù, dunque, essere bambini non rappresenta uno stadio transitorio del vivere umano, una fase che deriverebbe dal destino biologico e si concluderebbe senza lasciar tracce: nell'essere bambino si realizza ciò che è specifico dell'essere uomo, a tal punto da ritenere perduto chi ha perduto l'essenziale dell'essere bambino. Potremmo, da qui, mettendoci umanamente nei suoi panni, immaginare la gioia che Gesù deve aver provato nel ricordare i giorni della sua infanzia, se per lui l'essere bambino restò una condizione tanto preziosa da essere considerata come l'espressione più pura dell'essere uomo. E potremmo così imparare a rispettare il bambino, che proprio nel suo bisogno di protezione fa appello al nostro amore. Ma l'interrogativo di fondo che si impone è il seguente: in che consiste propriamente l'essenziale dell'essere bambino, cui Gesù attribuisce una importanza così determinante? È chiaro, infatti, che non ci troviamo di fronte a una dichiarazione romantica nei confronti dei piccoli né a un giudizio morale: l'intenzione è ben più profonda.

Dovremo, come prima cosa, tenere presente che il titolo teologico fondamentale di Gesù è quello di «Figlio». Questa designazione costituisce il tentativo di riassumere in una parola l'intera sua vita. L'orientamento della sua esistenza, come la radice e il fine che lo caratterizzavano, si esprimevano così: *Abbâ* – «Padre caro». Egli non si sentì mai solo: fino all'ultimo grido sulla croce è stato totalmente proteso verso l'Altro che lui chiama Padre. Solo così si spiega il fatto che alla fine non si sia imposto come suo vero titolo quello di Re, Signore o altri analoghi attributi di potenza, bensì una parola traducibile anche con il termine «bambino». È lecito dunque affermare che l'essere bambino assume nella predicazione di Gesù un ruolo così particolare poiché manifesta l'intima corrispondenza che esiste con il suo mistero più personale, la sua figliolanza. La sua dignità più eccelsa, quella che rimanda alla sua divinità, in ultima analisi non è un potere posseduto per se stesso, ma si fonda sul suo essere riferito all'Altro: a Dio Padre. Molto giustamente Joachim Jeremias ha scritto che essere bambino, secondo Gesù, significa imparare a dire Padre. Però, soltanto alla luce dell'idea di «figlio» propria di Gesù è possibile cogliere tutta la pregnanza di questa parola. Qui ritroviamo tutto ciò che abbiamo già visto nelle nostre riflessioni sul Dio uno e trino. L'uomo vuol diventare Dio, e lo deve. Ma quando, come nel dialogo con il serpente del paradiso terrestre, egli tenta di farlo emancipandosi da Dio e dalla sua creazione, contando esclusivamente sulle proprie forze, quando – in una parola – si sente pienamente adulto, interamente emancipato, e rifiuta l'essere bambino come modo di esistere, finisce nel nulla, poiché si pone contro la sua stessa verità, che si chiama riferimento ad altri. Soltanto se conserva la sostanza più intima dell'essere bambino, l'esistenza di figlio che Gesù ha vissuto, l'uomo accede, insieme con il Figlio, all'essere Dio.

Fin qui si tratta di considerazioni generali. Un altro aspetto di ciò che Gesù intende quando parla di essere bambini emerge nella beatitudine riferita ai poveri: «Beati voi poveri, / perché vostro è il regno di Dio» (*Lc* 6,20). In questa proposizione, al posto dei bambini subentrano i poveri. Di nuovo, non si tratta di una celebrazione romantica della povertà né di un giudizio morale sui singoli individui poveri e ricchi, ma della profondità stessa del nostro essere uomini. Nell'essere povero si manifesta un aspetto di ciò che si intende con essere bambino: il bambino, da sé, non possiede nulla. Egli vive contando su altri e proprio per questa sua mancanza di potere e di possesso è una persona libera. Non ha ancora una posizione, che come una maschera eclissa il suo Io autentico. Potere e possesso sono le due grandi tentazioni che rendono l'uomo prigioniero di ciò che possiede e soffocano la sua anima. Chi, pur possedendo molte cose, non rimane intimamente povero, consapevole che il mondo è nelle mani di Dio e non nelle proprie, costui ha smarrito di nuovo quella condizione di bambino senza la quale non si accede al Regno. Stylianos Harkianakis, a questo proposito, ha richiamato l'attenzione sul fatto che Platone, nel *Timeo*, riporta il giudizio ironico di uno straniero che constata come i greci sarebbero *aéi pâides*, «eterni bambini». In questo Platone non vede un rimprovero, ma un motivo di vanto. «È comunque certo che i greci volevano essere un popolo di filosofi, non di tecnocrati, quindi eterni bambini che vedevano la condizione più eccelsa dell'esistenza umana nello stupore...».[4]

Anche in questo riferimento alla sottile parentela che esiste fra l'anima greca e il messaggio del Vangelo scorgiamo qualcosa che ci riguarda. L'uomo non dovrà mai rinunciare alla possibilità di stupirsi, alla capacità di meravigliarsi e di ascoltare, che non mira soltanto al vantaggio pratico, ma coglie l'armonia delle sfere e s'allieta proprio per ciò che non serve per essere utilizzato dall'uomo.

[4] S. Harkianakis, *Orthodoxe Kirche und Katholizismus*, München 1975, pp. 60 ss. A me sembra che il passo del *Timeo* di Platone 22 b – dialogo tra Solone e un sacerdote egiziano – presenti un'accentazione diversa nel testo primitivo. Ma non è qui il caso di approfondire la questione.

Dobbiamo fare ancora un passo. Essere bambini significa dire «padre», abbiamo sopra constatato. Ora dobbiamo aggiungere: essere bambini significa anche dire «madre». Se lo si elimina, allora si elimina proprio l'essere bambino umano di Gesù, per ammettere esclusivamente la figliolanza del *Lógos*, che però ci viene rivelata proprio attraverso Gesù bambino. A commento di questa idea riportiamo uno splendido brano di Hans Urs von Balthasar: «*Eucharistía* significa rendimento di grazie, dove è Gesù stesso che ringrazia, si offre e dona senza fine a Dio e agli uomini. A chi rende grazie? Senza dubbio a Dio Padre, il prototipo e la sorgente prima di ogni donazione [...] Ma ringrazia anche i poveri peccatori che sono disposti ad accoglierlo, lo fanno entrare sotto il loro indegno tetto. Ringrazia ancora qualcun altro? Io penso proprio di sì: ringrazia la povera serva dalla quale ha ricevuto, quando venne ricoperta dall'ombra dello Spirito Santo, la sua carne e il suo sangue [...] Che cosa impara Gesù dalla sua mamma? Impara a dir di sì. Non una parola qualsiasi, ma questa parola di consenso che egli dice continuamente, senza stancarsi mai. Tutto ciò che tu vuoi, mio Dio [...] "Ecco, io sono la serva del Signore, avvenga di me secondo la tua parola" [...] È questa la preghiera cattolica che Gesù ha appreso dalla sua madre terrena, dalla *mater catholica* che prima di lui esisteva nel mondo e alla quale Dio consentì di pronunciare per prima questa parola della nuova ed eterna alleanza [...]».[5] In Stylianos Harkianakis troviamo un'osservazione in cui la logica del bambino viene espressa in termini così chiari e convincenti che ogni altra motivazione razionale appare pura astrazione: «Un giorno, un monaco del chiostro di Iviron mi disse: "Noi veneriamo la Madre di Dio e abbiamo riposto in Lei tutte le nostre speranze, perché sappiamo che Ella può ogni cosa. E sa perché Ella può tanto? Il Figlio esaudisce ogni suo desiderio perché non può ridarle ciò che da Lei ha ottenuto. E da Lei ha ottenuto la carne, che egli ha senz'altro divinizzato, ma non restituito. Questo è il motivo per cui noi ci sentiamo così sicuri nel giardino della Madre del Signore!"».[6]

2. Nazaret

L'immagine che abbiamo di Nazaret è deformata e la vita vissuta di Gesù in quel villaggio ci sembra inaccettabile, perché presentata come un idillio piccolo-borghese che svilisce il mistero. Il punto di partenza per la venerazione della Sacra Famiglia – anch'essa considerata per lo più in questa ottica – fu, naturalmente, ben diverso. Il promotore è stato il cardinal Laval, che nel XVIII secolo, in Canada, non disponendo di abbastanza preti

[5] H.U. von Balthasar, *Haus des Gebetes*, in W. Seidel, *Kirche aus lebendigen Steinen*, Mainz 1975, pp. 11-29.

[6] Harkianakis, *Orthodoxe Kirche und Katholizismus*, cit., p. 65.

per garantire la creazione di comunità eucaristiche ben definite vi si richiamava per responsabilizzare il laicato. Alla luce di Nazaret la casa, la famiglia vengono riscoperte come chiesa, e così ci si appella alla responsabilità sacerdotale del capofamiglia. Nella «Galilea dei pagani» Gesù cresceva come un ebreo; prima ancora che dalla scuola, imparava la Scrittura in casa, dove la parola di Dio aveva il suo domicilio. Bastano le scarse indicazioni che ci offre Luca per intravvedere lo spirito di responsabilità e apertura, di pietà e rettitudine che caratterizzavano questa comunità facendone una realizzazione del vero Israele. Ma quale fosse il grado di apprendimento nella convivenza con i nazaretani lo conosciamo soprattutto dall'attività di Colui che legge le Scritture, le conosce con la sicurezza del maestro e padroneggia le tradizioni dei rabbini. Non è questa, forse, un'indicazione importante per tanti cristiani costretti a vivere, anche ai nostri giorni, in una «Galilea dei pagani»? La Chiesa non può crescere e prosperare finché non sa che le sue radici sono nascoste nell'atmosfera di Nazaret.

È importante anche un altro punto di vista. Proprio nel periodo in cui fioriva il culto superficiale della Sacra Famiglia, ci furono alcuni contemporanei che riscoprirono – senza troppo chiasso – il contenuto profondo del mistero autentico di Nazaret. Uno di questi è Charles de Foucauld, che nella ricerca dell'«ultimo posto» trovò Nazaret. Nel suo pellegrinaggio in Terra Santa fu proprio questo il luogo che maggiormente lo colpì.

Egli non si sentì più chiamato a «seguire Gesù nella vita pubblica. Nazaret, invece, lo scosse fin nelle più remote pieghe del cuore».[7] Ora egli intendeva seguire Gesù nel silenzio, nella povertà e nel lavoro. Intendeva realizzare alla lettera il detto di Gesù: «Quando sei invitato, va' a metterti all'ultimo posto» (*Lc* 14,10). Sapeva che Gesù aveva interpretato questa parola innanzitutto vivendola. E sapeva anche che, prima ancora di morire sulla croce nudo, senza un brandello che fosse suo, aveva scelto Nazaret come l'ultimo posto. Charles de Foucauld trovò il suo Nazaret dapprima nel convento dei trappisti di Notre-Dame des Neiges (1890) e sei mesi più tardi in un altro convento trappista ancora più povero, Notre-Dame du Sacré-Cœur, in Siria. Da qui scriveva alla sorella: «Facciamo i contadini, un lavoro veramente salutare per l'anima, che ci permette di pregare e meditare [...] Si capisce davvero che cosa significhi un pezzo di pane quando per propria esperienza si sa la fatica che costa produrlo [...]».[8]

Nel suo pellegrinare sulle tracce dei «misteri della vita di Gesù», Charles de Foucauld ha trovato il Gesù lavoratore. Ha incontrato il vero «Gesù storico». In quei luoghi, nella meditazione vitale sulla persona di Gesù, si stava, infatti, aprendo una nuova via per la

[7] M. Carrouges, *Charles de Foucauld. Forscher und Beter*, Freiburg, 1958, p. 120 (trad. it., *Charles de Foucauld, esploratore e mistico*, La Locusta, Vicenza, 1957).

[8] *Ivi*, p. 134.

Chiesa. Qui lavorare con Gesù lavoratore, immergersi nella realtà di Nazaret, significò un punto di partenza per la nuova figura e la realtà del «prete operaio». Fu qui che si riscoprì il significato che per la Chiesa riveste la povertà. Nazaret è un messaggio permanente per la Chiesa. La nuova alleanza non ha inizio nel tempio o sul monte santo, bensì nella casupola della Vergine, nella casa dell'Operaio, in una località dimenticata della «Galilea dei pagani», da cui nessuno si attendeva qualcosa di buono. La Chiesa può sempre iniziare solo da qui, solo da qui può riprendersi. Essa non riuscirà a dare una risposta corretta a chi, nel nostro secolo, si ribella al potere della ricchezza, fin quando non vivrà al suo interno la realtà di Nazaret.

3. Vita pubblica e nascondimento

Al tempo del silenzio, dell'apprendimento, dell'attesa segue quello dell'attività, dell'ingresso nella vita pubblica. Essere uomo per Gesù significa anche partecipare alla gioia e al successo che una vita pubblica può garantire. È prender parte alla felicità dell'operare umano, che conduce alla piena realizzazione della propria esistenza. Ma significa anche condividere il peso e i pericoli connessi all'esporsi nella società. Chi opera in seno alla collettività non si fa soltanto degli amici, ma si espone anche a contraddizioni, malintesi e strumentalizzazioni. Il suo nome e la sua parola possono essere usati da partiti di destra e di sinistra. L'Anticristo assume la maschera di Cristo e di lui si servirà come il diavolo si serve della parola di Dio, della Bibbia (*Mt* 4,1-11; *Lc* 4,1-13). Vivere una vita pubblica significa, paradossalmente, conoscere l'isolamento. E così è stato anche per Gesù: si circondò di amici, ma conobbe anche la disillusione che deriva dall'amicizia tradita, come pure l'incomprensione dei discepoli, ben intenzionati, ma fragili. Alla fine, nell'orto degli Ulivi, si troverà solo e angosciato, mentre i discepoli dormono. Nel suo intimo, Gesù resta incompreso.

Oltre a questa solitudine che deriva dall'incomprensione, Gesù conosce un'altra forma di isolamento: è giunto a un punto della sua vita in cui gli altri non sono in grado di seguirlo, dove si trova solo con Dio. Per lui vale più che per ogni essere umano ciò che osserva Guglielmo di Saint-Thierry: «Chi sta con Dio è ancor più solo di quando è solo».[9] Questo tema è stato approfondito soprattutto da Luca. Vorrei perciò analizzare brevemente tre passi del suo Vangelo.

Il primo testo di Luca che vorrei presentare si riferisce alla vocazione dei Dodici (*Lc* 6,12-16). In Luca questa chiamata avviene dopo una notte trascorsa da Gesù in preghiera. Ciò che qui è illuminante è soprattutto la diversità rispetto al testo parallelo di Matteo. In questo evangelista la vocazione dei Dodici segue immediata-

[9] Citato da Carrouges, *Charles de Foucauld. Forscher und Beter*, cit., p. 168.

mente l'invito di Gesù a pregare perché il Padre mandi operai per la mietitura. La scelta dei Dodici sembra dunque essere il primo gesto col quale Gesù stesso, esaudendo la preghiera dei discepoli, dà la risposta anticipata conferendo loro un potere divino (*Mt* 10,1-4). In Luca, invece, la preghiera che Gesù eleva al Padre nella notte trascorsa sul monte è il vero luogo della chiamata. Il luogo strettamente teologico dell'apostolato è appunto questo dialogo solitario con il Padre. E viceversa, qui si vede che l'apostolato ha un luogo teologico da cui deriva e nel quale rimane nascosto lo scambio tra la volontà del Figlio e quella del Padre.

Analizziamo il racconto della trasfigurazione (*Lc* 9, 28-36). Secondo Luca, la trasfigurazione di Gesù avviene mentre egli prega: sta pregando, quando improvvisamente il suo volto si trasfigura. E nella preghiera il mistero profondo di Gesù si svela; in questa situazione appare ciò che egli effettivamente è. Si è voluto interpretare questo testo come un racconto della risurrezione proiettato nella vita di Gesù. Ma forse è più giusto dire: un'«apparizione del Risorto», un apparire a partire dal Padre e nello splendore del Padre, è possibile ancor prima della risurrezione, poiché la ragione profonda della risurrezione è già presente nel Gesù terreno, vale a dire l'immersione del centro della sua esistenza nel dialogo con il Padre, che costituisce già la gloria del Figlio, anzi il contenuto stesso della sua figliolanza. Passione e morte significherebbero allora che la sua intera esistenza terrena è trasfusa, consumata nel dialogo totale dell'amore.

Potremo allora dire che Luca ha elevato la preghiera di Gesù al rango di categoria cristologica fondamentale per descrivere il mistero stesso della sua figliolanza. Ciò che il concilio di Calcedonia esprime con una formula mutuata dall'ontologia greca, Luca lo dice usando una categoria del tutto personale, appellandosi all'esperienza storica del Gesù terreno, anche se esiste una perfetta corrispondenza fra i due modi d'esprimersi. Ce lo conferma un terzo testo: l'importante professione di fede in Cristo, che Matteo localizza a Cesarea di Filippi e che collega con la promessa del primato a Pietro, in *Lc* 9,18 deriva dalla preghiera di Gesù e vi risponde. Luca ci consente, in certo qual modo, di capire quel che succede quando Gesù prega. «Un giorno, mentre Gesù si trovava in un luogo appartato a pregare e i discepoli erano con lui, pose loro questa domanda: "Chi sono io secondo la gente?".» Il paradosso del testo è evidente: mentre si trovava solo, i discepoli erano con lui. Questa contraddizione intenzionale ci costringe a supporre che qui non ci troviamo di fronte a un puro racconto storico, ma a un contesto teologico: chi non conosce la sua solitudine, lo ritiene questo o quello. La professione di fede interpreta la sua realtà autentica, affonda lo sguardo in ciò che propriamente lo caratterizza: il suo dialogo solitario con il Padre. Potrà, dunque, formarsi soltanto nel partecipare alla solitudine di Gesù, nell'essere-con-lui quando egli è solo con il Padre.

L'attività pubblica di Gesù ha il suo centro in questo nascondimento, in cui si rende presente il mondo intero. A partire da qui egli viene agli uomini, è con gli uomini; qui gli uomini si accostano a lui.

4. Morte e risurrezione

Essere uomini significa essere destinati alla morte. Essere uomini significa dover morire, conoscere la contraddizione per cui, dal punto di vista biologico, morire è un fatto naturale e necessario, ma, al tempo stesso, nella sfera biologica si è dischiuso un centro spirituale che aspira all'eternità e alla cui luce la morte non è un fatto naturale, bensì illogico, è un essere cacciati dalla sfera dell'amore, una lacerazione di un rapporto di comunicazione che esige stabilità.

In questo mondo, vivere significa morire. «Si è fatto uomo» significa dunque anche questo: ha imboccato la via della morte. La contraddittorietà propria della morte umana conosce in lui tutta la sua asprezza. In lui, infatti, che vive fino in fondo la comunione e il dialogo con il Padre, l'isolamento assoluto della morte appare del tutto inconcepibile. D'altra parte, proprio in lui la morte trova la sua più specifica necessità. Abbiamo visto, infatti, che proprio il suo essere con il Padre è il motivo dell'incomprensione da parte degli uomini e così del suo isolamento nella vita pubblica. La condanna a morire sulla croce è l'atto ultimo e conseguente di questa non-comprensione, di questo rifiuto dell'incompreso, respinto nella zona del silenzio.

Da questa prospettiva, forse, è possibile intravedere un barlume della dimensione interiore, teologica, della sua morte. Per l'uomo, infatti, morire è sempre un avvenimento biologico e al tempo stesso umano-spirituale. Qui la distruzione dell'apparato corporeo della comunicazione interrompe anche il dialogo con il Padre. Quando viene distrutto lo strumento corporeo, viene reso impossibile anche l'atto spirituale che su di esso si basa. In Gesù questa lacerazione è più profonda di quella che si verifica nella morte umana. Qui viene interrotto quel dialogo che, in verità, è l'asse portante del mondo intero. Il grido di morte ripreso dal *Salmo* 21: «Dio mio, Dio mio, perché mi hai abbandonato?» ci permette già di intravedere le profondità abissali di questo processo. Ma come questo dialogo lo ha isolato, essendo diventato il motivo di questa morte e della sua mostruosità, in esso dobbiamo riconoscere già presente anche il motivo della risurrezione. Attraverso di essa, infatti, il suo essere uomo è messo al sicuro nel dialogo trinitario dell'amore eterno. E questo dialogo non potrà mai finire. Riprende oltre la soglia della morte e in tutta la sua pienezza.

Soltanto la risurrezione di Gesù, quindi, svela la realtà ultima e decisiva contenuta nell'articolo di fede «si è fatto uomo». Da qui noi sappiamo che ora egli *è* eternamente uomo. Egli lo rimane per sempre. Attraverso di lui l'essere uomo è penetrato nell'essere proprio di Dio: è questo il frutto della sua morte. Noi stiamo *in* Dio. Dio è il Totalmente Altro e allo stesso tempo il Non-Altro. Quando, con lui, noi diciamo: «Padre», lo diciamo in Dio stesso. Questa è la speranza dell'uomo, la gioia cristiana, il Vangelo: egli è uomo anche oggi. In lui Dio è diventato veramente il Non-Altro. L'uomo, questo essere assurdo, non è più assurdo. L'uomo, questo essere sconsolato, non è più privo di consolazione: possiamo rallegrarci. Egli ci ama e Dio ci ama a tal punto che il suo amore è diventato carne e rimane carne. Una simile gioia dovrebbe dare la spinta e la forza di comunicarlo anche agli altri uomini perché anch'essi si allietino della luce che è giunta fino a noi e che in mezzo alla notte del mondo annuncia il giorno.

Risorto secondo le Scritture

Chi legge il Nuovo Testamento può osservare, senza grande fatica, due tipi sostanzialmente diversi di tradizione sulla risurrezione: quella che io chiamerei tradizione della professione di fede e l'altra che potremmo qualificare come tradizione narrativa. Per il primo tipo abbiamo i vv. 3-8 del capitolo 15 della *Prima lettera ai Corinzi*. Il secondo tipo ci è offerto dai racconti della tradizione della risurrezione dei quattro Vangeli. Entrambi si sono formati in modi diversi, presuppongono problematiche diverse, perseguono intenzioni e compiti diversi. Anche la loro istanza, dunque, è diversa e ciò è estremamente importante per l'esegesi, per la questione del nucleo del messaggio.

Possiamo individuare l'origine della tradizione della professione di fede già nella tradizione narrativa. Questa ci attesta che i discepoli di Emmaus, al loro ritorno, vennero salutati dagli undici con il grido: il Signore è veramente risorto ed è apparso a Pietro. Probabilmente questa proposizione è il testo più antico che possediamo sulla risurrezione stessa. In ogni caso, la formazione della tradizione ha inizio proprio da questo grido, che a poco a poco si tramuta in una formula fissa ed essenziale per l'assemblea dei discepoli. Si tratta di una confessione di fede nella presenza del Signore, espressione di speranza e al tempo stesso segno di riconoscimento tra i credenti. La professione di fede cristiana è nata. In questo processo di tradizione si è formata ben presto, probabilmente già negli anni Trenta e in ambiente palestinese, quella confessione che Paolo ha custodito e che ci ritrasmette come patrimonio ricevuto da mani fedeli in *1 Cor* 15,3-8. In questi testi antichissimi è del tutto secondario ciò che noi oggi qualifichiamo come le conoscenze, il «sapere della fede». L'intenzione, come Paolo espressamente sottolinea, è di fissare il nucleo cristiano, a prescindere dal quale si vanificherebbero sia il messaggio sia la fede.

La tradizione narrativa nasce invece da un altro impulso. I cristiani vogliono sapere come sono andate le cose, sentono sempre più forte l'esigenza di conoscere i particolari. A ciò si aggiunge ben presto il bisogno di difendersi dai sospetti, dagli attacchi di ogni genere, come possiamo cogliere nei Vangeli, e pure dalle erronee interpretazioni, quali per esempio quelle sorte nella comunità di Corinto. Tutto ciò impone racconti più dettagliati e completi. Sono proprio queste esigenze che danno origine alla tradizione più approfondita e complessa dei Vangeli. Entrambe le tradizioni hanno perciò un'importanza fondamentale, ma appare anche chiaro l'ordine gerarchico: la tradizione della professione di fede viene prima della tradizione narrativa e costituisce la «fede» genuina, la norma per l'esegesi.

Cerchiamo dunque di comprendere più adeguatamente quel Credo fondamentale che Paolo ha custodito. Paolo, o meglio ancora il suo Credo, incomincia con la morte di Gesù. È interessante osservare che questo testo così conciso, che non usa una parola di troppo, pone due aggiunte alla notizia che Gesù «è morto». La prima suona «secondo le Scritture», l'altra «per i nostri peccati». Che cosa significa? L'affermazione «secondo le Scritture» colloca l'avvenimento nel contesto della storia veterotestamentaria dell'alleanza di Dio con il suo popolo: questa morte non è un caso isolato, ma s'inserisce nel contesto di questa storia di Dio e da essa riceve la sua logica e il suo significato. È un evento in cui si adempie la parola delle Scritture, cioè un avvenimento che ha in sé il *lógos*, vale a dire ha una sua logica: deriva dalla Parola e converge nella Parola, con essa coincide e a essa dà compimento. È un evento che risulta dal fatto di portare la parola di Dio tra gli uomini. Come si possa comprendere meglio questo legame con la «parola» lo indica la seconda aggiunta: Gesù è morto «per i peccati». Con questa formula il Credo ripropone un detto profetico (*Is* 53,12; cfr. anche 53,7-11), un rimando alla Scrittura preciso, dove risuona una melodia veterotestamentaria che i fedeli ben conoscevano a partire dalle prime raccolte di «testimoni». In questo modo la morte di Gesù non è più considerata nella linea della morte carica di maledizione che ha la sua origine nell'albero della conoscenza, nella presunzione del diventare simili a Dio, che perciò finisce nel dimostrare che l'uomo non è Dio ma soltanto terra. La morte di Gesù è di natura diversa. Non è l'esecuzione di un giudizio che ricaccia l'uomo nella terra, bensì l'attuazione di un amore che non vuole privare gli altri della parola, del senso, dell'eternità. Non si collega alla sentenza della cacciata dal paradiso, bensì ai cantici del Servo di Dio: è una morte secondo questa parola e, quindi, è luce per le genti; morte nel contesto del servizio di espiazione, che vuol creare riconciliazione; morte, dunque, che pone fine alla morte stessa. In questa luce, la duplice interpretazione che il nostro Credo aggiunge alla breve affermazione «è morto» apre dunque la croce alla risurrezione: ciò che qui si afferma non è semplicemente interpretazione, ma costituisce parte intima dell'evento stesso.

Il testo della Scrittura prosegue poi, senza commenti, con la cruda affermazione: «e fu sepolto». Ciò che questo significhi lo potremo comprendere soltanto tenendo conto di quanto si è già detto e di quel che si dirà in seguito. Qui si vuol affermare innanzitutto che Gesù ha conosciuto fino in fondo e realmente il destino di morte, che è stato posto nella fossa della morte, è disceso nel mondo dei morti, nel mondo sotterraneo. In seguito la fede della Chiesa approfondirà meglio questo mistero del Gesù morto e cercherà di capire proprio a partire da qui il trionfo di Gesù che abbraccia la storia e il mondo intero. Oggi noi ci poniamo altri interrogativi: che ruolo può mai avere il sepolcro per la nostra fede? Che legame ha con la risurrezione del Signore? Ed è proprio qui che oggi si accende la disputa, un conflitto che ha per oggetto il realismo che il messaggio cristiano effettivamente esige. Ci chiediamo: che senso ha il miracolo di un cadavere rivivificato? A chi gioverebbe? Sarebbe compatibile con la parola di Dio un simile conflitto con le leggi della natura? Non significherebbe eludere proprio quel tema su cui oggi incentriamo la nostra attenzione? Ma sorgono anche altre domande, di fondamentale importanza: trasformare l'avvenimento della risurrezione nella conoscenza di una missione, di un compito che continua, di una rilevanza permanente di Gesù, non significa rifuggire dai fatti e privare la fede nella risurrezione del suo carattere di realtà? Nel rifiuto sprezzante di ciò che si qualifica come miracolo di un cadavere rivivificato, non scorgiamo in verità un disprezzo per il corpo stesso, un atteggiamento non soltanto anticristiano, ma anche umanamente falso? Non vi soggiace quel larvato scetticismo che disconosce a Dio la possibilità di agire nel mondo? Che promessa possiamo propriamente attenderci, quando non si promette chiaramente alcunché al corpo dell'uomo?

Dovremo innanzitutto ammettere che il nostro Credo non parla del sepolcro vuoto. Ciò che qui interessa non è il sepolcro vuoto, ma il fatto che Gesù vi è stato sepolto. E dovremo pure ammettere che il modo di intendere la risurrezione, sviluppatosi, per così dire, totalmente a partire dal sepolcro quale concetto alternativo a quello di sepoltura non coglie il senso del messaggio neotestamentario. Infatti, Gesù non è un morto che ritorna in vita, come il figlio della vedova di Nain e Lazzaro, che vennero richiamati al loro modo di vivere terreno poi conclusosi con la morte definitiva. La risurrezione di Gesù non può essere scambiata per un temporaneo superamento della morte clinica, che anche oggi conosciamo e che, tuttavia, dopo un certo tempo finisce con una morte clinica irreversibile. Che le cose non stiano in questi termini, non ce lo attestano soltanto gli evangelisti, ma anche il nostro Credo, quando descrive la comparsa del Risorto con il verbo greco *'ōphthē* che in genere traduciamo con «apparve», ma che più correttamente dovremmo tradurre con «si diede a vedere». Questa formula ci esprime, dunque, una realtà ben diversa, il fatto cioè che Gesù, dopo la risurrezione, appartiene ormai a una sfera di realtà che normalmente si sottrae ai nostri sensi. Solo così si spiega anche l'incapacità a riconoscere Gesù, della quale tutti i Vangeli concordemente parlano. Egli non appartiene più al mondo percepibile con i sensi, ma al mondo di Dio. Ora lo può vedere soltanto colui al quale egli stesso si dà a vedere. E questa vista coinvolge il cuore, lo spirito e l'apertura interiore dell'uomo. Anche nella vita quotidiana quello del vedere non è un processo così banale come generalmente si suppone. Due persone che osservano contemporaneamente il mondo ben raramente vedono le stesse cose. Si vede sempre anche a partire dal proprio intimo. Possiamo percepire la bellezza delle cose o limitarci a scorgerne l'utilità. Si può leggere sul volto dell'altro la preoccupazione, l'amore, la pena nascosta, la falsità larvata, ma anche nulla di tutto questo. Benché uno stato d'animo si manifesti anche attraverso i sensi, lo si può percepire soltanto mediante un processo sensoriale-spirituale, tanto più impegnativo quanto più profondamente la manifestazione sensibile di una cosa raggiunge il fondamento del reale. Qualcosa di simile si verifica anche per il Signore risorto. Egli si mostra ai sensi e può interpellare soltanto i sensi, i quali però colgono qualcosa di più di ciò che si offre alla loro percezione.

Di conseguenza, tenendo conto della totalità del testo, dovremo allora dire che Gesù sicuramente continuò a vivere non come vive un morto ritornato in vita ma, in virtù della forza divina, al di sopra della zona di ciò che rientra nelle nostre capacità di analisi fisica e chimica. Bisogna però aggiungere che è la stessa persona, lo stesso Gesù che due giorni prima era stato giustiziato. Anche questo dice espressamente il nostro testo, accostando tra loro due proposizioni distinte. Prima afferma che «è stato risuscitato il terzo giorno secondo le Scritture» e poi che «apparve a Pietro e ai Dodici». Chiaramente qui la risurrezione e l'apparizione sono separate, elementi autonomi dell'unica professione di fede. La risurrezione non si confonde con le apparizioni. Queste non *sono* la risurrezione, ma soltanto il loro riflesso. La risurrezione è in primo luogo un *avvenimento* che riguarda Gesù stesso, tra il Padre e lui nella forza dello Spirito Santo; poi questo evento, accaduto in Gesù stesso, diventa *accessibile* agli uomini, poiché lui lo rende tale. Possiamo così riprendere il problema del sepolcro e abbozzare una soluzione. Il sepolcro non costituisce il centro del messaggio della risurrezione, il centro è invece il Signore nella sua nuova vita. Ma non può essere nemmeno eliminato da tale messaggio. Il testo, che con grande concisione ricorda la sepoltura, afferma implicitamente ma chiaramente che essa non è stata l'ultimo stadio dell'itinerario terreno di Gesù. La formula che segue – «È stato risuscitato il terzo giorno secondo le

Scritture» – è un richiamo al *Sal* 15[16],10, che per gli apostoli costituisce uno degli elementi fondamentali della prova derivata dalla Scrittura e che deve essere considerato, standо alle prediche tramandateci dagli *Atti degli Apostoli*, il punto di riferimento più importante dell'espressione «secondo le Scritture». Nel versetto si legge: «Non abbandonerai la mia vita nel sepolcro, né lascerai che il tuo santo veda la corruzione». Secondo la mentalità ebraica, la putrefazione incominciava il terzo giorno. La parola della Scrittura si compie in Gesù per il fatto che egli è risorto al terzo giorno, prima che iniziasse il processo della putrefazione. Qui il testo viene posto in stretta relazione con l'articolo che riguarda la morte: tutto ciò avvenne nella cornice descritta dalla Scrittura, secondo la quale la morte di Gesù conduce al sepolcro, non però alla putrefazione. Essa è morte della morte, una morte che si è verificata secondo la parola di Dio e quindi in stretto rapporto con la vita, la quale strappa alla morte il potere di distruggere il corpo dell'uomo e di dissolverlo nella terra.

Questo trionfo sul potere della morte, proprio nel luogo in cui essa afferma la sua irrevocabilità, costituisce il cuore della testimonianza biblica, a prescindere dal fatto che sarebbe stato assolutamente impossibile proclamare la risurrezione di Gesù se si fosse potuto accertare che si trovava ancora nel sepolcro. Non la potrebbe accettare la nostra società, che teoricamente sperimenta concetti di risurrezione per i quali il corpo è indifferente; ma non la poteva affatto accettare nemmeno il mondo giudaico, per il quale l'uomo era il suo corpo e nulla più. Chi la professa non afferma che sia avvenuto un miracolo strano, ma afferma la potenza di Dio, il quale rispetta la sua creazione ma non è vincolato alle leggi della morte. Certo, la morte è la forma basilare del mondo in cui viviamo. È però anche vero che oggi più che mai l'uomo tende a un superamento reale, non puramente concettuale, della morte stessa. La risurrezione di Gesù attesta che tale vittoria di fatto è possibile, che la morte non è per principio e in assoluto una componente della struttura del creato, della materia. Naturalmente dice anche che questo superamento del limite della morte non può essere raggiunto da raffinati metodi clinici, da una tecnica altamente perfezionata. Questo trionfo avviene grazie alla potenza creatrice della Parola e dell'amore. Soltanto queste forze sono in grado di modificare fondamentalmente la struttura della materia al punto da spezzare le barriere della morte. Nella promessa straordinaria racchiusa in questo avvenimento troviamo allora anche un appello straordinario. Una missione. Un'interpretazione globale dell'esistenza umana e del mondo.

Ma qui emerge soprattutto che la fede nella risurrezione di Gesù è un'ammissione dell'esistenza reale di Dio. E un'ammissione della sua creazione, di quel «sì» incondizionato di Dio nei confronti della creazione, della materia. La parola di Dio raggiunge effettivamente anche il corpo. La sua potenza non si arresta di fronte al limite della materia. Essa abbraccia il tutto. Per questa ragione anche la responsabilità che noi dobbiamo dimostrare di fronte a questa parola giunge fino alla materia, fino al corpo, e qui viene posta alla prova. In definitiva, la fede nella risurrezione ha a che fare con la reale potenza di Dio e la portata della responsabilità umana: che la potenza di Dio sia speranza e gioia è appunto il contenuto redentivo della sua rivelazione nel giorno di Pasqua, è la possibilità stessa di cantare l'Alleluia in mezzo a un mondo sul quale gravano le pesanti ombre della morte.

Lo Spirito Santo

Noi crediamo in Dio Padre, Figlio e Spirito Santo, in Dio uno trino. Mentre, però, sul Padre e sul Figlio possiamo dire relativamente molto, lo Spirito Santo è rimasto largamente il Dio sconosciuto. Nella storia della Chiesa ci si è continuamente appellati a lui, questo è certo, ma è anche vero che i movimenti che ne sono nati hanno contribuito notevolmente a far sì che il discorso sullo Spirito Santo, nella Chiesa, si sia fatto ancor più sommesso.

Incominciò con Mani (216-274, o 277 d.C.), il padre del manicheismo, una corrente che si spacciava per incarnazione del Paraclito – lo Spirito Santo – e vantava così anche una superiorità su Cristo stesso. Da qui un'ombra oscura attraversa l'intera storia della Chiesa del Medioevo: la presunzione di una santità più elevata, la cui ambizione, nonostante tutti i rifiuti, ha offuscato la fede della cristianità, diventando un fardello di cui fu difficile sbarazzarsi. Da altre radici, già nel II secolo si diffuse nella Chiesa dell'Asia Minore il movimento spirituale del montanismo, il cui rappresentante più noto in Occidente fu il grande apologeta e scrittore Tertulliano (circa 160-dopo il 220). Dal messaggio dei montanisti derivò quel disprezzo per la chiesa dei peccatori che sfociò poi nell'arroganza e nel più fosco moralismo. A formulare la forma più affascinante di nostalgia dello Spirito Santo fu, nel XII secolo, un pio abate dell'Italia meridionale: Gioacchino da Fiore (circa 1130-1202). Gioacchino avvertiva profondamente le insufficienze della Chiesa del tempo: l'odio che divideva ebrei e cristiani, antico e nuovo popolo di Dio; l'ostilità fra Chiesa d'Oriente e Chiesa d'Occidente; la gelosia fra clero e laicato; l'autoesaltazione e la brama di potere degli uomini di Chiesa. Da qui derivò la convinzione che questa non potesse venire considerata la forma definitiva della Chiesa di Dio sulla terra e che prima del ritorno di Cristo, prima della fine del mondo, su *questa* terra e in questa storia fosse necessario un nuovo intervento divino. Gioacchino aspirava a una Chiesa che corrispondesse veramente al Nuovo Testamento e alle promesse dei profeti, ma anche al desiderio più profondo dell'uomo: una Chiesa nella quale convivessero, nello spirito della verità e dell'amore, senza leggi e precetti, ebrei e pagani, Oriente e Occidente, clero e laicato, affinché la volontà di Dio si realizzasse davvero pienamente tra le creature umane. Da qui nacque la sua nuova visione, secondo la quale, a partire dall'immagine trinitaria di Dio, egli cercò di spiegare il ritmo della storia: dopo il regno del Padre nell'Antico Testamento e il regno del Figlio nella Chiesa gerarchica, verso il 1260 sarebbe dovuto venire un terzo regno, quello dello Spirito Santo, un regno di libertà e pace universale.

Per Gioacchino non si trattava di mere speculazioni sul futuro, di fughe dall'amara realtà del presente. Per lui questa visione aveva dei risvolti eminentemente pratici, in quanto egli credeva che la linea di demarcazione fra i singoli periodi storici non fosse netta, ma che ci fossero delle continue intersecazioni, dove il nuovo si sovrapponeva al vecchio: la fede e la pietà dei profeti anticipavano per lui la presenza della nuova alleanza già nell'antica, nello stile di vita dei monaci la Chiesa futura penetrava già nella Chiesa del presente. Questo significa due cose: significa innanzitutto che si può andare incontro alla realtà ventura, che nel movimento della storia ci si può, per così dire, porre sulla scala mobile che porta nel futuro. Egli stesso tentò di farlo, fondando una nuova comunità monastica che prefigurasse in certo qual modo i tempi nuovi, che aprisse a essi la porta. In secondo luogo vi emerge però anche l'immagine di futuro che egli intendeva. Il «Vangelo eterno» di cui egli parlava, richiamandosi ad *Ap* 14,6, non era alla fine altro che il Vangelo di Gesù Cristo. L'opera dello Spirito Santo e del suo Vangelo consisteva perciò semplicemente nel fatto che il primo Vangelo, il Sermone del Monte, venisse ora finalmente applicato in tutta la sua interezza. Il Vangelo preso alla lettera sarà dunque il cristianesimo totalmente spirituale: è questa la sua visione.

Da allora in poi la speranza che Gioacchino aveva riposto nell'avvento definitivo dello Spirito Santo non lascerà più in pace gli uomini. All'inizio furono i francescani a vedere nel loro movimento l'inizio di una nuova Chiesa. Nelle lotte che proprio questa esigenza scatenò fra le diverse correnti dell'ordine, la speranza perse tuttavia ben presto il suo splendore spirituale, per tramutarsi – nei gruppi che in Italia combattevano per un rinnovamento politico – in un duro ideale di lotta. Non è qui il caso di ripercorrere in dettaglio la storia successiva di queste idee. Ricorderemo soltanto che, di mediazione in mediazione, Hitler e Mussolini ripresero le parole chiave di «Terzo Reich» e «Duce» dall'eredità di Gioacchino. Ma anche il marxismo, passando attraverso Hegel, si ricollegò ad alcuni elementi di questa visione: l'idea di una storia che avanza in modo trionfale e in quanto tale giunge infallibilmente al suo scopo, l'idea quindi di una salvezza definitiva che si realizza nella storia.

Questa ampia riflessione su Gioacchino non è inutile poiché ci permette di vedere chiaramente possibilità e pericoli del discorso sullo Spirito Santo. In Gioacchino c'è qualcosa che segna una via, nella disponibilità a dare inizio, qui e ora, a un cristianesimo veramente «spirituale», e a cercarlo non al di fuori della Parola, ma nella profondità più intima della Parola stessa. Giustamente, quindi, i primi francescani videro nella dottrina di Gioacchino una prefigurazione profetica di san Francesco. E in effetti Francesco ha dato a Gioacchino la risposta più bella, anzi l'unica corretta, riuscendo a distinguere, nella propria vita, ciò che viene dallo Spirito da ciò che ha altra origine, anche se i successori non riusciranno a seguirlo su questa via. Il suo motto era: «*Sine glossa*», cioè vivere la Sacra Scrittura, specialmente il Discorso della Montagna, senza distinzioni e deviazioni, lasciandosi afferrare dalla parola di Dio. Ciò che in Gioacchino è deformato da ogni genere di speculazioni, in Francesco d'Assisi diventa completamente chiaro e questo è il motivo dell'enorme influenza che egli ha esercitato lungo il corso dei secoli: il cristianesimo spirituale è il cristianesimo della Parola vissuta. Lo Spirito abita nella Parola e non al di fuori di essa, la Parola è il luogo dello Spirito e Gesù è la fonte dello Spirito. Quanto più ci accostiamo a Gesù, tanto più realmente ci accostiamo allo Spirito e lo Spirito entra in noi. Vengono così superati anche gli aspetti deformanti della dottrina di Gioacchino: l'utopia di una Chiesa che si allontana e si colloca al di sopra del Figlio e l'aspettativa irrazionale che si spaccia per un programma reale e razionale.

Non abbiamo con ciò forse già abbozzato una teologia dello Spirito Santo? Abbiamo detto che non è possibile scorgere lo Spirito allontanandosi dal Figlio, ma soltanto immergendosi in lui. Giovanni ha reso il concetto con un'immagine eloquente nel suo racconto della prima apparizione del Risorto agli undici: lo Spirito è il respiro del Figlio. Lo si riceve quando ci si avvicina al Figlio tanto da sentire il suo respiro, tanto da permettere a Gesù di alitare su di noi (*Gv* 20,19-23). In modo più pertinente di Gioacchino è dunque sant'Ireneo che ha delineato la logica trinitaria che governa la storia. Per lui questa logica non consiste in un ascendere dal Padre al Figlio e infine giungere alla liberazione, allo Spirito. Il movimento delle Persone, invece, all'interno della storia va in direzione opposta: lo Spirito sta all'inizio, in quanto orientamento e guida dell'uomo appena percepibile; egli conduce al Figlio e, attraverso il Figlio, al Padre...

Con questi concetti sono in sintonia con ciò che i Padri cercarono di dire sulla natura dello Spirito Santo: il nome della terza Persona divina, diversamente rispetto a «Padre» e «Figlio», non esprime qualcosa di specifico, ma definisce semplicemente proprio ciò che è comune in Dio. Ma è appunto così che emerge anche ciò che è «proprio» della terza Persona: lo Spirito è ciò che è comune, l'unità fra Padre e Figlio, l'unità in persona. Padre e Figlio sono una-cosa-sola uscendo da se stessi; nel Terzo, nella fecondità del donarsi, sono Uno.

Ovviamente queste affermazioni non possono mai essere altro che dei tentativi di approccio alla realtà divina. Noi, infatti, possiamo conoscere lo Spirito soltanto negli effetti che egli produce. Coerentemente la Scrittura non ci descrive mai lo Spirito Santo per quello che in se stesso è, ma parla soltanto del modo in cui viene a noi e di come si distingue da tutti gli altri spiriti.

Analizziamo alcuni di questi testi. Nel *Vangelo di Giovanni* (14,22-31) Giuda Taddeo pone al Signore una domanda che noi tutti, in una maniera o nell'altra, ci siamo posti. Ha appreso dalla parola del Signore che egli non si manifesterà quale Risorto se non ai discepoli. Per cui chiede: «Signore, come è accaduto che devi manifestarti a noi e non al mondo?» (v. 22). La risposta di Gesù sembra eludere l'interrogativo: «Se uno mi ama osserverà la mia parola e il Padre mio lo amerà e noi verremo a lui e prenderemo dimora presso di lui». In verità è proprio questa la risposta che dev'essere data alla domanda del discepolo e al problema che noi ci poniamo riguardo allo Spirito. Non si può indicare lo Spirito di Dio così come si indica una cosa. Lo può vedere soltanto chi lo porta in sé. Qui vedere e venire, vedere e abitare sono inscindibilmente congiunti tra loro. Lo Spirito Santo abita nella parola di Gesù, ma questa parola non la si ottiene solo parlandone, bensì osservandola, vivendola. Egli vive nella parola vissuta, lui che è la vita della Parola.

La Chiesa antica ha approfondito questa idea richiamandosi soprattutto al *Salmo* 67, che ha letto come un inno sull'ascensione di Cristo e sull'invio dello Spirito Santo. Nel contesto di tale lettura dell'Antico Testamento essa comprende l'ascensione di Mosè quale immagine della Pentecoste. Mosè non è salito soltanto in modo esteriore, ma anche nel proprio intimo. Egli si è esposto alla solitudine con Dio. Proprio affrontando l'altezza, la nube, il solitario faccia-a-faccia con Dio, fu in grado di portare agli uomini lo Spirito nella forma della parola che guida. Lo Spirito è frutto della sua ascesa, delle sue solitudini. Considerata alla luce del Nuovo Testamento, questa via di Mosè, come anche il suo dono dello Spirito, la Parola della Legge, è soltanto ombra e prefigurazione di ciò che avvenne in Gesù. Egli ha realmente inserito la natura umana, la nostra carne, nella comunione con Dio, l'ha portata, attraversando la nube della morte, fino al suo cospetto. Da questa ascensione venne lo Spirito: egli è il frutto della vittoria di Gesù, il frutto del suo amore, della sua croce.

Di nuovo possiamo allora tentare di balbettare qualcosa sul mistero intimo di Dio: Padre e Figlio sono il movimento del puro donarsi, del puro e reciproco consegnarsi. In questo movimento essi sono fecondi e la loro fecondità è la loro unità, il loro pieno essere uno, senza alcun detrimento o confusione. Per noi uomini donare, consegnarsi, significa sempre anche croce. Il mistero trinitario si traduce, nel mondo, in un mistero della croce: lì è la fecondità dalla quale scaturisce lo Spirito Santo.

Il fatto che lo Spirito non abiti accanto alla Parola, ma in essa, Giovanni lo ha espressamente sottolineato dicendo che la sua attività peculiare nella storia è quella del «ricordare». Lo Spirito Santo non parla a partire da ciò che è suo, ma da «ciò che è mio» di Gesù. Lo si riconosce nella fedeltà alla Parola già profferita. Qui Giovanni ha costruito una dottrina dello Spirito in stretto parallelismo con la cristologia. Anche Cristo, infatti, è caratterizzato dal fatto di poter dire: «La mia dottrina non è mia» (7,16). Questo suo auto-disinteresse, questo suo stare-non-per-se stesso costituisce anche la sua autentica legittimazione di fronte al mondo. Viceversa, l'Anticristo può essere allora conosciuto per il fatto che parla in nome proprio. Lo stesso vale per lo Spirito Santo: si dimostra Spirito trinitario, Spirito del Dio uno e tripersonale, proprio perché non compare come un Io separato e separabile, ma scompare nel Figlio e nel Padre. L'impossibilità di sviluppare una pneumatologia speciale deriva appunto dalla sua natura. Giovanni ha formulato tali affermazioni anche per dirimere le controversie, a quel tempo così accese, su ciò che è Spirito e ciò che non lo è. I grandi capi della gnosi esercitavano una enorme influenza perché parlavano in nome proprio, si facevano un nome. Avevano influenza per il fatto che proponevano qualcosa di nuovo e di diverso da ciò che veniva annunciato dalla Parola, per esempio che Gesù non era in realtà morto, ma continuava a ballare con i suoi discepoli mentre gli uomini pensavano che fosse stato appeso alla croce. Contro queste novità gnostiche, contro un simile discorrere in nome proprio, il quarto Vangelo propone intenzionalmente il plurale della Chiesa: colui che parla scompare nel «noi» ecclesiale, il solo capace di conferire all'uomo il suo volto e di preservarlo dalla distruzione. Troviamo lo stesso modello nelle lettere giovannee: l'autore si chiama semplicemente il «presbitero»; il suo antagonista è il «seduttore», *proágōn*, «chi va oltre» (*2 Gv* 9). L'intero *Vangelo di Giovanni* (come del resto le lettere) non intende essere altro che un atto del ricordare, e quindi un Vangelo pneumatico. Esso è fecondo, nuovo, profondo, perché non cerca nuovi sistemi, ma si limita a ricordare. L'essenza dello Spirito Santo, in quanto unità tra Padre e Figlio, sta appunto in questo altruismo del ricordare, che è il vero rinnovamento. La Chiesa pneumatica è la Chiesa che, nel ricordo, comprende più in profondità, si immerge più profondamente nella Parola e così diventa più vitale e ricca. Il vero altruismo, l'uscire da se stessi per immergersi nel tutto, è appunto la connotazione dello Spirito in quanto immagine del suo modello trinitario.

Diamo un rapido sguardo anche agli scritti paolini. Paolo si trova, nella comunità di Corinto, di fronte alla gioia quasi infantile per i doni dello Spirito, la quale, però, incomincia a diventare una minaccia per l'autenticità. Ciascuno cerca di sopraffare l'altro e l'attenzione è sempre maggiormente rivolta agli elementi esteriori. Ma in questo modo si finisce per diventare una setta. Paolo afferma, invece, che soltanto *un* dono è importante: l'amore (*1 Cor* 13). Senza, tutto il resto è nulla. L'amore, però, si esprime nell'unità, che è il contrario della setta. Si manifesta nel costruire e nel sopportare. Chi edifica è lo Spirito Santo. Dove però ci sono lacerazioni, dove si alimenta amarezza, invidia, ostilità, lì lo Spirito Santo è assente. Una conoscenza priva d'amore non viene da lui. Qui il pensiero di Paolo si intreccia con quello di Giovanni, per il quale l'amore si manifesta nel rimanere. In definitiva la dottrina paolina del Corpo di Cristo non dice altro.

Anche su un altro punto Paolo e Giovanni convergono sostanzialmente. Giovanni qualifica lo Spirito come il «Paraclito», che significa: avvocato, soccorritore, difensore, consolatore. Egli si pone dunque contro il diavolo, che è l'«accusatore», il calunniatore: «L'accusatore dei nostri fratelli, colui che li accusava davanti al nostro Dio giorno e notte» (*Ap* 12,10). Lo Spirito è il «sì», come lo è Cristo. A ciò corrisponde il forte accento che Paolo pone sulla gioia. Lo Spirito – potremmo allora dire – è Spirito della gioia, del Vangelo. Una delle regole fondamentali per il discernimento degli spiriti potrebbe essere dunque la seguente: dove manca la gioia, dove l'umorismo muore, qui non c'è nemmeno lo Spirito Santo, lo Spirito di Gesù Cristo. E viceversa: la gioia è un segno della grazia. Chi è profondamente sereno, chi ha sofferto senza per questo perdere la gioia, costui non è lontano dal Dio del Vangelo, dallo Spirito di Dio, che è lo Spirito della gioia eterna.

Il senso dell'essere cristiano

Siamo redenti? Ovvero Giobbe parla con Dio

Cristianesimo come Avvento

Se cerchiamo di ripensare a quanto abbiamo imparato nella nostra infanzia a proposito dell'Avvento e del suo senso, ci tornerà in mente che ci fu detto che la corona dell'Avvento e le sue luci ci ricordano i millenni (forse le centinaia di millenni) della storia dell'umanità prima di Gesù Cristo. Tale corona rammenterebbe a noi e alla Chiesa il tempo in cui un'umanità irredenta aspettava la redenzione. Ci rammenterebbe le tenebre di una storia ancora irredenta, in cui solo lentamente si accesero le luci della speranza, finché Cristo, la luce del mondo, venne e liberò il mondo dalle tenebre della mancanza di redenzione. Inoltre ci ricorderemo d'aver imparato che questi millenni prima di Cristo sarebbero stati i tempi della perdizione provocata dalla caduta nel peccato, mentre abbiamo imparato a chiamare i secoli successivi alla nascita del Signore *anni salutis reparatae*, anni della salvezza ristabilita. Infine ricorderemo che ci fu detto che durante l'Avvento la Chiesa non riflette soltanto sul passato bensì guarda contemporaneamente al di là di sé alla schiera di coloro che non sono ancora battezzati, di quelli per i quali è ancor sempre tempo di «avvento», perché essi attendono e vivono ancor sempre nell'oscurità della mancanza di redenzione.

Quando, come uomini del nostro secolo e forti delle esperienze del nostro secolo, ripensiamo a queste affermazioni imparate da bambini, ben difficilmente riusciamo ancora ad accettarle in misura piena. Le parole che parlano degli anni della salvezza successivi a Cristo, contrapposti a quelli antecedenti la sua nascita, non ci muoiono sulle labbra, anzi, non suonano come un'amara ironia, se pensiamo a date come quelle del 1914, 1918, 1933, 1939, 1945, che delimitano il periodo di guerre mondiali in cui milioni di uomini persero la vita spesso in circostanze terribili e risvegliano il ricordo di atrocità di cui l'umanità prima non sarebbe stata già capace per motivi puramente tecnici? Tra quelle date c'è anche l'anno che ricorda l'inizio di un regime che portò a una feroce perfezione lo sterminio di massa e quello in cui la prima bomba atomica fu fatta esplodere su una città, un lampo accecante che annunciò un nuovo possibile futuro di tenebra per il mondo.

Quando riflettiamo su queste cose, non riusciamo semplicemente più a suddividere la storia in tempi della perdizione e in tempi della salvezza. Se poi allarghiamo il nostro sguardo e consideriamo i disastri e i guai che i cristiani (quindi persone che diciamo uomini «redenti») hanno combinato nel nostro secolo e nei secoli precedenti, non siamo più capaci di suddividere i popoli del mondo in popoli che vivono nella salvezza e in popoli che vivono nella mancanza di salvezza. Se siamo onesti, non dipingiamo più un quadro in bianco e nero, che divide la storia e la cartina geografica in zone della salvezza e zone della perdizione. Tutta la storia e tutta l'umanità ci appaiono piuttosto come una massa grigia, in cui si accendono senza sosta lampi di un bene mai del tutto sopprimibile, in cui gli uomini cercano costantemente di migliorarsi, ma in cui si verificano anche in continuazione cadute in tutte le forme spaventose del male.

E così nel corso di tale riflessione vediamo che l'Avvento non è (come forse si poteva dire in tempi passati) una sacra rappresentazione della liturgia, nella quale il rito ci fa, per così dire, ripercorrere le vie del passato e ci mostra ancora una volta in maniera plastica la situazione di un tempo per farci gustare con maggior gioia e felicità la salvezza odierna. Forse dovremo piuttosto ammettere che l'Avvento non è soltanto un ricordo e una rappresentazione del passato, bensì un nostro presente e una nostra realtà: nel corso di queste settimane la Chiesa non mette in scena una sacra rappresentazione, ma ci indica quel che costituisce la verità *anche* della nostra esistenza cristiana. Il senso del tempo di Avvento nell'anno liturgico è anche quello di risvegliare in noi questa coscienza. Esso ci deve spingere a prendere posizione di fronte a questi dati di fatto, a riconoscere che la grande mancanza di redenzione non aleggiava sul mondo solo una volta e che oggi forse non aleggia soltanto in alcuni luoghi, ma che è una realtà anche tra di noi e nell'ambito della Chiesa.

Mi sembra che qui non di rado cediamo a un pericolo ben preciso: non vogliamo vedere queste cose; viviamo per così dire con le luci abbassate, perché temiamo che la nostra fede non sia in grado di sopportare il bagliore accecante della realtà. Perciò ci proteggiamo gli occhi e la espelliamo dalla coscienza, per non cadere. Ma una fede che riconosce solo una metà della realtà, o non la riconosce più affatto, è in ultima analisi già una forma di rifiuto della fede o perlomeno una forma molto profonda di pusillanimità. È il timore che la fede non sia in grado di guardare in faccia la realtà. È non avere il coraggio di ammettere che la fede è la forza che vince il mondo. Credere veramente significa invece guardare impavidi e a viso aperto l'intera realtà, anche se ciò che vediamo depone contro la nostra immagine pregressa della fede. L'esistenza cristiana comporta perciò anche l'audacia di parlare come Giobbe con Dio. Comporta non pensare di poter presentare a Dio soltanto la metà della nostra esistenza e dovergli risparmiare il resto, perché altrimenti forse lo potremmo infastidire. No, proprio davanti a Lui possiamo e dobbiamo essere sinceri e presentare tutto il peso della nostra esistenza. Dimentichiamo un po' troppo spesso che nel libro di *Giobbe* alla fine Dio dichiara giusto Giobbe, che gli aveva mosso le accuse più gravi, mentre disapprova i suoi amici come gente che parla in maniera sbagliata, quegli amici che avevano difeso Dio e che avevano trovato qualche bella risposta e una spiegazione a tutto.

Celebrare l'Avvento non significa altro che parlare con Dio come ha fatto Giobbe. Significa guardare in faccia tutta la realtà e tutto il peso della nostra esistenza cristiana e presentarli davanti al volto giudicante e salvifico di Dio. Anche quando, come Giobbe, non abbiamo alcuna risposta agli interrogativi sollevati dalla nostra condizione, bensì non ci rimane altro che lasciare che sia Dio stesso a darla e dirgli come siamo senza risposte nella nostra oscurità.

La promessa inadempiuta

Cerchiamo perciò di riflettere davanti al volto di Dio su tutta la realtà dell'Avvento. Vi propongo solo alcune immagini e alcune idee, desunte dalla Sacra Scrittura, che ci mostrano allusivamente in quale forma queste questioni assillano noi uomini odierni, in quale modo noi sperimentiamo la realtà dell'Avvento, il tutto non con lo scopo di fare delle analisi profane, bensì di parlare e di contendere con Dio.

Nel profeta Isaia troviamo per esempio la visione del tempo messianico, in cui arriverà il germoglio di Davide, il Redentore. A proposito di tale tempo leggiamo: «Il lupo dimorerà insieme con l'agnello; / il leopardo si sdraierà accanto al capretto; / il vitello e il leoncello pascoleranno insieme / e un piccolo fanciullo li guiderà. / La mucca e l'orsa pascoleranno insieme; / i loro piccoli si sdraieranno insieme. / Il leone si ciberà di paglia, come il bue. / Il lattante si trastullerà sulla buca della vipera; / il bambino metterà la mano nel covo del serpente velenoso. / Non agiranno più iniquamente né saccheggeranno / in tutto il mio santo monte, / perché la saggezza del Signore riempirà la terra / come le acque riempiono il mare» (*Is* 11,6-9). Come vediamo, il tempo del Messia è descritto come il ritorno del paradiso terrestre. Certo, diremo che molte di queste cose sono una semplice immagine. Che gli orsi, gli agnelli, i leoni e le mucche possano andar d'accordo è infatti una visione immaginifica, che ha lo scopo di esprimere qualcosa di più profondo. Non ci aspettiamo affatto che una situazione simile si verifichi nel nostro mondo. Ma il testo conduce appunto molto più in profondità; in questa immagine parla della pace, che sarà il segno distintivo degli uomini redenti. Dice che gli uomini redenti saranno uomini di pace, che non agiranno più in maniera malvagia e infingarda, perché il paese sarà ripieno della conoscenza di Dio, una conoscenza che copre come acqua la Terra: che gli uomini redenti vivono della vicinanza di Dio e della sua realtà, per cui diventano del tutto spontaneamente uomini di pace.

Ma che ne è stato di questa visione nella Chiesa, fra di noi che ci definiamo i «redenti»? Sappiamo tutti che non si è avverata, che il mondo è rimasto tale, anzi ora più che mai è un mondo in cui regnano la discordia e l'assenza di pace, un mondo che vive della lotta reciproca fra gli uomini ed è contraddistinto dalla legge della perfidia, dell'ostilità, dell'egoismo; un mondo in cui la conoscenza di Dio non copre come acqua la Terra, ma che vive lontano da Dio e ignaro di Dio.

Questo ci conduce a un secondo pensiero, che sorge spontaneo quando leggiamo in Geremia la profezia della nuova alleanza: «Questa sarà l'alleanza che concluderò con la casa di Israele dopo quei giorni – oracolo del Signore –: porrò la mia legge dentro di loro, la scriverò sul loro cuore [...]» (*Ger* 31,33). Troviamo lo stesso concetto espresso in maniera ancora più chiara in Isaia: «Tutti i tuoi figli saranno discepoli del Signore» (*Is* 54,13). Nel Nuovo Testamento queste parole sono riprese nel capitolo 6 del *Vangelo di Giovanni* dallo stesso Signore, che descrive la nuova alleanza come il tempo in cui uno non avrà più bisogno di parlare di Dio all'altro, perché ognuno è intimamente ripieno della realtà di Dio (*Gv* 6,45). La stessa idea ritorna negli *Atti degli apostoli*, precisamente nel discorso tenuto da san Pietro nel giorno della Pentecoste, allorquando egli cita una profezia simile del profeta Gioele e dice che adesso si adempie quanto ivi contenuto, e cioè che Dio riverserà negli ultimi giorni il suo spirito su ogni uomo e che «i vostri figli e le vostre figlie profeteranno» (*At* 2,16 ss.; cfr. *Gl* 3,1-5).

Ancora una volta dobbiamo riconoscere quanto siamo lontani da un mondo in cui non c'è più bisogno di ricevere insegnamenti riguardo a Dio perché egli è presente in noi! C'è chi ha affermato che il nostro tempo sarà caratterizzato da un fenomeno del tutto nuovo, e cioè dall'incapacità di conoscere Dio. Lo sviluppo sociale e culturale sarebbe arrivato a un punto tale da dar vita a un tipo di uomo in cui non esiste più alcun punto di aggancio per la conoscenza di Dio. Che ciò sia vero o meno, una cosa dobbiamo ammettere: la lontananza di Dio, l'oscurità e la problematicità che lo circondano sono oggi più profonde che mai; anzi anche noi, che ci sforziamo di essere credenti, abbiamo spesso la sensazione che la realtà di Dio ci sia stata sottratta di mano. Non cominciamo forse a domandarci spesso dov'è finito, nel silenzio di questo mondo? Non abbiamo spesso la sensazione che, al termine di tutte le nostre riflessioni, ci restino solo *parole*, mentre la realtà di Dio è più lontana che mai?

Questo ci permette di fare un passo avanti nella nostra riflessione. Penso che la vera tentazione del cristiano di oggi non consista tanto nella questione teoretica circa l'esistenza di Dio, o in quella se egli sia nello stesso tempo uno e trino, e neppure nella questione se Cristo sia simultaneamente Dio e uomo. Quel che oggi propriamente ci assilla e costituisce per noi una tentazione è piuttosto l'inefficacia del cristianesimo: dopo duemila anni di storia cristiana non vediamo nulla che sia una nuova realtà nel mondo, bensì un mondo invischiato nelle sciagure, nelle disperazioni e nelle speranze di sempre. Anche nell'ambito della nostra esistenza siamo costretti a sperimentare l'impotenza della realtà cristiana nei confronti di tutte le altre forze che ci modellano e ci sollecitano. E quando, dopo tante fatiche e tentativi di vivere cristianamente, alla fine tiriamo le somme, siamo di nuovo abbastanza spesso sopraffatti dalla sensazione che la realtà ci sia sottratta, sia dissolta e da ultimo non resti altro che l'appello al debole lumicino della nostra buona volontà. In tali momenti di scoraggiamento, quando passiamo in rassegna il nostro cammino, ci viene poi da domandarci: a che serve propriamente tutta questa offerta in fatto di dogma, di culto e di Chiesa, se alla fine siamo di nuovo ricacciati nella nostra miseria? E questo ci conduce infine di nuovo alla questione del messaggio del Signore: quale realtà ha Egli propriamente predicato e portato tra gli uomini? Ricordiamoci che, secondo il racconto di san Marco, il messaggio di Cristo è riassunto in queste semplici parole: «Il tempo è compiuto e il regno di Dio è vicino; convertitevi e credete nel vangelo!» (*Mc* 1,15).

«Il tempo è compiuto e il regno di Dio è vicino.» Dietro queste parole c'è tutta la storia d'Israele, di questo piccolo popolo che era stato un giocattolo nelle mani delle potenze mondiali, che aveva per così dire sperimentato, una dopo l'altra, tutte le sovranità comparse sulla scena in quello spazio concentrato della storia del mondo e che conosceva la mancanza di salvezza di ogni sovranità umana, anche di quella del proprio popolo. Gli ebrei sapevano fin troppo bene che ovunque regnano gli uomini le cose prendono una piega molto umana, e cioè spesso molto misera e problematica. Grazie all'esperienza di una storia piena di delusioni, di schiavitù, di ingiustizia, in Israele era maturato il desiderio sempre più forte di un regno che non fosse un regno di uomini, bensì un regno di Dio stesso; un regno di Dio, nel quale il vero Signore del mondo e della storia avrebbe governato. *Lui* doveva regnare, Lui che è la verità e la giustizia, affinché la salvezza e il diritto diventassero realmente le uniche potenze imperanti tra gli uomini. A questa attesa intensificatasi lungo i secoli il Signore risponde dicendo: adesso è giunto il tempo, adesso è giunto il regno di Dio. Non è difficile comprendere la speranza che doveva necessariamente scaturire da simili parole. Ma altrettanto comprensibile è anche la delusione che ci assale quando guardiamo indietro a quanto è accaduto.

La teologia cristiana, non appena si trovò di fronte a questa discrepanza fra attesa e adempimento, trasformò nel corso del tempo il regno di Dio in un regno dei cieli collocato nell'aldilà; la salvezza degli uomini divenne una salvezza delle anime, che si compie anch'essa nell'aldilà, dopo la morte. In questo modo però non fornì alcuna risposta perché la grandezza del messaggio consiste proprio nel fatto che il Signore non ha parlato semplicemente dell'aldilà e delle anime, ma si è rivolto al corpo, all'uomo nella sua interezza, all'individuo inserito nella storia e nella comunità; nel fatto che ha promesso il regno di Dio all'uomo che vive fisicamente con altri uomini in questa storia. Ma la storia reale non è per davvero un regno di Dio.

Potremmo continuare su questa strada, guardando al messaggio morale di Gesù, contenuto nel Discorso della Montagna, in cui alla casistica dei farisei viene contrapposto il semplice invito a compiere il bene. Lì si legge per esempio: «Avete inteso che fu detto agli antichi: *Non ucciderai*; chi avrà ucciso dovrà essere sottoposto al giudizio. Ma io vi dico: chiunque si adira con il proprio fratello, dovrà essere sottoposto al giudizio. Chi poi dice al fratello: "Stupido", dovrà essere sottoposto al sinedrio; e chi gli dice: "Pazzo", sarà destinato al fuoco della Geènna» (*Mt* 5,21 ss.). Di fronte a queste parole siamo certamente colpiti dalla semplicità con cui gli stratagemmi della casistica sono messi da parte. Con cui viene messa da parte una teologia morale che intendeva, per così dire, rendere possibile all'uomo ingannare Dio e procurarsi la salvezza mediante sotterfugi. Siamo colpiti dalla semplicità con cui viene inculcata non una legge, bensì il sì puro e semplice allo stesso bene. Poi però, quando riflettiamo un po' più a fondo sulla frase «chi dice pazzo al proprio fratello, sarà sottoposto al fuoco della Geènna», queste parole ci colpiscono come un tremendo giudizio, e la casistica dei farisei ci appare al confronto quasi una specie di misericordia, che mira perlomeno ad avvicinare il comandamento alla debolezza umana.

Proseguendo la nostra riflessione potremmo considerare come Cristo ha parlato dei dignitari dell'Antico Testamento e dei propri discepoli; come ha esortato i Dodici a rinunciare ai titoli e ha detto che tutti devono essere fratelli e sorelle perché tutti vivono in virtù di un unico Padre (*Mt* 23,1-12). Quanto spesso nella nostra mente abbiamo già messo a confronto con tali parole le realtà che incontriamo nella Chiesa, tutta la sofisticata serie di titoli onorifici e di gerarchie, tutte le pompose forme auliche! Ma ci sono cose che vanno più a fondo della questione delle forme esteriori, che non dobbiamo sottovalutare ma neppure sopravvalutare. Interrogativi quali: il ministero neotestamentario non è caduto molto in basso fin nella sua intima essenza? Già un Agostino non si vide costretto a dire ai suoi fedeli che le dure parole pronunciate dal Signore sui ministri dell'Antico Testamento – «Sulla cattedra di Mosè si sono seduti gli scribi e i farisei. Quanto vi dicono, fatelo e osservatelo, ma non fate secondo le loro opere, perché dicono e non fanno. Legano infatti pesanti fardelli e li impongono sulle spalle della gente, ma loro non vogliono muoverli neppure con un dito» (*Mt* 23,2-4) – valgono anche per i vescovi della Chiesa?

Siamo redenti?

Passiamo ora alla teologia e alle due vie che ha percorso per spiegare la redenzione. La teologia occidentale ha escogitato un sistema preciso: dice che Dio sarebbe stato infinitamente offeso dal peccato e che sarebbe quindi necessaria una riparazione infinita. Tale riparazione infinita, che nessun uomo finito potrebbe offrire, sarebbe stata fornita da Cristo, dal Dio uomo. L'individuo la riceve in dono mediante la fede e il battesimo, per cui risulta graziato dalla colpa generale precedente tutti i singoli peccati. Poi però egli deve dare prova di sé sul nuovo terreno così acquisito. In realtà, quando entra nell'arena della vita cristiana, l'uomo non riesce a liberarsi della sensazione che, con questo sistema, la grazia sia relegata in uno spazio che non lo riguarda personalmente e di essere di nuovo impietosamente abbandonato, nella sua lotta morale, in balìa del suo modo di agire e dei suoi propri meriti. Così, all'interno del sistema, l'idea della redenzione è salvata, però essa non opera nella vita, bensì sta da qualche parte sullo sfondo, in una dimensione per noi incomprensibile di offesa e riparazione infinite, mentre la nostra esistenza continua a dibattersi nella tentazione e difficoltà di sempre, come se tutta questa costruzione non esistesse.

La teologia orientale ha spiegato la redenzione come la vittoria riportata da Cristo sul peccato, sulla morte e sul demonio. Queste potenze mondane sarebbero state sconfitte una volta per sempre dal Signore e il mondo sarebbe stato così da lui redento. Ma, anche qui, se guardiamo la realtà della nostra vita, chi di noi osa affermare che la potenza del peccato sarebbe vinta? In base alla nostra vita e alle nostre tentazioni sappiamo fin troppo bene quanto potere esercita ancora. E chi mai osa seriamente affermare che la morte sarebbe vinta? Forse qui ci imbattiamo nell'aspetto più universalmente umano della non redenzione dell'uomo: siamo ancora assoggettati al potere della morte e alla sua continua presenza in tutte le nostre malattie, debolezze, solitudini e necessità.

Il Dio nascosto

Penso che dovremmo per prima cosa accettare semplicemente questo fatto. L'Avvento è una realtà anche per la Chiesa. Dio non ha suddiviso la storia in una metà luminosa e in una metà oscura. Non ha suddiviso gli uomini in uomini da lui redenti e in uomini da lui dimenticati. Esiste solo un'unica storia indivisibile, che è tutta quanta contraddistinta dalla debolezza e dalla miseria dell'uomo e che sta tutta quanta sotto l'amore misericordioso di Dio, che continua ad avvolgerla e a sorreggerla.

Il nostro tempo ci costringe a imparare di nuovo la verità dell'Avvento: la verità cioè che è sempre stato e continua sempre a essere tempo di Avvento. La verità che tutta l'umanità è un'unica umanità davanti al volto di Dio. Che tutta l'umanità giace nelle tenebre, ma anche che tutta l'umanità è illuminata dalla luce di Dio. Ma se è vero che l'Avvento è permanente, ciò significa anche che per nessun periodo della storia Dio sarebbe per così dire solo passato, un passato che si trova alle nostre spalle e in cui tutto è già stato fatto. Bensì per tutti noi Dio è l'origine da cui veniamo e, nello stesso tempo, sempre anche il futuro verso cui andiamo. E ciò significa inoltre che tutti quanti possiamo trovare Dio soltanto andandogli incontro come a Colui che viene, come a Colui che attende e vuole che ci mettiamo in cammino. Non possiamo trovare Dio se non in questo esodo, in questo uscire dalla comodità del nostro presente per entrare nel nascondimento della luminosità proveniente da Dio. L'immagine di Mosè, che per trovare Dio dovette salire sul monte ed entrare nella nube, rimane valida per tutti i tempi. Non possiamo trovare Dio – nemmeno nella Chiesa – se non salendo sul monte ed entrando nella nube dell'incognito di Dio, che in questo mondo rimane il nascosto. All'inizio della storia neotestamentaria della salvezza la stessa cosa è stata fatta capire ai pastori di Betlemme in un altro modo. A loro fu detto: «Questo per voi il segno: troverete un bambino avvolto in fasce, adagiato in una mangiatoia» (*Lc* 2,12). In altre parole: il segno per i pastori è che essi *non* troveranno *alcun* segno, bensì semplicemente il Dio diventato bambino, e che dovranno credere nella vicinanza di Dio in questo nascondimento. Il loro segno chiede loro di imparare a scoprire Dio nell'incognito del suo nascondimento. Il loro segno chiede loro di riconoscere che Dio non è reperibile negli ordinamenti comprensibili di questo mondo e che possiamo trovarlo soltanto se ci spingiamo al di là di essi.

Certo, Dio ha posto un segno di sé anche nella grandezza e nella potenza del cosmo, dietro cui presagiamo qualcosa della potenza del Creatore. Il segno vero e proprio da lui scelto è però il nascondimento, a cominciare dal misero popolo d'Israele fino al bambino di Betlemme per giungere a colui che muore sulla croce dicendo: «Dio mio, Dio mio, perché mi hai abbandonato?» (*Mt* 27,46). Questo segno del nascondimento ci dice che le realtà della verità e dell'amore, le autentiche realtà di Dio, non sono reperibili nel mondo delle quantità, bensì possono essere da noi reperite soltanto se ci spingiamo al di là di esse ed entriamo in un nuovo ordine. Pascal, nei *Pensieri*, ha espresso quest'idea nella sua grandiosa dottrina dei tre ordini. Secondo lui, il primo ordine è quello delle quantità, un ordine grandioso e sterminato, oggetto inesauribile delle scienze naturali. L'ordine dello spirito – il secondo grande campo della realtà – appare accanto a esso, visto alla luce del criterio quantitativo, come il puro nulla, perché quantitativamente non occupa alcuno spazio misurabile. E ciò malgrado un unico spirito – Pascal menziona come esempio lo spirito matematico di Archimede – è più grande di tutto l'ordine del cosmo quantitativo, perché esso, che non ha né peso, né lunghezza o larghezza, può misurare tutto il cosmo. Ma al di sopra dello spirito sta l'ordine dell'amore. Pure tale ordine è nell'ordine dello «spirito», dell'intelligenza scientifica quale quella rappresentata da Archimede, un puro nulla, perché sfugge alla dimostrabilità scientifica e non vi apporta alcunché. E tuttavia ancora una volta un unico moto di amore è infinitamente più grande di tutto l'ordine dello «spirito», perché solo esso rappresenta la potenza veramente creatrice, vivificante e salvante. In questo «nulla» della verità e dell'amore, che tuttavia in realtà è il vero uno e tutto, vuole introdurci l'incognito di Dio, lui che perciò in questo mondo è il nascosto e non può essere trovato altrimenti che nel nascondimento.

È tempo di Avvento. Tutte le nostre risposte rimangono frammentarie. Se tuttavia accettiamo questa realtà dell'Avvento permanente, cominceremo a riconoscere che la linea di confine tra «prima» di Cristo e «dopo» Cristo non corre esteriormente attraverso il tempo della storia e non può essere disegnata sulla cartina geografica, ma passa attraverso il nostro cuore. Nella misura in cui siamo egoisti ed egocentrici siamo anche oggi «prima» di Cristo.

La fede come servizio

La salvezza dei cristiani e la salvezza del mondo

Oggi tutto quel che crediamo a proposito di Dio e tutto quel che sappiamo dell'uomo ci impedisce di ritenere che, oltre i confini della Chiesa, non ci sia più salvezza, che fino a Cristo tutti gli uomini sarebbero stati sottoposti al destino dell'eterna dannazione. Non siamo più capaci di pensare e non siamo più disposti a pensare che il nostro vicino, persona per bene, buona e per molti versi migliore di noi, debba andare eternamente perduto soltanto perché non è cattolico. Non siamo più disposti a pensare e non vogliamo più pensare che gli uomini in Asia, in Africa o da qualche altra parte del mondo siano destinati alla rovina eterna solo perché sul loro passaporto non c'è scritto «cattolico».

Ma a essere onesti, dobbiamo ammettere che questo non è più il nostro problema. Il nostro problema non è se gli altri possono essere salvati e come possono esserlo. Siamo convinti che Dio può salvarli e li salva con e senza la nostra teoria, con e senza il nostro acume intellettuale e che non abbiamo bisogno di aiutarlo in quest'opera con le nostre idee. Il problema che in realtà ci assilla non riguarda se e come Dio agisca per gli *altri*, ma piuttosto il seguente interrogativo: come mai è assolutamente necessario che *noi* compiamo tutto il servizio della fede cristiana? Se tante altre vie conducono al cielo e alla salvezza, perché ci viene chiesto di portare, giorno dopo giorno, tutto il peso del dogma ecclesiale e dell'*éthos* ecclesiale? E in questo modo ci troviamo di nuovo, muovendo da un altro punto di partenza, di fronte alla stessa questione che abbiamo sollevato nel capitolo precedente e con cui ci siamo lasciati: qual è propriamente la realtà cristiana, quella realtà cristiana che si spinge al di là del semplice moralismo? In che cosa consiste quella peculiarità del cristianesimo che non solo giustifica il fatto che siamo cristiani e che come tali viviamo, ma che ci impone di esserlo e di vivere così?

Che a tali domande non sia possibile dare una risposta che abbia l'univocità inconfutabile e la chiarezza scientifica di un risultato matematico, e sia così in grado di mettere a tacere ogni voce contraria, ci è diventato chiaro in precedenza. Il sì al nascondimento di Dio è una parte essenziale di quel movimento dello spirito che chiamiamo fede. Ma è necessaria un'altra riflessione preliminare. Quando ci interroghiamo sul fondamento e sul senso della nostra esistenza cristiana, facciamo spesso e volentieri l'errore di dare un'occhiata di traverso alla vita degli altri, che vengono «anche» in cielo, perché ci sembra più facile e più comoda. Somigliamo troppo ai lavoratori della prima ora, di cui parla la parabola dei vignaioli raccontata dal Signore (*Mt* 20,1-16), i quali, quando constatarono che il salario di un denaro poteva essere ottenuto anche in maniera molto più semplice, non capirono più perché avessero dovuto faticare tutto il giorno. Ma in base a che cosa si erano fatta la convinzione che fosse molto più comodo essere disoccupati che lavorare? E perché avrebbero apprezzato il loro salario solo a condizione che agli altri fosse andata peggio? La parabola, tuttavia, non è stata raccontata per i lavoratori di allora, bensì per noi. Quando ci interroghiamo sul «perché» cristiano, facciamo infatti esattamente come quei lavoratori. Presupponiamo che la «disoccupazione» spirituale – una vita senza fede e senza preghiera – sia più piacevole del servizio spirituale. Ma in base a che cosa lo sappiamo? Fissiamo lo sguardo sulla fatica della vita quotidiana del cristiano e così dimentichiamo che la fede non è soltanto un fardello opprimente, bensì è nello stesso tempo una luce che ci orienta e ci indica una via e un senso. Nella Chiesa vediamo soltanto l'ordinamento esteriore, che limita la nostra libertà, e non ci rendiamo conto che essa è per noi anche una patria spirituale, in cui siamo al sicuro durante la vita e nella morte. Vediamo solo il nostro peso e dimentichiamo che esiste anche il peso degli altri, seppure a noi ignoto. E soprattutto: che strano atteggiamento è mai quello di non trovare più remunerativo il sevizio cristiano, dal momento che è possibile ottenere il denaro della salvezza anche senza di esso? A quanto pare non vogliamo essere ricompensati soltanto con la nostra salvezza, bensì anzitutto con la perdizione degli altri, come i lavoratori della prima ora. Ciò sarà molto umano, ma la parabola del Signore vuole appunto farci prendere coscienza di quanto questo atteggiamento sia profondamente acristiano. Chi considera la perdizione degli altri quasi la condizione per il proprio servizio di cristiano, alla fine può solo andarsene mormorando, perché *questo* tipo di ricompensa contraddice la bontà di Dio.

Incarnazione di Dio, cristianizzazione dell'uomo

La nostra domanda non può perciò essere: perché Dio può salvare gli «altri»? Questa è una sua faccenda, non nostra. Invece possiamo e dobbiamo continuare a riflettere ogni giorno, naturalmente con tutte le limitazioni a cui le riflessioni precedenti ci hanno condotto, su ciò che costituisce il senso della *nostra* condizione di cristiani, sul perché Dio *ci* ha chiamati a essere credenti. Questa è a sua volta solo un'altra forma della domanda sul senso dell'incarnazione: a che scopo Dio è venuto nel mondo, se non lo ha cambiato, se il mondo dopo di lui non è diventato un mondo redento?

Nel capitolo precedente abbiamo già fatto un primo tentativo di dare una risposta a tale quesito. La forza di Cristo, abbiamo detto, va oltre ed è più generosa di quanto la suddivisione del mondo in un periodo redento e in uno irredento lascia intendere. Non raggiunge soltanto coloro (quanto sarebbe strana una cosa del genere!) che sono venuti *dopo* di lui, bensì il tutto e mette naturalmente anche tutti nella condizione di dare liberamente la loro risposta. In effetti, i Padri della Chiesa non hanno conosciuto l'espressione a noi così familiare di svolta epocale, di *centro* dei tempi in cui Cristo sarebbe venuto, bensì hanno detto che Cristo sarebbe venuto alla *fine* dei tempi. Ciò significa che egli è il fine e il senso portante del *tutto*.

Sulla base della nostra odierna visione del mondo possiamo forse prospettare in maniera nuova questo fatto. Oggi il mondo non ci appare più come un edificio solido e ben ordinato, in cui ogni cosa occupa fin dall'inizio un suo posto ben preciso, in cui tutto è immobile e immutabile dalla creazione, quanto come un unico grande movimento del divenire, una sinfonia dell'essere, che si snoda nel tempo passo dopo passo.

Se proviamo a riflettere su questa sinfonia cosmica del divenire, sui suoi crescendo e i suoi diminuendo, sulla sua ricchezza e i suoi fallimenti, riusciamo a individuare un punto, che ci appare come una sua svolta decisiva con la quale comincia qualcosa del tutto nuovo e pur da sempre già voluto e operante come un tema occulto: intendo il punto nel quale per la prima volta si è risvegliato nel mondo lo spirito, in cui è sorta per la prima volta una coscienza capace di riflettere su se stessa e il mondo e di sollevare lo sguardo verso l'alto, verso l'eterno e Dio. L'insorgenza dello spirito ha dato un senso nuovo a tutto quanto accaduto prima e adesso il precedente appare come una preparazione di questo avvento. Tuttavia: se esistesse semplicemente lo spirito umano, alla fine il movimento del cosmo sarebbe un tragico girare a vuoto perché sappiamo che l'uomo non è in grado di conferire da solo un senso sufficiente a spiegare se stesso e il mondo.

Se, però, guardiamo il mondo con gli occhi della fede sappiamo che esiste un secondo punto di svolta, vale a dire il momento in cui Dio è diventato uomo; quel momento in cui non si è più verificato semplicemente il passaggio dalla natura allo spirito, bensì il passaggio dal Creatore alla creatura; quel momento in cui il mondo e Dio sono diventati una cosa sola. Il senso di tutta la storia successiva può in fondo essere soltanto quello di inserire tutto il mondo in tale unione e di dargli, partendo di qui, il senso pieno di essere una cosa sola con il suo Creatore. «Dio è diventato uomo, affinché gli uomini diventassero dèi» ha detto sant'Atanasio, vescovo di Alessandria. In effetti, possiamo dire che qui si manifesta il senso autentico della storia. Nel passaggio dal mondo a Dio, tutto ciò che è avvenuto prima e tutto ciò che avverrà dopo riceve il suo senso, senso che consiste nell'inserimento del grande movimento cosmico nella divinizzazione, nel ritorno a Colui da cui è scaturito.

A questo punto, se continuiamo a riflettere concentrandoci su noi stessi, vediamo che quanto in un primo momento può apparire solo come una speculazione sul mondo e sulle cose contiene un programma molto personale anche per noi. L'enorme possibilità dell'uomo consiste, infatti, nel collocarsi su questa linea, e partecipare così al senso del tutto, oppure nel rifiutarla riducendo la propria esistenza a un qualcosa di assurdo. Essere cristiani non significa altro che dire di sì a questo movimento e mettersi al suo servizio. Diventare cristiani non significa garantirsi un premio individuale; non significa prenotare un biglietto privato di ingresso in paradiso, in modo da poter poi guardare dall'alto in basso gli altri e dire: «Io ho quel che gli altri non hanno; mi sono procurato la salvezza che gli altri non posseggono». Diventare cristiani non è qualcosa che ci è dato affinché lo nascondiamo, ognuno per conto proprio, e lo difendiamo dagli altri, che se ne vanno a mani vuote. Niente di tutto questo: in un certo senso, uno non diventa cristiano per se stesso ma per il tutto, per gli altri, per tutti. Il movimento della cristianizzazione, che comincia nel battesimo e che dobbiamo portare avanti per tutta la vita, significa essere disposti a svolgere un servizio che Dio vuole sia svolto da noi nella storia.

Certo, non sempre posso capire fin nei dettagli perché questo servizio tocchi proprio a me. Ciò fa parte del mistero della storia, che è intessuto della libertà imperscrutabile dell'uomo e della libertà imperscrutabile di Dio. Ci basta sapere nella fede che, diventando cristiani, ci mettiamo a disposizione per un servizio a favore del tutto. Diventare cristiani non significa quindi prendere qualcosa unicamente per sé, bensì uscire dall'egoismo, che conosce soltanto se stesso e pensa soltanto a se stesso, ed entrare in una nuova forma di esistenza, che vive nella reciprocità.

Il senso della storia della salvezza

In questa luce dovremmo intendere tutti gli avvenimenti della storia cristiana della salvezza. Soltanto così possiamo comprendere la Sacra Scrittura. Se guardiamo l'Antico Testamento, l'elezione d'Israele, vediamo che Dio non ha eletto questo popolo soltanto per prendersi cura di lui e abbandonare tutti gli altri a se stessi. Egli lo ha eletto per usarlo per un servizio. E lo stesso si ripete nel caso di Cristo e della Chiesa. Dio non si prefigge di amare gli uni e di dimenticare gli altri, bensì vuole che tutti esistano gli uni per gli altri. Il mistero d'Israele e il mistero della Chiesa ci insegnano semplicemente che Dio vuole venire agli uomini solo attraverso uomini, che egli non fa scendere perpendicolarmente la sua luce sul singolo individuo, in modo tale che la fede e la religione siano una faccenda tra loro due. Egli vuole piuttosto costruire il senso della storia nel nostro servizio degli uni per gli altri e degli uni con gli altri. Perciò essere cristiani significa sempre e in primo luogo liberarsi dall'egoismo di colui che vive soltanto per se stesso ed entrare nel grande orientamento di fondo che ci vede vivere gli uni per gli altri.

Tutte le grandi immagini della Sacra Scrittura hanno in fondo questo significato: l'immagine della Pasqua, che trova il suo compimento nel mistero neotestamentario della morte e risurrezione; l'immagine dell'esodo, dell'uscita dalla dimensione dell'abituale e del proprio, che comincia con Abramo e rimane una legge fondamentale della storia sacra; tutto intende esprimere questo unico movimento di fondo fatto di distacco dal semplice vivere per se stessi. Cristo ne ha illustrato il significato più profondo nella legge fondamentale del chicco di grano, mostrando inoltre che esso non caratterizza soltanto tutta la storia, bensì riguarda l'intera creazione sin dall'origine: «In verità, in verità vi dico: se il chicco di grano caduto in terra non muore, rimane solo; se invece muore, produce molto frutto» (*Gv* 12,24 ss.).

Nella sua morte e nella sua risurrezione Cristo ha portato a compimento la legge del chicco di grano. Nell'eucaristia, nel pane di Dio, egli è diventato veramente il frutto centuplo, di cui anche noi ancora viviamo. E in questo mistero della santa eucaristia, nella quale egli è sempre vivo e presente per noi, ci invita ad aderire, giorno dopo giorno, a questa legge che in fondo è solo l'espressione dell'essenza del vero amore. Amare può infatti significare una cosa sola: lasciarsi liberare dallo sguardo ristretto puntato sul proprio io, cominciare a uscire da se stessi per esistere per gli altri. In ultima analisi, il movimento fondamentale del cristianesimo non è altro che il semplice movimento fondamentale dell'amore, in cui prendiamo parte all'amore creatore stesso di Dio.

D'altra parte, quando diciamo che il senso del servizio cristiano, il senso della nostra fede cristiana, non può essere definito partendo unicamente dal singolo credente, bensì partendo dal fatto che occupiamo un posto insostituibile per il tutto e nel tutto; quando diciamo che noi cristiani non esistiamo per noi stessi, bensì perché Dio vuole e ha bisogno che svolgiamo questo servizio nel complesso della storia, non dobbiamo cadere nell'errore opposto e pensare che il singolo sia soltanto un ingranaggio nel grande meccanismo del cosmo. Se è vero infatti che Dio non vuole soltanto i singoli, bensì vuole tutti noi come persone che esistono le une con le altre e le une per le altre, lo è anche che egli conosce e ama ogni singolo in quanto tale. Gesù Cristo, il Figlio di Dio e il Figlio dell'uomo, nel quale si è compiuto il passaggio decisivo della storia del mondo, l'unione tra la creatura e Dio, era un singolo individuo, nato da una madre umana. Egli ha vissuto la sua vita unica e irripetibile, ha avuto il suo volto personale e ha subìto la morte. Scandalo e grandezza del messaggio cristiano rimane il fatto che il destino di tutta la storia, il nostro destino, dipende da un singolo, Gesù di Nazaret: la sua figura mette simultaneamente in luce ambedue queste realtà

Noi dobbiamo far nostra questa concezione del cristianesimo come esistenza degli uni per gli altri. Ma non dobbiamo rinunciare alla grande certezza che Dio ama me, l'uomo che sono, e alla gioia che ne deriva per la mia vita; che egli ama chiunque abbia un volto umano, per quanto sfigurato e distrutto esso sia. E quando diciamo «Dio mi ama», in queste parole non dovremmo percepire soltanto la responsabilità, il pericolo di diventare indegni di un simile amore, bensì tutta la grandezza e la ricchezza che esse racchiudono. Esse ci dicono infatti anche che Dio è Colui che perdona ed è buono. Forse, nella predicazione ecclesiale abbiamo neutralizzato troppo le grandi parabole del perdono circondandole di misure protettive, per una errata preoccupazione pedagogico-morale: la parabola del creditore che rimette un debito milionario; la parabola del pastore che insegue proprio la pecora smarrita e la parabola della donna che gioisce più per la dracma perduta e ritrovata che non per tutte quelle che non ha mai perso. L'audacia delle vicende della vita di Gesù non ha nulla da invidiare all'audacia di queste parabole, quando pensiamo che tra i suoi discepoli più intimi c'erano il pubblicano Levi e la prostituta Maddalena. E nell'audacia di questo messaggio sono contenute entrambe le cose di cui abbiamo bisogno: chi crede veramente, sa bene che non abuserà della certezza del perdono divino per vivere in maniera dissoluta, così come un innamorato non abusa dell'indistruttibilità dell'amore dell'altro, ma si sente da esso indotto a diventarne il più possibile degno. E questa volontà, che la fede nell'amore ci spinge ad avere, non si fonda sulla paura, bensì sulla certezza piena e gioiosa che Dio è veramente – e non solo nelle frasi della devozione – più grande del nostro cuore (*1 Gv* 3,20).

Soprattutto l'amore

Basta l'amore

Un racconto risalente al tardo giudaismo del tempo di Gesù narra che un giorno un pagano si presentò al celebre caposcuola *rabbi* Shammai e gli disse: «Mi convertirò alla religione giudaica se sarai in grado di riassumerne il contenuto stando su un piede». Il *rabbi* pensò al vasto materiale raccolto nei cinque libri di Mosè e a tutto quello che nel frattempo l'esegesi vi aveva aggiunto dichiarando che si trattava di interpretazioni vincolanti, necessarie e indispensabili per la salvezza. Considerato tutto questo, non gli rimase che ammettere che gli era impossibile riassumere in poche e brevi proposizioni tutto il contenuto della religione d'Israele. Chi gli aveva fatto quella domanda singolare non si scoraggiò e si rivolse, se così posso esprimermi, alla concorrenza: andò dall'altro celebre caposcuola, *rabbi* Hillel, e gli pose lo stesso quesito. Diversamente da *rabbi* Shammai, Hillel rispose senza tanti giri di parole: «Non fare al tuo prossimo quel che non ti piacerebbe fosse fatto a te. Questa è tutta la legge. Tutto il resto è spiegazione».

Se oggi quell'uomo andasse da qualche dotto teologo cristiano e gli domandasse di introdurlo nel giro di cinque minuti nell'essenza del cristianesimo, tutti i professori risponderebbero probabilmente che la cosa è impossibile: avrebbero bisogno di sei semestri solo per le discipline più importanti della teologia, e anche così arriverebbero solo ai margini. Eppure sarebbe possibile venire in aiuto di quell'uomo. La storia di *rabbi* Hillel e Shammai si ripeté, infatti, pochi decenni dopo, in altra forma. Questa volta un *rabbi* si presentò a Gesù di Nazaret e gli chiese: «Che cosa devo fare per ottenere la salvezza?». La domanda riguarda quello che Cristo considera il contenuto indispensabile e necessario del suo messaggio. Il Signore rispose così: «*Amerai il Signore tuo Dio con tutto il tuo cuore, con tutta la tua anima e con tutta la tua mente*. Questo è il grande e primo comandamento. Il secondo poi è simile a quello: *Amerai il tuo prossimo come te stesso*. Da questi due comandamenti dipendono tutta la Legge e i Profeti» (*Mt* 22,35-40). Qui sta dunque tutto quel che Gesù Cristo esige. Chi fa questo – chi ama – è un cristiano e ha tutto (cfr. anche *Rm* 13,9 ss.).

Che Cristo non intendesse pronunciare solo alcune belle frasi di consolazione da non seguire troppo alla lettera, ma parole da prendere molto seriamente e senza riserve, lo rivela un altro testo, in cui egli descrive in forma di parabola il giudizio universale, il momento più serio e definitivo in assoluto, l'esame in cui si vedrà come stanno realmente le cose e che stabilirà in maniera irrevocabile il destino eterno dell'uomo. Nella parabola del giudizio universale il Signore dice che il giudice del mondo si imbatterà in due gruppi di uomini e dirà agli uni: «Venite, benedetti dal Padre mio, ricevete in eredità il regno preparato per voi fin dalla creazione del mondo, perché ho avuto fame e mi avete dato da mangiare, ho avuto sete e mi avete dato da bere, ero straniero e mi avete accolto, nudo e mi avete vestito, malato e mi avete visitato, ero in carcere e siete venuti a trovarmi». Quegli uomini gli diranno: «Quando ti abbiamo fatto tutto questo, visto che non ti abbiamo mai incontrato?». Ma Cristo risponderà loro: «In verità io vi dico: tutto quello che avete fatto a uno solo di questi miei fratelli più piccoli, l'avete fatto a me». Diversamente andranno le cose per l'altro gruppo, a cui il giudice dirà: «Via, lontano da me, maledetti, nel fuoco eterno, preparato per il diavolo e per i suoi angeli, perché ho avuto fame e non mi avete dato da mangiare; ho avuto sete e non mi avete dato da bere; ero straniero e non mi avete accolto, nudo e non mi avete vestito, malato e in carcere e non mi avete visitato». E pure questi uomini domanderanno: «Quando è successo tutto questo? Se ti avessimo visto, ti avremmo dato tutto». E di nuovo sarà detto loro: «Tutto quello che non avete fatto a uno solo di questi più piccoli, non lo avete fatto a me» (cfr. *Mt* 25,31-46). Secondo questa parabola il giudice del mondo non domanderà quali teorie su Dio e sul mondo un uomo ha avuto. Non porrà domande a proposito della professione dogmatica di fede, ma interrogherà soltanto sull'amore. L'amore basta e salva l'uomo.

Per quanto grande possa essere per il teologo la tentazione di sottilizzare a proposito di questa affermazione, di circondarla di se e di ma, possiamo e dobbiamo accettarla in tutta la sua grandezza e semplicità, senza alcuna condizione, così come il Signore l'ha fatta. Ciò non significa naturalmente ignorare che queste parole non sono un'affermazione di poco conto e che chiedono un impegno all'uomo. L'amore qui descritto, come il contenuto della vita cristiana esige, infatti, che cerchiamo di amare così come Dio ama. E Dio non ci ama perché siamo particolarmente buoni, particolarmente virtuosi, particolarmente meritevoli, perché gli saremmo in qualche modo utili o addirittura necessari: ci ama non perché *noi* siamo buoni, ma perché *Lui* è buono. Egli ci ama anche se non abbiamo nulla da offrirgli, anche se siamo vestiti di stracci come il figlio prodigo, che non ha in sé più nulla che merita di essere amato. Amare in modo cristiano significa cercare di percorrere a nostra volta questa via: significa amare non solo chi ci è simpatico, chi ci piace, chi ci va a genio e meno che mai solo chi ha da offrirci qualcosa o dal quale possiamo sperare dei vantaggi. Amare cristianamente, cioè nel senso dato da Cristo a questa parola, significa essere buoni verso chi ha bisogno della nostra bontà, anche se egli non è simpatico. Significa confidare nella via di Gesù Cristo e compiere così una specie di svolta copernicana nella nostra vita. In un certo senso viviamo, infatti, ancora tutti per così dire prima di Copernico. Tutti, infatti, ci portiamo dietro l'illusione innata di essere il centro attorno a cui il mondo e gli uomini devono gravitare. Ci sorprendiamo sempre intenti a vedere e a costruire le cose e gli altri solo in relazione al nostro io, a considerarli dei satelliti.

Diventare cristiani consiste precisamente nel compiere la svolta copernicana: non considerarsi più il centro del mondo e cominciare invece ad affermare in tutta serietà che siamo una delle molte creature di Dio che si muovono insieme attorno a Lui, come al loro centro.

A che serve la fede?

Essere cristiani significa avere l'amore. Voi però probabilmente direte: bene, questo è il messaggio di Gesù, un messaggio molto consolante e bello. Ma che ne avete fatto voi teologi e preti, che ne ha fatto la Chiesa? Se l'amore basta, perché poi il vostro dogma, perché poi la vostra fede che confligge in continuazione con la scienza? Non è allora realmente vero quanto gli studiosi liberali hanno affermato, e cioè che la grande corruzione del cristianesimo è stata quella di costruire una dottrina su Cristo, anziché parlare con Cristo di Dio Padre e di essere fratelli a vicenda? Che invece di educare al reciproco servizio si è escogitato un dogma intollerante? Che invece di sollecitare ad amare, si è richiesta la fede e si è fatto dipendere la possibilità di essere cristiani da una professione di fede?

Queste domande sono senza dubbio molto serie e, come accade con tutte le grandi domande, non è possibile dare una risposta in un attimo, con una semplice formula. Nello stesso tempo non possiamo, però, ignorare che esse contengono anche una semplificazione. Per rendercene conto abbiamo solo bisogno di applicare realisticamente alla nostra vita quanto abbiamo finora meditato. Essere cristiani significa avere l'amore; significa compiere la svolta copernicana dell'esistenza, grazie alla quale la smettiamo di fare di noi stessi il centro del mondo e di far solo girare gli altri attorno a noi.

Se ci guardiamo con occhi sinceri e onesti, questo messaggio, meraviglioso nella sua semplicità, non è solo liberatorio, ma anche molto angosciante. Chi di noi può, infatti, dire di non aver mai ignorato e trascurato un affamato, un assetato o comunque qualcuno che aveva semplicemente bisogno di noi? Chi di noi può dire di svolgere realmente con tutta semplicità il servizio di essere buono con gli altri? Chi di noi non deve ammettere che nella bontà, che dimostra verso gli altri, alberga ancor sempre un po' di egoismo, un po' di autocompiacimento e un po' di considerazione del proprio io? Chi di noi non deve ammettere di vivere in misura maggiore o minore nell'illusione precopernicana e di considerare e trattare gli altri soltanto in quanto essi stanno in relazione con il nostro io?

A questo punto entra in azione la fede. La fede, in fondo, non significa altro se non che questo deficit del nostro amore, tipico dell'uomo, è riempito dalla sovrabbondanza vicaria dell'amore di Gesù Cristo. Essa ci dice semplicemente che Dio stesso ha riversato in sovrabbondanza il suo amore tra di noi coprendo in partenza tutto il nostro deficit. Credere significa dunque ammettere che abbiamo un deficit del genere; significa aprire la mano e accogliere il suo dono. Nella sua forma più semplice e intima la fede non è altro che quel punto dell'amore nel quale riconosciamo di aver bisogno di essere riempiti della grazia di Dio, quel punto dell'amore che solo dimostra che esso è realmente tale; consiste nel superare l'autocompiacimento e l'autosoddisfazione di colui che basta a se stesso e dice: ho fatto tutto, non ho più bisogno di alcun aiuto. Soltanto in presenza di una simile «fede» finisce l'egoismo, l'autentico polo opposto dell'amore. Pertanto la fede è compresente nel vero amore; è quel momento dell'amore che lo rende veramente tale; l'apertura di colui che non conta sulle proprie possibilità, ma sa di essere un bisognoso che ha ricevuto in dono la grazia.

Questa fede può ovviamente essere interpretata e spiegata in molteplici modi. A noi basta prendere coscienza del fatto che il gesto della mano aperta, della semplicità del poter ricevere, che solo conferisce all'amore la sua intima schiettezza, sarebbe vano se non esistesse colui che lo riempie con la grazia del perdono. Tutto finirebbe ancora una volta nel vuoto, nell'assurdo, se non ci fosse la risposta che si chiama Cristo. Di conseguenza, nel gesto della fede è già da sempre insito il desiderio che si protende verso il mistero di Cristo, mistero che, quando si dischiude, è la necessaria espressione di questo gesto fondamentale, respingere il quale significherebbe respingere la stessa fede e lo stesso amore.

Tuttavia, per quanto ciò sia vero e per quanto ne consegua una necessità irrecusabile della fede cristologica ed ecclesiale, è vero anche che tutto quel che incontriamo nel dogma, in fondo, è solo spiegazione: spiegazione dell'unica realtà fondamentale decisiva e veramente sufficiente dell'amore di Dio e degli uomini. E rimane di conseguenza vero che coloro che amano veramente, e che sono come tali simultaneamente credenti, possono chiamarsi cristiani.

La legge della sovrabbondanza

Se si parte da questa concezione fondamentale del cristianesimo, la Scrittura e il dogma diventano leggibili e comprensibili in un modo nuovo. Menziono, a titolo di esempio, due testi della Sacra Scrittura che a prima vista ci appaiono del tutto inaccessibili e che in questa luce si dischiudono di colpo. Riprendiamo le parole del Discorso della Montagna: «Avete inteso che fu detto agli antichi: *Non ucciderai*; chi avrà ucciso dovrà essere sottoposto al giudizio. Ma io vi dico: chiunque si adira con il proprio fratello, dovrà essere sottoposto al giudizio. Chi poi dice al fratello: "Stupido", dovrà essere sottoposto al sinedrio; e chi gli dice: "Pazzo", sarà destinato al fuoco della Geènna» (*Mt* 5,21 ss.). Quando leggiamo questo testo siamo sconvolti e affranti. Il passo è però preceduto da un versetto che dà senso al tutto e che recita: «Io vi dico, infatti, che se la vostra giustizia non supererà quella degli scribi e dei farisei, non entrerete nel regno dei cieli» (*Mt* 5,20). L'espressione saliente del versetto è «supererà». Il testo originale greco è ancora più forte e ci permette di coglierne la vera intenzione. Tradotto letteralmente suona: «Se la vostra giustizia non avrà una maggiore sovrabbondanza di quella degli scribi e dei farisei...». In tali parole ci imbattiamo nel *leitmotiv* che permea tutto il messaggio di Cristo: il cristiano è l'uomo che non fa calcoli, ma fa il superfluo. È appunto l'amante che non domanda fin dove può ancora spingersi per rimanere nel campo del peccato veniale e non superare la soglia di quello mortale. Il cristiano è colui che cerca semplicemente il bene senza fare calcoli. Chi è giusto e basta, chi si preoccupa soltanto della correttezza, è il fariseo; soltanto colui che non è *semplicemente* giusto, comincia a essere cristiano. Questo non significa assolutamente che il cristiano sarebbe un uomo che non fa nulla di sbagliato e non commette errori. Al contrario, egli è colui che sa di avere dei difetti e che è magnanimo con Dio e con gli uomini, perché cosciente di quanto lui stesso viva della magnanimità di Dio e del suo prossimo. La magnanimità di colui che si sa debitore verso tutti, che non può nemmeno più tentare di darsi una correttezza che gli permetterebbe di esigere altrettanto dagli altri, è la vera stella polare dell'*éthos* predicato da Gesù (cfr. *Mt* 18,13-35). Il mistero incredibilmente esigente, e nello stesso tempo incredibilmente liberatorio, che si nasconde dietro la parola «sovrabbondanza», senza la quale non può esserci giustizia cristiana.

Se guardiamo meglio, constatiamo subito che la struttura fondamentale, che abbiamo scoperto con l'idea della sovrabbondanza, caratterizza tutta la storia di Dio con l'uomo, anzi è addirittura una sorta di sigillo divino della stessa creazione: il miracolo di Cana, il miracolo della moltiplicazione dei pani sono segni della sovrabbondanza della magnanimità propria dell'agire di Dio, di quell'agire che nell'evento della creazione profonde milioni di germi per salvare *un* essere vivente. Di quell'agire che dispiega tutto un universo per preparare sulla Terra un posto a quell'essere misterioso che è l'uomo. Di quell'agire che, in un'ultima e inaudita profusione, dà via se stesso per salvare la «canna pensante», l'uomo, e condurlo al suo fine. Questo evento ultimo e inaudito sfuggirà sempre alla mente calcolatrice del pensatore corretto ed è realmente comprensibile solo alla luce della stoltezza di un amore che mette da parte tutti i calcoli e non arretra di fronte ad alcuna profusione. E non è nient'altro, lo ripetiamo ancora, che il coerente completamento di quella profusione, presente dappertutto come il timbro del Creatore, e che adesso deve diventare anche la legge fondamentale del nostro modo di essere davanti a Dio e davanti agli uomini.

Facciamo un passo indietro. Abbiamo detto che alla luce di questa conoscenza si chiarisce non soltanto la struttura della creazione e della storia della salvezza, ma anche il senso delle delle richieste posteci da Gesù nel Discorso della Montagna. Certo, è molto utile sapere già in partenza che non vanno intese in senso legalistico. Direttive come: «Se uno ti dà uno schiaffo sulla guancia destra, tu porgigli anche l'altra, e a chi vuole [...] toglierti la tunica, tu lasciagli anche il mantello» (*Mt* 5,39 ss.) non sono paragrafi di una legge da osservare puntualmente alla lettera, bensì esempi concreti e metafore che insieme intendono dare un orientamento. Questo però non è sufficiente per arrivare a comprenderle realmente. Per questo dobbiamo andare più a fondo e vedere che, nel caso del Discorso della Montagna, da un lato la semplice spiegazione morale, che lo concepisce come una serie di comandamenti la mancata osservanza dei quali conduce all'inferno, non basta: letto in quest'ottica non ci rinfrancherebbe, ma ci demoralizzerebbe. Dall'altro lato non basta neppure la spiegazione che considera unicamente la grazia e afferma: qui ci viene solo indicato quanto sia insignificante tutto il nostro fare e agire; qui diventa visibile soltanto che non combiniamo nulla e che tutto è grazia. Il testo chiarirebbe solo che nella notte della peccaminosità umana tutte le differenze sono trascurabili e nessuno può vantarsi di qualcosa, perché tutti sono degni della dannazione e tutti sono salvati per grazia. Certo, il testo ci fa prendere chiara coscienza del nostro bisogno di perdono; mostra quanto un uomo abbia poche ragioni di vantarsi e di contrapporsi, come giusto, ai peccatori. Però vuole anche dirci qualcos'altro. Non vuole soltanto porci sotto il segno del giudizio e del perdono, che poi renderebbe indifferente ogni agire umano. Ha anche lo scopo di darci una direttiva per la nostra esistenza e vuole orientarci verso quel «più», verso quella «sovrabbondanza» e quella magnanimità che non significa che noi diventeremmo improvvisamente esseri «perfetti», senza macchia, ma che cercheremo l'atteggiamento dell'amante che ama senza fare calcoli.

Di questo fa infine parte anche il retroterra cristologico molto concreto del Discorso della Montagna. L'invito a tendere al «più» non risuona semplicemente dall'inaccessibilità della maestà eterna di Dio, ma arriva a noi dalle labbra del Signore, attraverso cui Dio si è inserito nella miseria della storia umana. Anche Dio vive e opera sotto la legge fondamentale della sovrabbondanza, di quell'amore che non riesce a dare meno di se stesso.

È cristiano chi ha l'amore. Questa è la risposta semplice alla questione dell'essenza del cristianesimo, di fronte alla quale alla fine ci troviamo di nuovo e che, ben intesa, tutto include.

Fede, speranza, amore

Parlando dell'amore ci siamo imbattuti nella fede. Abbiamo visto che la fede, rettamente intesa, è presente nell'amore e che è la sola in grado di introdurlo nella salvezza, perché il nostro amore rimarrebbe insufficiente come una mano aperta che resta vuota. Se facciamo ancora un passo in avanti, ci imbattiamo nel mistero della speranza. La nostra fede e il nostro amore rimangono, infatti, in cammino finché viviamo in questo mondo e corrono in continuazione il pericolo di estinguersi. È appunto realmente tempo di Avvento. Nessuno può dire di sé: *sono* perfettamente redento. In questo mondo e in questo tempo non esiste alcuna redenzione sotto forma di un passato concluso, sotto forma di un presente compiuto e definitivo, bensì esiste solo una redenzione nel modo della speranza. La luce di Dio brilla in questo mondo unicamente nelle luci della speranza, accese dalla sua bontà lungo il nostro cammino. Quanto spesso siamo rattristati dal volere di più, dal volere un presente pieno, completo, inoppugnabile. In fondo, invece, dobbiamo dire: può mai esserci un modo più umano di redenzione di quello che dice a noi, esseri del divenire e in cammino, che possiamo sperare? Può mai esserci una luce migliore per noi, esseri pellegrinanti, di quella che ci rende liberi di procedere senza paura, perché sappiamo che al termine della via c'è la luce dell'amore eterno?

Fede e futuro

Il futuro del mondo e la speranza dell'uomo

Fenomenologia delle varie epoche

Sant'Agostino nelle *Confessioni* studia lo strano fenomeno del tempo e cerca di sondarne l'essenza. Nella penetrante analisi ch'egli svolge incontra un fatto sorprendente: non esiste propriamente il presente come una grandezza illimitata. Infatti nell'istante in cui ci accingiamo a chiamare qualcosa presente, questo presente è già passato e ha già ceduto il posto a un nuovo istante. E così il presente, esaminato con precisione, è soltanto il punto d'incontro, privo d'estensione, di passato e futuro; l'impressione del presente nasce dal fatto che la nostra coscienza abbraccia e riduce a unità un tratto di tempo e lo ritiene suo presente. Il presente è dunque un fenomeno psichico e spirituale. I presenti dei singoli uomini sono così diversi perché il tratto ch'essi abbracciano e unificano, ritenendolo il loro «ora», è del tutto disuguale. Agostino continua a questo punto la sua analisi e si domanda: ma, se il passato non c'è più, il futuro non c'è ancora, il presente lo creiamo noi stessi unendo passato e futuro in un tutto, che cos'è allora il reale? Non vogliamo qui proseguire in queste riflessioni, anche se è utile di quando in quando richiamarle alla memoria per portare davanti alla coscienza la problematicità del nostro approccio alla realtà, che a noi sembra così salda e sicura.

Arrestiamoci alla prima osservazione: il presente è una formazione della coscienza umana, che abbraccia e riduce a un «oggi» passato e futuro. Questo significa, e lo abbiamo già detto, che il presente può avere diverse accentuazioni. Ci sono tempi in cui il presente è interamente riempito dal passato, come accade nelle culture in fase di declino, che non guardano più in avanti, ma solo indietro. Nella Chiesa prima del Concilio Vaticano II, sotto certi aspetti, vi era una situazione simile: la teologia sembrava aver già esplorato tutto, la pietà sembrava aver già sperimentato e formato tutto ciò che si poteva pensare, fare e formare, tutti gli spazi erano riempiti con i dati della tradizione, proprio come lo spazio di una chiesa è interamente riempito di altari, quadri, testimonianze della pietà delle passate generazioni. Dove si arriva a tanto, o affonda il presente e rimane solo il passato – un passato definitivo – oppure si giunge a una sorta di terremoto che intende creare spazio al nuovo e finisce in genere per buttare da parte assieme a talune cose davvero antiquate anche cose preziose e tuttora valide. Ci sono invece tempi totalmente assorbiti dall'assillo del momento così da non lasciare spazio ad alcuna possibilità di guardare indietro o avanti. E finalmente ci sono tempi in cui tutto il peso è posto sul futuro; tempi nei quali il presente è colmato dallo sguardo rivolto al domani. Di questo tipo era il presente del cristianesimo primitivo, che in una storia riempita dal passato considerava questo tutto come fondamentalmente conchiuso e si apriva all'attesa di ciò che doveva venire, del nuovo mondo, ch'esso attendeva dal ritorno di Cristo. Di questo tipo, ma con segno del tutto diverso, è anche il nostro tempo, al quale quanto accaduto fin qui appare spesso solo come la preistoria di ciò che è il totalmente nuovo verso cui l'umanità è diretta a passi sempre più veloci.

Ambiguità della nostra epoca

In realtà noi viviamo oggi sotto l'impressione di una grande svolta nell'evoluzione dell'umanità, una svolta che ci fa passare, senza che noi ce ne accorgiamo, dal Medioevo all'epoca moderna, e al cui confronto anche le migrazioni di popoli avvenute tra l'antichità ed il Medioevo sembrano perdere significato e importanza, una svolta, in ogni caso, paragonabile solo ai più grandi sommovimenti nell'evoluzione dell'umanità. Forse mai come oggi l'uomo è diventato sensibile al fattore «tempo», «evoluzione». Ciò che ieri era ancora fantascienza è oggi superato dall'evoluzione e appare innocuo e modesto di fronte a ciò che viviamo e a ciò che incomincia a diventare possibile. Il sogno di Dedalo e Icaro non è più un mito lontano, la scoraggiante conferma che l'uomo, al quale non sono cresciute le ali, soggiace alla legge di gravità, ma è diventato attuabile: la mano dell'uomo raggiunge il «cielo» e non vi è più nulla d'impossibile. Scompaiono i confini ben delineati della natura delle cose e subentra la mobilità di ogni realtà; la dottrina dell'evoluzione diventa per così dire credibile e fattibile dall'interno. Il mondo di una volta era contrassegnato dalla continuità. Usi e costumi rimanevano uguali di generazione in generazione. Uomini e cose apparivano stabili e ogni mutamento inconcepibile, anche quando lo si considerava come fondato scientificamente e giusto. Oggi noi siamo i testimoni dell'incompiutezza di ogni essere esistente, testimoni di una realtà che non è statica, ma in divenire.

L'uomo d'oggi ha il suo sguardo rivolto al futuro. La sua parola d'ordine è «progresso», non «tradizione»; «speranza», non «fede». Egli conosce anche un certo romanticismo nei confronti del passato. Ama circondarsi di antichi oggetti preziosi, ma tutto questo conferma proprio soltanto che quei tempi sono passati e che il regno dell'uomo d'oggi è esattamente il domani, il mondo ch'egli stesso costruisce. Infatti ciò che si aspetta è, al contrario di quanto avveniva nella Chiesa primitiva, non il regno di Dio, ma il regno dell'uomo, non il ritorno del Figlio di Dio, ma il sorgere definitivo di un ordine razionale, libero e fraterno; un ordine che è opera dell'uomo. L'evoluzione, che noi viviamo, non si presenta come un dono dall'alto, ma come il prodotto di un lavoro duro, di un'azione pianificatrice, calcolatrice e inventiva. Per questo la speranza non si chiama più per l'uomo d'oggi contemplazione di ciò di cui l'uomo non può disporre, bensì azione compiuta con le sue sole forze. L'uomo attende la salvezza da se stesso e appare in grado di darsela. Al primato del futuro si unisce così il primato della prassi, un primato dell'attività umana, che diventa l'atteggiamento fondamentale dell'uomo. Anche la teologia si apre sempre più a questa idea: contro l'ortodossia entra in scena l'ortoprassi, l'«escatoprassi» sembra più importante dell'escatologia. Se prima si lasciava a una certo illuminismo popolare di dire al contadino che i concimi chimici sono più efficaci della preghiera, ora, un po' in ritardo invero, si può leggere qualcosa di simile anche in un certo tipo di letteratura religiosa, che si sforza di essere «moderna». E vi si dice anche che, in tali circostanze, la preghiera dovrebbe «cambiare funzione»: è dubbio ch'essa possa continuare a essere un'invocazione di aiuto divino; essa dovrebbe invece essere considerata come una concentrazione per la pratica dell'auto-aiuto. La fede nel progresso, ripetutamente data per morta, rinasce, e l'ottimismo, secondo il quale l'uomo alla fine riuscirà a creare la città dell'uomo, trova nuovi seguaci.

La città dell'uomo, che per molti rappresenta uno stendardo, per altri ha un suono melanconico. Infatti, insieme alla speranza si diffonde la paura. Cresce di nuovo l'angoscia, che nell'ottimismo del dopoguerra sembrava estinta. Quando gli uomini posero per la prima volta il loro piede sulla Luna, nessuno poté sottrarsi all'entusiasmo, alla fierezza, alla gioia per la grande impresa compiuta. L'avvenimento fu salutato non come la vittoria di una nazione, ma come la vittoria dell'uomo. Tuttavia, in quel momento di gioia si intrecciavano motivi di una profonda tristezza, perché lo stesso uomo capace di una tale inaudita impresa non è in grado di impedire che ogni anno migliaia e perfino milioni di uomini muoiano di fame, non è in grado di dare a milioni di uomini, suoi fratelli, un'esistenza degna, non è in grado di porre fine alle guerre e di arrestare l'ondata crescente di delinquenza. Il potere tecnico non è necessariamente un potere umanitario; il potere di agire su se stessi sta su un piano del tutto diverso da quello dell'esecuzione tecnica.

La tecnica crea, senza dubbio, nuove possibilità all'umanità. Il cristiano non ha nessun motivo per coltivare un risentimento nei suoi confronti. Chi è cresciuto ancora in un mondo in gran parte pretecnico non è tentato di cadere nel romanticismo di ciò che è naturale. Egli sa quanto fosse difficile prima, quanta disumanità poteva accumularsi proprio nel mondo senza tecnica;

egli sa quanto sia meglio, più bello e più umano ora. Ma la stessa tecnica, che apre tali possibilità all'umanità, apre anche nuove vie a ciò che è antiumano. Non c'è assolutamente bisogno che parliamo degli ultimi orrori, delle armi atomiche, delle armi biologiche, delle armi chimiche, anche se la provvista di cose terribili non può non rappresentare un potenziale terroristico, capace di agire nella coscienza sotto forma di angoscia nascosta. Guardiamo solo alla «città dell'uomo»: sempre più pianificazione significa anche sempre più pianificazione dell'uomo. Io penso che le eruzioni, che scuotono la nostra moderna società, siano anche un'insurrezione inconscia contro la totale pianificazione della nostra esistenza che produce un senso di soffocamento, dal quale ci si vorrebbe difendere e non si può. La pianificazione produce una dipendenza e insieme un'impotenza dell'individuo senza precedenti. A ciò s'aggiunge che noi sentiamo la sorte delle nostre proprie opere farsi sempre più terribile: aria, acqua, terra, gli elementi di cui viviamo, minacciano di decomporsi nell'alito velenoso della nostra tecnica; le energie che consumiamo ci appaiono in ciò che esse lasciano indietro, come le forze capaci un giorno di distruggerci. La città dell'uomo incomincia a incuterci paura: un giorno potrebbe diventare la tomba dell'uomo.

Fede e progresso

A questo punto sarebbe troppo facile dar di piglio al mazzuolo del teologo e dire: dunque redenzione dalla tecnica e non attraverso la tecnica, dunque speranza attraverso la fede, e non contro di essa. Un dio così fondato assomiglierebbe troppo al *deus ex machina* della tragedia greca, che in Euripide sembra essere già quasi una derisione degli dèi e della fede: il mondo è siffatto che solo un dio che entri in scena all'improvviso potrebbe portarvi ordine, ma questo accade solo in teatro, sembra voler dire. Con Euripide la tragedia si fa ancor più di prima senza via di uscita perché la realtà rimane atea e ingiustificata. Il Dio cristiano non è venuto come un *deus ex machina* a mettere tutto in ordine in modo miracoloso dall'esterno, ma come il Figlio dell'uomo, per soffrire dall'interno con l'uomo la passione dell'uomo. E proprio questo è il compito del cristiano: partecipare dall'interno alla passione dell'uomo, allargare lo spazio a ciò che di umano vi è nell'uomo, perché si trovi posto in lui per la presenza di Dio.

È a partire da questi contesti che si deve comprendere il sorprendente ottimismo con il quale il Concilio Vaticano II accoglie l'era tecnica e giudica i suoi progressi come realizzazioni del comando della creazione di rendere la terra soggetta all'uomo. Il Concilio non cede con questo all'euforia di una coscienza acriticamente tecnica non ancora diventata conscia dei propri abissi. Al contrario, sa bene che un cielo svuotato non è ancora sufficiente a creare una Terra felice, come sembrano pensare taluni profeti della nuova umanità. Ma non ha bisogno di mettersi in fuga verso un romanticismo della natura pura o di consegnare semplicemente l'uomo alla passività. Creare la città dell'uomo diventa un tentativo che ha significato se si sa chi è l'uomo, se si conosce la misura dell'umano. E la tecnica diventa speranza se si lascia orientare dal fatto che l'uomo è fatto ad immagine di Dio, perché proprio qui sta il nucleo della sua essenza. L'affermazione conciliare, secondo cui il messaggio cristiano, lungi dal distogliere gli uomini dal compito di edificare il mondo, dall'incitarli a disinteressarsi dei beni dei propri simili, li impegna piuttosto a tutto ciò con un obbligo ancor più stringente, può suonare apologetica. Se si parte da un punto di vista globale dei fattori dell'azione storica, questa affermazione risulta ragionevole e convincente. L'uomo è la speranza dell'uomo, ma è vero anche che l'uomo è l'inferno dell'uomo e la sua costante minaccia. Se la fede tuttavia osa considerare l'uomo, in fin dei conti, come speranza, questo dipende dal fatto che per essa l'uomo non è più un'essenza indefinibile, come l'uomo propende continuamente a valutarsi, ma si chiama, in ultima analisi, Gesù Cristo. In lui e definitivamente solo in lui l'uomo è la speranza dell'uomo. Ma ciò vuol dire anche che Dio non ha voluto essere la speranza dell'uomo, se non facendosi uomo. Il Regno di Dio sarà la città dell'uomo – il Nuovo Testamento si chiude con uno sguardo beatificante su questa città. Certo, questa città significa la fine di tutte le nostre progettazioni e il loro andare a monte. Essa viene dall'alto, ma viene solo perché e se l'uomo ha percorso lo spazio del suo essere uomo e ha sofferto fino al limite delle sue capacità. Per il momento a noi rimane soltanto questo: inverare l'asserto della fede che afferma che in Cristo l'uomo è diventato la speranza dell'uomo vivendo noi stessi questo paradigma d'esistenza, diventando speranza per gli altri e cercando di modellare il futuro con i lineamenti di Gesù Cristo, con i lineamenti della città ventura che sarà totalmente umana perché è totalmente di Dio.

Come sarà la Chiesa del Duemila?

Teologia e futurologia

Il teologo non è un indovino. E non è neppure un futurologo, che faccia calcoli sul futuro partendo da fattori calcolabili del presente. Il suo mestiere lo tiene abbastanza lontano dal calcolo; solo in minima parte, dunque, potrebbe diventare oggetto della futurologia, che non è arte divinatoria, ma stabilisce ciò che è calcolabile e deve lasciare aperto ciò che non lo è. Siccome la fede e la Chiesa scendono in quelle profondità dell'uomo dalle quali proviene sempre ciò che è creativo, inatteso e non pianificato, ne risulta che il loro futuro rimane nascosto anche nell'epoca della futurologia. Chi avrebbe potuto predire alla morte di Pio XII il Concilio Vaticano II o, ancor più, gli sviluppi postconciliari? O il Vaticano I, quando Pio VI, deportato dalle truppe della giovane Repubblica francese, morì prigioniero a Valence nel

1799? Già tre anni prima uno dei dirigenti della Repubblica aveva scritto: «Questo vecchio idolo sarà distrutto. Così vuole la libertà e la filosofia [...] Si deve desiderare che Pio VI viva ancora per due anni, affinché la filosofia abbia tempo di completare la sua opera e di lasciare questo Lama dell'Europa senza successori». E sembrava proprio che fosse così, al punto che si tennero orazioni funebri sul papato, ritenuto ormai definitivamente per estinto.

Siamo dunque cauti con le prognosi. È ancora valida la parola di Agostino, secondo la quale l'uomo è un abisso; nessuno può in antecedenza abbracciare con lo sguardo ciò che da questo abisso si leva. E chi crede che la Chiesa sia non solo determinata da quell'abisso che è l'uomo, ma si spinga fino all'abisso più grande e infinito che è Dio, ha motivi più che a sufficienza per trattenersi dal far previsioni. L'ingenuità del voler essere informati a ogni costo potrebbe rivelare soltanto una mancanza di fiuto storico. Ma allora ha senso il nostro tema? Lo può avere, se rimane entro limiti ben precisi. Proprio in un'epoca di grandi sconvolgimenti, in cui ciò che è accaduto fin qui sembra dileguarsi per accogliere ciò che è completamente nuovo, l'uomo ha bisogno di riflettere sulla storia, la quale riconduce alle sue proporzioni reali l'attimo da lui ingigantito e lo inquadra in un avvenimento che non si ripete mai, ma non perde mai la sua unità e il suo contesto. Ora potreste dire: abbiamo udito bene? L'uomo ha bisogno di riflettere sulla storia?

Però questo significa guardare al passato, dove noi ci attendevamo uno sguardo sul futuro. Sì, avete udito bene, ma io ritengo che la riflessione sulla storia, quando sia ben capita, comporta l'una e l'altra cosa: uno sguardo retrospettivo su ciò che è già accaduto e, da qui, la riflessione sulle possibilità e sui compiti per ciò che deve venire; possibilità e compiti, che possono chiarirsi solo se si abbraccia un tratto abbastanza ampio e non ci si chiude ingenuamente nell'oggi. Anche lo sguardo retrospettivo non permette predizioni del futuro, ma limita l'illusione di ciò che si presenta come completamente unico e mostra come anche in passato c'è stato qualche cosa, che non è uguale, ma è ad esso paragonabile. In ciò che vi è di diverso tra ieri e oggi si fonda l'incertezza dei nostri enunciati e la novità dei nostri compiti; in ciò che vi è di uguale si fonda la possibilità di un orientamento e di una correzione.

Paralleli storici

Alla nostra odierna situazione ecclesiastica è paragonabile in linea generale innanzitutto il periodo del cosiddetto Modernismo agli inizi del secolo e poi la fine del Rococò, il sorgere definitivo dell'epoca moderna con l'Illuminismo e con la Rivoluzione francese. La crisi del Modernismo non è stata portata a completa conclusione, ma interrotta anzitempo dalle misure di Pio X e dalla mutata situazione spirituale dopo la Prima guerra mondiale; la crisi attuale è solo la ripresa, a lungo differita, di quanto iniziato allora. E così ci resta come analogia la storia della Chiesa e della teologia nell'epoca dell'Illuminismo. Chi guarda più da vicino rimane sorpreso dal grado di somiglianza tra ciò che accadde allora e i giorni nostri. L'«Illuminismo» come epoca storica non gode oggi buona fama; anche chi si mette sulle orme del passato si distanzia dal presunto razionalismo troppo semplicistico dell'epoca, in quanto si prende cura in genere di ricordare la storia avvenuta. Ora qui ci sarebbe già una prima analogia: il distacco risoluto dalla storia, considerata solo come il ripostiglio delle cose di ieri, che non potrebbero più essere utilizzate per un oggi completamente nuovo; la certezza, sicura di vincere, che oggi non si debba più agire secondo la tradizione, ma solo in modo razionale; il ruolo in genere di parole come razionale, penetrabile e simili, tutto questo è sorprendentemente uguale allora come oggi. Ma forse *prima* di questi dati di fatto negativi ai nostri occhi si doveva dare uno sguardo a quella strana mescolanza di unilateralità e di esordi positivi, che unisce gli illuministi di un tempo e di oggi e che non fa più apparire il presente proprio come novità assoluta e che non trova nessun riscontro e nessun paragone storico.

L'Illuminismo aveva il suo movimento liturgico, nel quale ci si batteva per una semplificazione della liturgia sulla base delle strutture fondamentali delle origini: si dovevano eliminare gli eccessi del culto delle reliquie e dei santi e soprattutto si doveva introdurre nella liturgia la lingua vernacola, specialmente il canto popolare e la partecipazione della comunità. L'Illuminismo aveva il suo movimento episcopale, che voleva sottolineare nei confronti di una unilaterale centralizzazione romana l'importanza dei vescovi; aveva la sua componente democratica, e basterà citare il caso del vicario generale di Costanza Wessenberg, che esigeva sinodi democratici diocesani e provinciali. Chi legge le sue opere crede di trovarsi di fronte a un progressista: si chiede l'abolizione del celibato, sono ammesse solo le formule dei sacramenti in lingua tedesca, si benedicono matrimoni misti senza l'impegno dell'educazione dei figli. Che poi Wessenberg si sia battuto per una predicazione regolare e per innalzare il livello dell'istruzione religiosa, che abbia voluto un movimento biblico e altre iniziative simili, sta solo a dimostrare che in quegli uomini non agiva soltanto un preoccupante razionalismo. Rimane tuttavia l'impressione che la sua figura sia contraddittoria, perché in fin dei conti, in nome della ragione, egli usa solo le forbici del potatore, con le quali si può combinare certo qualcosa di buono, ma che non sono l'unico strumento di un giardiniere. Un'impressione simile di contraddittorietà e incoerenza la dà la lettura del sinodo di Pistoia, un concilio dell'Illuminismo cui parteciparono 234 vescovi, tenutosi nell'Italia centrale nel 1786 e che cercò di tradurre le idee di riforma di quel tempo nella realtà ecclesiastica e che naufragò non da ultimo per una mescolanza di istanze genuine di riforma e di un razionalismo ingenuo. Di nuovo si crede di leggere un libro postconciliare, quando vi si trova la tesi che l'ufficio sacerdotale non è stato istituito direttamente da Cristo, ma che è uscito esclusivamente dal seno della Chiesa; che essa, la Chiesa, è sacerdotale nella sua totalità senza distinzione alcuna; o quando si legge che una partecipazione alla Messa senza comunione è priva di senso; o quando si descrive il primato papale solo da un punto di vista funzionale; o al contrario si pone l'accento sul diritto divino dei vescovi. Già nel 1794 una gran parte delle proposizioni di Pistoia fu condannata da Pio VI; l'unilateralità di questo sinodo aveva discreditato le sue buone istanze iniziali.

Per la questione riguardante dove si trovino gli elementi forieri del futuro e dove no, a me sembra che la cosa più istruttiva sia quella di riflettere sulle persone e sui tratti caratteristici di ogni epoca che si mostrano in esse. È ovvio che possiamo scegliere soltanto un paio di tipi caratteristici, nei quali si mostri l'ampiezza delle possibilità di una determinata epoca e insieme ancora una volta la sbalorditiva analogia con la nostra. Vi è infatti il progressista estremista, come la triste figura dell'arcivescovo di Parigi Gobel, sempre zelante nel correr dietro al progresso del suo tempo: dapprima egli fu per una Chiesa nazionale costituzionale, poi, come se ciò non bastasse, rinunciò solennemente al sacerdozio, dichiarando che, con il felice esito della rivoluzione, non vi era più alcun bisogno di autorizzazione per un culto nazionale diverso dal precedente come quello della libertà e dell'eguaglianza. Partecipò all'adorazione della dèa ragione in Notre-Dame, ma alla fine il progresso lo scavalcò: con Robespierre l'ateismo diventò di nuovo improvvisamente un crimine, e così l'ex arcivescovo fu condotto alla ghigliottina e giustiziato.

«Solo con il cuore si vede bene» ha detto una volta Antoine de Saint-Exupéry... E così siamo arrivati a Clemens Maria Hofbauer, il boemo garzone di fornaio, che è stato canonizzato. Certo, quest'uomo era sotto alcuni aspetti gretto, e perfino un po' reazionario. Ma sapeva amare, si metteva a disposizione degli uomini con tutta la sua intatta passione. Da una parte appartenevano alla sua cerchia uomini come Schlegel, Brentano, Eichendorff, dall'altra era a completa disposizione dei più poveri e abbandonati, senza riservare nulla a sé ma pronto ad accettare ogni umiliazione, quando ciò potesse aiutare l'uomo. E in tal modo gli uomini potevano tramite lui riscoprire Dio, come lui partendo da Dio aveva scoperto gli uomini e sapeva che le loro necessità non si fermano all'istruzione nella coltura della frutta e nell'allevamento del bestiame. In ultima analisi, la fede di questo povero garzone di fornaio si rivelò più umanistica e più illuminata dalla ragione rispetto alla razionalità accademica dei puri illuministi. Infatti ciò che sopravvisse e ciò che di nuovo nacque dalle rovine del tardo secolo XVIII fu qualcosa del tutto diverso dalle supposizioni di un Gobel: una Chiesa divenuta più piccola, che aveva perduto in splendore sociale ma nel contempo diventava feconda per nuova forza interiore e che, attraverso i grandi movimenti laicali come nelle numerose nuove fondazioni di ordini avvenute dalla metà del secolo XIX, sprigionava nuove forze per la cultura e i compiti sociali, tanto che non è possibile immaginare la nostra più recente storia senza di esse.

Il futuro della Chiesa

E con questo siamo arrivati al nostro oggi e a dare uno sguardo al domani. Il futuro della Chiesa può venire ancora solo dalla forza di coloro che hanno profonde radici e vivono con la pienezza pura della loro fede. Non verrà da coloro che prescrivono soltanto ricette né da coloro che di volta in volta si adeguano al momento transitorio. Non verrà da coloro che si limitano a criticare gli altri ritenendosi infallibili e neppure da coloro che scelgono solo il cammino più comodo, evitano la passione della fede e dichiarano falso e sorpassato, tirannia e legalismo tutto ciò che impone sacrifici all'uomo e lo obbliga a rinunciare a se stesso. Anche questa volta, come sempre, il futuro della Chiesa nascerà dai nuovi santi. E dunque da uomini la cui capacità di percezione va al di là delle frasi fatte, e proprio per questo sono moderni. Da uomini che sanno vedere più lontano degli altri, perché la loro vita abbraccia spazi più ampi. L'altruismo, che rende libero l'uomo, si acquista solo giorno dopo giorno nella pazienza delle piccole rinunce a se stessi. In questa passione quotidiana, che sola permette all'uomo di sperimentare quanto il suo io lo leghi, e in cui sola l'uomo progressivamente si apre. Egli vede unicamente nella misura in cui ha amato e sofferto. Se oggi ci è difficile percepire ancora Dio, questo dipende dal fatto che ci è diventato troppo facile evitare noi stessi e fuggire davanti alla profondità della nostra esistenza nello stordimento delle comodità. Se è vero che si vede bene solo con il cuore, come siamo ciechi noi tutti!

Che cosa significa ciò per la nostra questione? Significa che le grandi parole di quelli che profetizzano una Chiesa senza Dio e senza fede sono vuota chiacchiera. Una Chiesa che celebra il culto dell'azione in «preghiere» politiche non ci serve. È del tutto superflua. E per questo tramonterà da sé. Rimaniamo la Chiesa di Gesù Cristo, la Chiesa che crede in Dio che si è fatto uomo e che ci promette la vita oltre la morte. Parimenti, il prete che sia soltanto un funzionario sociale può essere sostituito da psicoterapeuti e da altri specialisti. Ma sarà ancora necessario il prete che non è specialista, che non si tiene fuori gioco, quando per ragioni *d'ufficio* dà consigli, ma che in nome di Dio si mette a disposizione degli uomini ed è loro vicino nella loro tristezza, nella loro gioia, nella loro speranza e nella loro angoscia.

Anche questa volta dalla crisi di oggi nascerà una Chiesa che avrà perduto molto. La Chiesa diventerà più piccola, bisognerà ricominciare tutto da capo. Non potrà più riempire molti degli edifici che aveva eretto nel periodo del suo massimo splendore. Oltre a ridursi numericamente, perderà anche molti privilegi nella società. Si presenterà in modo molto più accentuato di un tempo come comunità della libera volontà, cui si può accedere solo per il tramite di una decisione. Come piccola comunità solleciterà con maggior forza l'iniziativa dei suoi singoli membri. Certamente conoscerà nuove forme di ministero e ordinerà sacerdoti dei cristiani provati che esercitano una professione: in molte delle comunità più piccole e in gruppi sociali omogenei la cura d'anime sarà normalmente esercitata in questo modo. Ma accanto a queste forme sarà indispensabile la figura principale del prete, che esercita il ministero come lo ha fatto finora. Tuttavia, nonostante tutti i cambiamenti che si possono presumere, la Chiesa ritroverà con tutta l'energia ciò che le è essenziale, ciò che è sempre stato il suo centro: la fede nel Dio uno e trino, in Gesù Cristo, il Figlio di Dio fattosi uomo, nell'assistenza dello Spirito, che durerà fino alla fine. Metterà la fede e la preghiera di nuovo al centro e sperimenterà di nuovo i sacramenti come servizio divino e non come un problema di struttura liturgica.

Sarà una Chiesa più spirituale, che non reclama il suo mandato politico e non flirta né con la sinistra né con la destra. Le costerà fatica. Al processo di cristallizzazione e chiarificazione dovrà sacrificare anche talune forze valide. La renderà povera, la farà diventare una Chiesa dei piccoli. Il processo sarà tanto più difficile, in quanto dovrà essere isolata da una parte la mentalità settaria, dall'altra il tronfio arbitrio. Si può prevedere che tutto questo richiederà del tempo. Il processo sarà lungo e faticoso, proprio come fu molto lungo il cammino che dal falso progressismo alla vigilia della Rivoluzione francese – quando anche per i vescovi era diventato di moda mettere in ridicolo i dogmi e magari lasciare addirittura intendere che nemmeno l'esistenza di Dio era certa – portò fino al rinnovamento del XIX secolo. Ma da questa prova uscirà una Chiesa semplificata e dalla rinnovata capacità di guardare dentro se stessa, una Chiesa da cui scaturirà una grande forza. Gli uomini infatti saranno indicibilmente soli in un mondo totalmente pianificato. Quando Dio sarà per loro interamente scomparso, sperimenteranno tutta la loro spaventosa povertà. E riscopriranno la piccola comunità dei credenti come qualcosa di totalmente nuovo. Come una speranza che li riguarda, come una risposta che, in segreto, hanno sempre cercato. Io penso che per la Chiesa si preparino tempi molto difficili. La sua vera crisi è appena incominciata, bisogna aspettarsi grandi sconvolgimenti. Ma sono anche convinto di ciò che rimarrà alla fine: non sarà la Chiesa del culto politico, che ha già fallito con Gobel, ma la Chiesa della fede. Certo non sarà mai più la forza dominante della società, nella misura in cui lo era fino a poco tempo fa. Ma la Chiesa conoscerà una nuova fioritura e apparirà agli uomini come la patria, che dà loro vita e speranza oltre la morte.

Indice

Prefazione *di Federico Lombardi* 7

Scienza e fede

Credere e sapere 13

Il Dio dei cristiani

Dio 33
Gesù Cristo 47
Lo Spirito Santo 85

Il senso dell'essere cristiano

Siamo redenti? Ovvero Giobbe parla con Dio 99
La fede come servizio 117
Soprattutto l'amore 129

Fede e futuro

Il futuro del mondo e la speranza dell'uomo 145
Come sarà la Chiesa del Duemila? 155

Finito di stampare nel mese di marzo 2017
presso Rotolito Lombarda – Seggiano di Pioltello (MI)
Printed in Italy

COLLECTION

Grindelire

CYCLE 2

CE1

Livre de lecture

Marie-Pierre ATTARD-LEGRAND
P.E.M.F.

Pierre CHAULET
P.E.M.F.

Jean-Paul LARUE
P.E.M.F.

Claudine SOUNY
Professeur d'I.U.F.M.

Avec, pour la production d'écrits, la collaboration de :
Jacqueline MASSONNET
I.E.N.

BORDAS

Crédits photographiques

p. 31 : © Office de tourisme d'Ambert. Tél. : 04 79 82 61 90
p. 34 : © Illustrations : Christian Broutin.
p. 35 : © Stéphane Bernadelli.
p. 40 : Ph. © Édimédia.
p. 49 : Ph. © Play Bac Presse.
p. 61 : Ph. © Marion Attard.
p. 69 : Ph. © Yann Thioullière Tél. : 04 75 30 07 49.
p. 70-71 : Ph. © DR.
p. 72 : Ph. © Jean Blaise Hall.
p. 74 : Ph. © Play Bac Presse.
p. 78 : Ph. © Roland/Artephot/ ADAGP, Paris 2000.
p. 91 : Ph. © DR.
p. 101 : Ph. © Gérard Woltz, Princess H/DR.
p. 102 : Ph. © Gérard Marié
p. 110 : Ph. © A. Brumaire/ Artephot/DR.
p. 137 : Ph. © Lewandowski/RMN.
p. 144 : Ph. © Edimédia/Christie's.
p. 167 : Ph. © Larousse.
p. 169 : Ph. © Agnès Akebib/DR.
p. 171 : Photothèque Arte/DR.
p. 172 : Ph. © DR.
p. 176 : Ph. © Giraudon.

Illustrations

pp. 9 à **30** : Rémi Saillard
pp. 38 et **39** : Christophe Caron
pp. 41 à **64** : Hélène Moreau
pp. 108 et **109** : Christophe Caron
pp. 111 à **130** : Anaïs Massini
pp. 145 à **166** : Volker Theinhardt
pp. 12, 16, 20, 25, 29, 45, 49, 53, 57, 61, 66, 83, 87, 91, 95, 99, 116, 121, 126, 132, 153, 157 : Françoise Naudinat
pp. 76, 77, 142, 143, 174, 175 : bandes dessinées : scénario : Pierre Lehoulier illustrations : Françoise Naudinat.

Remerciements

Nous tenons à remercier vivement pour leurs critiques,
leurs conseils et les tests menés dans les classes :
Martine Doucet, Annie Jentile, enseignantes ;
Christine Nicolas, Bruno Morée, conseillers pédagogiques ;
Bastien, Robin, Florian, Ludovic, Marie, Quentin, Lætitia, Édouard, Élodie, Audrey, Juliette,
Félix, Cyril, Madeleine, Timothée et Sandrine,
les enfants qui ont lu et critiqué les histoires ;
ainsi que toutes les personnes qui ont participé à l'élaboration de cet ouvrage.

Conception couverture : Killiwatch
Maquette intérieure : adaptation M.-C. Carini pour Pictorus
Mise en page : Pictorus
Calligraphie page 8 : Nicole Vilette
Documentaliste : Fanny Terrail
Recherche iconographique : Christian Limouzy
Photogravure : Passport
Fabrication : Patricia Poinsard
Édition : Claire Delbard

ISBN 2-04-729307-3

Avant-propos

Lecture, écriture et expression orale sont les priorités du cycle des apprentissages fondamentaux. **Grindelire CE1** est au cœur de ces priorités :

■ Lire au CE1, c'est parfaire les mécanismes de lecture pour entrer dans le plaisir de lire, de découvrir les richesses de la langue française autour de cinq histoires de jeunesse ; c'est aussi lire tous les types de textes dans toutes les disciplines du programme.

Dans la continuité des choix pédagogiques du CP, le travail sur le code est volontairement dissocié du texte.

Grindelire CE1 propose différentes rubriques autour de chacune des cinq histoires du manuel :
– « *Je comprends le texte* » permet le travail de l'explicite vers l'implicite du texte.
– « *Je fais fonctionner la langue* », pour mieux comprendre le sens du texte.
– « *Je révise les sons* » qui propose des révisions de sons et d'oppositions consonantiques.

Lire dans **Grindelire CE1**, c'est aussi adapter sa stratégie de lecture au type de texte proposé : documentaires, textes fonctionnels, poésies, contes, bandes dessinées, tous liés aux programmes du cycle 2.

■ Écrire au CE1, c'est s'entraîner régulièrement :
– « *Je prépare l'expression écrite* » aboutit progressivement et naturellement au projet d'écriture de chaque fin de période.

■ S'exprimer au CE1, c'est acquérir d'autres compétences :
– « *Je prépare l'expression orale* » est en liaison avec le thème des histoires.
– « *Je prépare ma lecture à haute voix* » entraîne l'enfant et lui permet de progresser et de prendre confiance pour parler devant ses pairs.

Grindelire CE1 propose des outils pour vous aider au quotidien : un livre du maître, un cahier d'activités, des albums et un cahier d'écriture.

Bon CE1 avec Grindelire !

Cinq périodes, autour de cinq histoires

■ **Abécédaire des prénoms** : page 8

	Je comprends le texte	Je fais fonctionner la langue	Je révise les sons
 **une énigme** p. 9 : Couverture p. 30 : Quatrième de couverture	• p. 12 • p. 16 • p. 20 • p. 24 • p. 28	• coordination des adjectifs qualificatifs p. 12 • pronominalisation (1) p. 16 • expression du doute et hypothèse dans une interrogation p. 20 • adjectif qualificatif épithète • pronominalisation (2) p. 24 • présent, passé, futur • expression de la manière p. 28	[p]/[b] p. 12 [ɔ̃] p. 16 [ʒ] p. 20 [s] p. 25 [ʃ]/[ʒ] p. 29
 **un conte médiéval** p. 41 : Couverture p. 68 : Quatrième de couverture	• p. 44 • p. 48 • p. 52 • p. 56 • p. 60 • p. 65	• tu/vous • coordination de propositions p. 44 • expression de l'interrogation • expression de la quantité p. 48 • expression du temps • expression du but p. 52 • adjectifs possessifs • place de l'adjectif p. 56 • aucune/cette/certaines • ceux/celle/celui p. 60 • expression de l'ordre p. 65 • expression du doute p. 66	[z] p. 45 [s]/[z] p. 49 [g] p. 53 [k] p. 57 [k]/[g] p. 61 [t]/[d] p. 66
 **un récit de science-fiction** p. 79 : Couverture p. 100 : Quatrième de couverture	• p. 82 • p. 86 • p. 90 • p. 94 • p. 98	• expression de la négation • ou/où p. 82 • expression du temps • pronoms : je, tu, il… p. 86 • expression du lieu • place de « jamais » p. 90 • adverbes • verbes pronominaux p. 94 • expression de l'ordre • expression de la comparaison p. 98	[o] p. 83 [ɔ] p. 83 [ɑ̃] p. 87 [f]/[v] p. 91 [ɛ̃] p. 95 [ŋ] p. 99
 **un récit du quotidien** p. 111 : Couverture p. 134 : Quatrième de couverture	• p. 115 • p. 120 • p. 125 • p. 131	• ceux/celles p. 115 • expression de la négation • expression du superlatif p. 116 • propositions subordonnées • ils/elles p. 120 • expression de la concession • expression de l'interrogation p. 125 • ta/tu ; ma/je… p. 131 • adverbes de manière p. 132	[e] p. 116 [ø] [œ] p. 121 [j] p. 126 [ɛ] p. 132
 **une pièce de théâtre** p. 145 : Couverture p. 166 : Quatrième de couverture	• p. 148 • p. 152 • p. 156 • p. 160 • p. 164	• pronominalisation • énumération p. 148 • pourquoi/parce que • expression de l'ordre impératif p. 152 • verbes d'action • expression de la description p. 156 • noms propres • ordre des mots dans la phrase p. 160	[ks] [gz] [s] [z] p. 153 [wɑ]/[wɛ̃] p. 157

intégrales, pour aimer lire au CE1

Je prépare...	Je lis des textes documentaires et fonctionnels	Je découvre des poésies et d'autres textes
• ... l'expression écrite p. 13 • ... l'expression orale p. 17 • ... ma lecture à haute voix p. 17 • ... l'expression écrite p. 21 • ... ma lecture à haute voix p. 25 • ... l'expression écrite p. 29 • ... le projet d'écriture pp. 36-37	• Mathématiques : plan de ville p. 31 • Matière : page d'encyclopédie pp. 32-33 • Vivant : documentaire p. 34 • Français : écran internet p. 35	• Fable : Le renard et les raisins d'après Esope pp. 38-39 • Poésies : L'Écureuil Jean-Luc Moreau illustrée par *Un écureuil mangeant des noisettes* • Petit Calligramme Jean Tardieu p. 40
• ... ma lecture à haute voix p. 45 • ... l'expression écrite p. 49 • ... l'expression orale p. 53 • ... ma lecture à haute voix p. 57 • ... l'expression écrite p. 61 • ... l'expression orale p. 66 • ... l'expression écrite p. 67 • ... le projet d'écriture pp. 74-75	• Arts plastiques : affiche p. 69 • Temps : carte des châteaux forts et légendes pp. 70-71 • Matière : recette de cuisine p. 72 • Français : page d'encyclopédie p. 73	• Bande dessinée : Joyeux Noël pp. 76-77 • Poésies : Rondel Charles d'Orléans Saltimbanques Guillaume Apollinaire illustrée par *Les Saltimbanques dans la nuit* de Chagall p. 78
• ... ma lecture à haute voix p. 83 • ... l'expression écrite p. 87 • ... l'expression écrite p. 91 • ... l'expression orale p. 95 • ... l'expression écrite p. 99 • ... le projet d'écriture pp. 106-107	• Français : première de couverture de magazine p. 101 • Espace : carte du ciel p. 102-103 • Matière : schéma légendé p. 104 • Éducation civique : pièces d'identité p. 105	• Conte : La princesse Flocon de Neige Vrastislav Stovíček pp. 108-109 • Poésies : Les quatre éléments Claude Roy La lune blanche Verlaine illustrées par *La lune* de Lakowicz p. 110
• ... l'expression écrite p. 117 • ... ma lecture à haute voix p. 117 • ... l'expression écrite p. 121 • ... ma lecture à haute voix p. 126 • ... l'expression orale p. 127 • ... l'expression écrite p. 133 • ... le projet d'écriture pp. 140-141	• Temps : diplôme p. 135 • Éducation civique : déclaration des droits de l'enfant p. 136 • Arts plastiques : tableau p. 137 • Vivant : carte pp. 138-139	• Bande dessinée : Vive le printemps pp. 142-143 • Poésies : Les écoliers Maurice Fombeure Au temps de ma jeunesse folle François Villon illustrées par *Salle de classe* PL. Martin p. 144
• ... l'expression orale p. 149 • ... l'expression écrite p. 149 • ... l'expression orale p. 153 • ... l'expression écrite p. 157 • ... ma lecture à haute voix p. 161 • ... l'expression écrite p. 161 • ... l'expression orale p. 165 • ... l'expression écrite p. 165 • ... le projet d'écriture pp. 172-173	• Français : page de dictionnaire p. 167 • Éducation civique : album documentaire p. 168 • Arts plastiques : affiche p. 169 • Vivant : brochure p. 170 • Français : page de magazine p. 171	• Bande dessinée : Voilà l'été pp. 174-175 • Poésies : Des nouilles Anne Sylvestre Bain de soleil Jacques Prévert illustrée par *La Baigneuse* de Degas p. 176

Ton manuel est divisé en 5 périodes (une couleur par période)

avec

◆ **5 histoires intégrales** écrites et illustrées par des grands noms de la littérature de jeunesse.

• un conte médiéval

• un récit de science-fiction

• un récit du quotidien

• une énigme

Pour aimer lire

• une pièce de théâtre

◆ **des pages** pour mieux lire, mieux écrire et mieux parler :

des questions pour mieux comprendre le texte

des points de langue pour mieux comprendre le sens du texte

des révisions de sons avec le lutin Grindelire

une préparation à l'expression écrite, orale ou la lecture à haute voix suivant les pages

des logos pour t'aider à te repérer

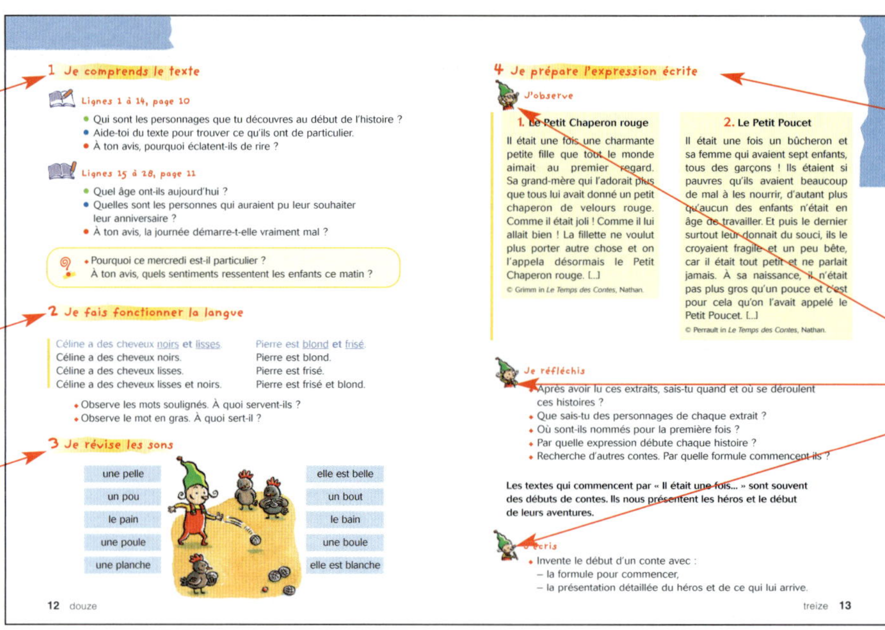

1 Je comprends le texte

Lignes 1 à 14, page 10

- Qui sont les personnages que tu découvres au début de l'histoire ?
- Aide-toi du texte pour trouver ce qu'ils ont de particulier.
- À ton avis, pourquoi éclatent-ils de rire ?

Lignes 15 à 28, page 11

- Quel âge ont-ils aujourd'hui ?
- Quelles sont les personnes qui auraient pu leur souhaiter leur anniversaire ?
- À ton avis, la journée démarre-t-elle vraiment mal ?

- Pourquoi ce mercredi est-il particulier ? À ton avis, quels sentiments ressentent les enfants ce matin ?

2 Je fais fonctionner la langue

Céline a des cheveux noirs et lisses.
Céline a des cheveux noirs.
Céline a des cheveux lisses.
Céline a des cheveux lisses et noirs.

Pierre est blond et frisé.
Pierre est blond.
Pierre est frisé.
Pierre est frisé et blond.

- Observe les mots soulignés. À quoi servent-ils ?
- Observe le mot en gras. À quoi sert-il ?

3 Je révise les sons

une pelle	elle est belle
un pou	un bout
le pain	le bain
une poule	une boule
une planche	elle est blanche

12 douze

4 Je prépare l'expression écrite

J'observe

1. Le Petit Chaperon rouge

Il était une fois une charmante petite fille que tout le monde aimait au premier regard. Sa grand-mère qui l'adorait plus que tous lui avait donné un petit chaperon de velours rouge. Comme il était joli ! Comme il lui allait bien ! La fillette ne voulut plus porter autre chose et on l'appela désormais le Petit Chaperon rouge. [...]

© Grimm in *Le Temps des Contes*, Nathan.

2. Le Petit Poucet

Il était une fois un bûcheron et sa femme qui avaient sept enfants, tous des garçons ! Ils étaient si pauvres qu'ils avaient beaucoup de mal à les nourrir, d'autant plus qu'aucun des enfants n'était en âge de travailler. Et puis le dernier surtout leur donnait du souci, ils le croyaient fragile et un peu bête, car il était tout petit et ne parlait jamais. À sa naissance, il n'était pas plus gros qu'un pouce et c'est pour cela qu'on l'avait appelé le Petit Poucet. [...]

© Perrault in *Le Temps des Contes*, Nathan.

Je réfléchis

- Après avoir lu ces extraits, sais-tu quand et où se déroulent ces histoires ?
- Que sais-tu des personnages de chaque extrait ?
- Où sont-ils nommés pour la première fois ?
- Par quelle expression débute chaque histoire ?
- Recherche d'autres contes. Par quelle formule commencent-ils ?

Les textes qui commencent par « Il était une fois... » sont souvent des débuts de contes. Ils nous présentent les héros et le début de leurs aventures.

J'écris

- Invente le début d'un conte avec :
  – la formule pour commencer,
  – la présentation détaillée du héros et de ce qui lui arrive.

treize 13

◆ **d'autres pages** après chaque histoire :

- des textes documentaires et fonctionnels (extraits de livres, journaux, etc.) en liaison avec ce que tu apprends au C E1
- un projet d'écriture qui te permettra de mieux communiquer tes idées par écrit
- une double-page de lecture en liaison avec les saisons (une fable, un conte et trois bandes dessinées)
- une page de poésie accompagnée d'une gravure ou d'une peinture pour le plaisir des yeux.

Avec ta maîtresse ou ton maître, tu vas découvrir des textes variés que nous avons choisis pour toi.
Ils vont te permettre de continuer à apprendre à mieux lire, à mieux écrire et à mieux t'exprimer.

Commençons par un jeu.

Voici des pages de ton manuel. Où se trouvent-elles ?

Poésies

Un écureuil mangeant des noisettes. École allemande vers 1750.

L'Écureuil

Dans le tronc d'un platane
Se cache une cabane.
Un petit écureuil
Est assis sur le seuil.
Il mange des cerises,
Tricote une chemise ;
Recrache les noyaux,
Se tricote un maillot ;
Attaque les noisettes,
Fait des gants, des chaussettes...
Qu'importe s'il fait froid !
Tant pis si vient l'hiver !
Une maille à l'endroit,
Une maille à l'envers :
L'écureuil, fort adroit,
Se fait des pull-overs.

Jean-Luc Moreau, in *L'arbre perché*, © Éditions ouvrières, 1980.

Petit calligramme

En hommage à Guillaume Apollinaire.

Les cercles sont bien huilés
Ils contiennent le monde
mais le dernier est vide
et le clown
passe au travers

Jean Tardieu, in *Comme ceci Comme cela*, © Gallimard.

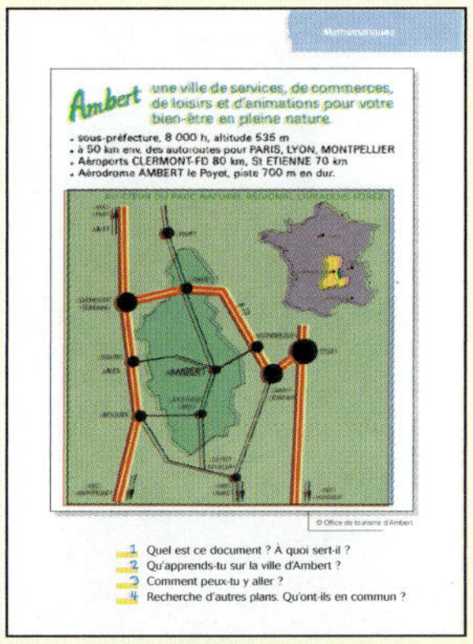

Mathématiques

Ambert une ville de services, de commerces, de loisirs et d'animations pour votre bien-être en pleine nature.

- sous-préfecture, 8 000 h, altitude 535 m
- à 50 km env. des autoroutes pour PARIS, LYON, MONTPELLIER
- Aéroports CLERMONT-FD 80 km, St ETIENNE 70 km
- Aérodrome AMBERT le Poyet, piste 700 m en dur.

AMBERT

© Office de tourisme d'Ambert

1. Quel est ce document ? À quoi sert-il ?
2. Qu'apprends-tu sur la ville d'Ambert ?
3. Comment peux-tu y aller ?
4. Recherche d'autres plans. Qu'ont-ils en commun ?

Lire une fable

Le renard et les raisins

Par un bel après-midi de septembre, l'air était doux et tiède. Tous les animaux étaient au repos, tous sauf un, un renard à la fourrure épaisse. Il allait et venait dans la campagne, cherchant quelque chose à se mettre sous la dent. Et comme l'exercice physique ouvre l'appétit, le renard commença très vite à sentir des tiraillements dans son estomac.

« Aujourd'hui, la viande ne me dit rien, pensa-t-il. Mais je ne refuserais pas quelques fruits. C'est la pleine saison des raisins et j'aperçois là-bas une treille bien alléchante ! »

Aussitôt dit, aussitôt fait : le renard se dirigea en trottant vers un pied de vigne qui avait poussé le long d'un petit muret de pierre. Le paysan à qui appartenait la vigne l'avait dirigée avec art entre les pierres et attachée à deux piquets de bois au sommet du mur. Elle formait comme une tonnelle d'où pendaient sept ou huit superbes grappes. Leur taille et leur belle couleur mettaient l'eau à la bouche.

Le renard grimpa tout d'abord sur une grosse pierre. Les raisins étaient trop hauts. Puis il tenta d'escalader le muret, en vain. Il voulut appuyer une grosse planche contre le mur, mais elle était trop lourde. Il grimpa à un arbre tout à côté de la vigne, mais il eut peur de faire une chute douloureuse en sautant d'une branche à l'autre. Les raisins étaient inaccessibles.

Alors il perdit patience et marmonna d'un ton méprisant : « De toutes façons, ces raisins étaient trop verts ! »

Combien de gens, comme ce renard, critiquent vivement ce qu'ils ne sont jamais arrivés à obtenir !

D'après Ésope, © Deux Coqs d'or, Hachette Livre, in *Les contes merveilleux*.

Combien de fois retrouves-tu Grindelire dans les pages 12 à 29 de ton manuel (logos compris) ?

Réponses : p. 176.

Abécédaire des prénoms

A a *A a*

Aristide

B b *B b*

Boris

Barbara

C c *C c*

Céline

D d *D d*

Dimé

E e *E e*

Émilie

Emma

F f *F f*

Félix

Fanny

G g *G g*

Grindelire

H h *H h*

Habib

Hugo

I i *I i*

Igor

Isabelle

J j *J j*

Jeanne

K k *K k*

Kévin

Kélim

L l *L l*

Louis

Lila

M m *M m*

Mathieu

Murielle

N n *N n*

Namia

O o *O o*

Olivier

Othalia

P p *P p*

Pierre

Q q *Q q*

Quentin

R r *R r*

Richard

Rose

S s *S s*

Séréna

T t *T t*

Thibault

Tatiana

U u *U u*

Ulysse

Ulrich

V v *V v*

Vladimir

Viviane

W w *W w*

William

Xavier

X x *X x*

Y y *Y y*

Yann

Zoé

Z z *Z z*

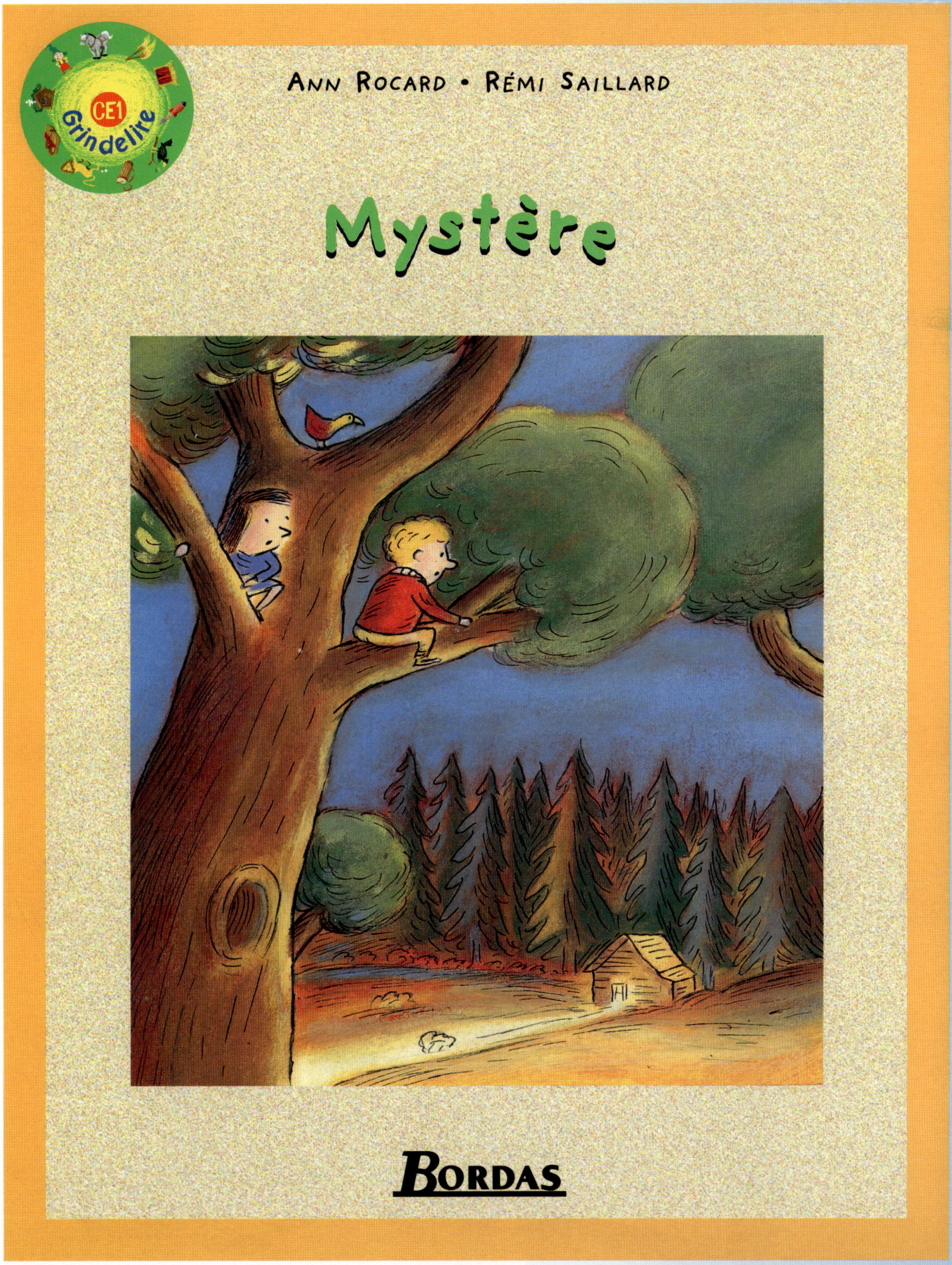
CE1
Grindelire
Ann Rocard • Rémi Saillard
Mystère
Bordas

1. Les jumeaux

Pierre et Céline entrouvrent les yeux. Chic ! Aujourd'hui, c'est mercredi ! Ils s'assoient sur leurs lits et s'écrient tous les deux ensemble :

– Bon anniversaire !

– C'est moi qui l'ai dit, le premier !

– Non, c'est moi !

Et ils éclatent de rire.

Oui, c'est leur anniversaire ! Céline et Pierre sont jumeaux. De faux jumeaux qui ne se ressemblent pas du tout, mais alors, pas du tout ! Céline a des cheveux noirs et lisses, des yeux verts en amande[1] et le nez piqueté[2] de taches de rousseur.

Pierre est blond et frisé ; il a de grands yeux noisette et le nez en trompette.

1. **des yeux en amande :** de grands yeux allongés.
2. **piqueté :** le nez couvert de petites taches de rousseur.

Aujourd'hui, ils ont sept ans tous les deux. Mais personne n'est encore là pour leur souhaiter un bon anniversaire ce matin.

Julie, la voisine qui vient s'occuper d'eux le mercredi, ne se souvient jamais de la date. Leurs parents ne rentreront que le soir de leur travail.

– Téléphonons à Yann ! propose Pierre.

Les jumeaux courent jusqu'au téléphone dans le couloir.

– Malheureusement, Yann est parti pour la journée, répond sa maman.

Alors, ils essaient d'appeler leurs autres amis : Marie, Thibault, Mathilde... Pas de chance ! Ils sont tous sortis. La journée démarre vraiment mal.

... À suivre

1 Je comprends le texte

Lignes 1 à 14, page 10

- Qui sont les personnages que tu découvres au début de l'histoire ?
- Aide-toi du texte pour trouver ce qu'ils ont de particulier.
- À ton avis, pourquoi éclatent-ils de rire ?

Lignes 15 à 28, page 11

- Quel âge ont-ils aujourd'hui ?
- Quelles sont les personnes qui auraient pu leur souhaiter leur anniversaire ?
- À ton avis, la journée démarre-t-elle vraiment mal ?

◆ Pourquoi ce mercredi est-il particulier ?
À ton avis, quels sentiments ressentent les enfants ce matin ?

2 Je fais fonctionner la langue

Céline a des cheveux noirs **et** lisses.
Céline a des cheveux noirs.
Céline a des cheveux lisses.
Céline a des cheveux lisses et noirs.

Pierre est blond **et** frisé.
Pierre est blond.
Pierre est frisé.
Pierre est frisé et blond.

◆ Observe les mots soulignés. À quoi servent-ils ?
◆ Observe le mot en gras. À quoi sert-il ?

3 Je révise les sons

une pelle
un pou
le pain
une poule
une planche

elle est belle
un bout
le bain
une boule
elle est blanche

4 Je prépare l'expression écrite

J'observe

1. Le Petit Chaperon rouge

Il était une fois une charmante petite fille que tout le monde aimait au premier regard. Sa grand-mère qui l'adorait plus que tous lui avait donné un petit chaperon de velours rouge. Comme il était joli ! Comme il lui allait bien ! La fillette ne voulut plus porter autre chose et on l'appela désormais le Petit Chaperon rouge. [...]

2. Le Petit Poucet

Il était une fois un bûcheron et sa femme qui avaient sept enfants, tous des garçons ! Ils étaient si pauvres qu'ils avaient beaucoup de mal à les nourrir, d'autant plus qu'aucun des enfants n'était en âge de travailler. Et puis le dernier surtout leur donnait du souci, ils le croyaient fragile et un peu bête, car il était tout petit et ne parlait jamais. À sa naissance, il n'était pas plus gros qu'un pouce et c'est pour cela qu'on l'avait appelé le Petit Poucet. [...]

Je réfléchis

- Après avoir lu ces extraits, sais-tu quand et où se déroulent ces histoires ?
- Que sais-tu des personnages de chaque extrait ?
- Où sont-ils nommés pour la première fois ?
- Par quelle expression débute chaque histoire ?
- Recherche d'autres contes. Par quelle formule commencent-ils ?

Les textes qui commencent par « Il était une fois... » sont souvent des débuts de contes. Ils nous présentent les héros et le début de leurs aventures.

J'écris

- Invente le début d'un conte avec :
  – la formule pour commencer,
  – la présentation détaillée du héros et de ce qui lui arrive.

2. Secret

Céline et Pierre se dirigent vers la cuisine : le petit déjeuner les y attend... avec deux cartes musicales d'anniversaire posées sur la table.

Leurs parents ont pensé à tout !

– Bonjour, les enfants ! dit Julie.

– Bonjour, Julie.

– Bien dormi ?

– Oui, oui ...

Les jumeaux répondent à peine, car ils viennent d'apercevoir un drôle de papier blanc, collé à l'extérieur de la vitre de la cuisine. Qu'est-ce que c'est ? Ils s'approchent et regardent, tout étonnés.

Une enveloppe !

Pierre se met à rire :

– Je parie que c'est papa qui nous fait une surprise.

Il ouvre la fenêtre et prend l'enveloppe.

– Vas-y ! déchire-la vite, dit Céline.

À l'intérieur se trouve une lettre bizarre :

Quel charabia[1] !

Céline se tourne vers Julie et l'interroge :

– Tu sais qui a posé cette enveloppe ?

– Non, répond Julie en ouvrant de grands yeux. Je ne l'avais même pas remarquée. Je n'y comprends goutte[2].

Les jumeaux n'en reviennent pas. Ce n'est pas un langage normal.

– On dirait un message codé, chuchote Céline, pour que Julie ne le comprenne pas.

Pierre approuve de la tête.

Après le petit déjeuner, les jumeaux emportent la lettre dans leur chambre...

Dix minutes plus tard, les voilà prêts ! Lavés, habillés, pleins de courage et tennis aux pieds.

– Où allez-vous ? demande Julie.

– Faire un tour !

– Voulez-vous que je vous accompagne ?

– Non, non, Julie. Ne t'inquiète pas. Nous revenons bientôt.

1. **charabia :** langage incompréhensible.
2. **je n'y comprends goutte :** je n'y comprends rien.

... À suivre

1 Je comprends le texte

Lignes 1 à 17, page 14

- Où les jumeaux prennent-ils leur petit déjeuner ?
- Quelles surprises les y attendent ?
- Pourquoi est-ce étonnant de trouver une enveloppe à cet endroit ?

Lignes 18 à 38, page 15

- Lis le message codé. Essaie de le comprendre.
- Retrouve les passages du texte qui montrent la complicité des deux enfants.
- À ton avis, pourquoi les enfants ne veulent-ils pas que Julie les accompagne ?

◆ La journée commence-t-elle vraiment si mal ? Explique pourquoi.

2 Je fais fonctionner la langue

Le petit déjeuner les <u>y</u> attend.
Le petit déjeuner les attend dans la cuisine.
Le petit déjeuner <u>**les**</u> y attend.
Le petit déjeuner y attend Céline et Pierre.

◆ Observe les mots soulignés.
◆ Quels groupes de mots remplacent-ils ?

3 Je révise les sons

		[ɔ̃]		
	on	un ongle	bronzer	il est blond
	om	une ombre	une colombe	une trompette

4 Je prépare l'expression orale

J'observe

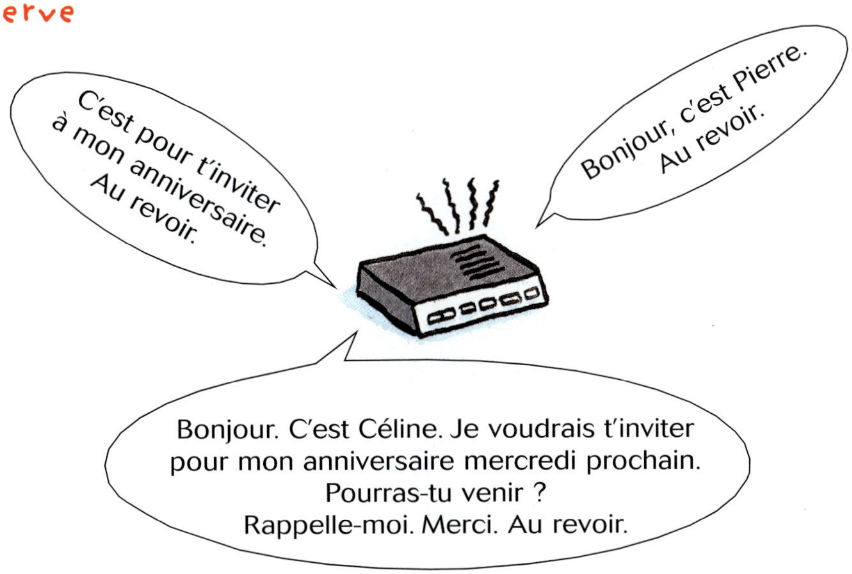

Je réfléchis

- Lis attentivement ces trois messages.
- Lequel est le plus complet ? Pourquoi ?

Je prépare un message

- Prépare un message pour demander à un camarade de te prêter son livre sur les dinosaures.

5 Je prépare ma lecture à haute voix

- **Je repère les pauses et les liaisons.**

– Bonjour, / les‿enfants ! // dit Julie. //
– Bonjour, / Julie. //
– Bien dormi ? //
– Oui, / oui... /

- **Je relis le texte en jouant le (ou les) personnages.**

- **Je m'entraîne sans les aides.**

– Où allez-vous ?
– Faire un tour !
– Voulez-vous que je vous accompagne ?
– Non, non, Julie. Ne t'inquiète pas, nous revenons bientôt.

3. Escargot

Au coin de la rue, les jumeaux reprennent le message secret qu'ils ont déchiffré dans leur chambre.

Il suffisait de lire la phrase à l'envers : évidemment !

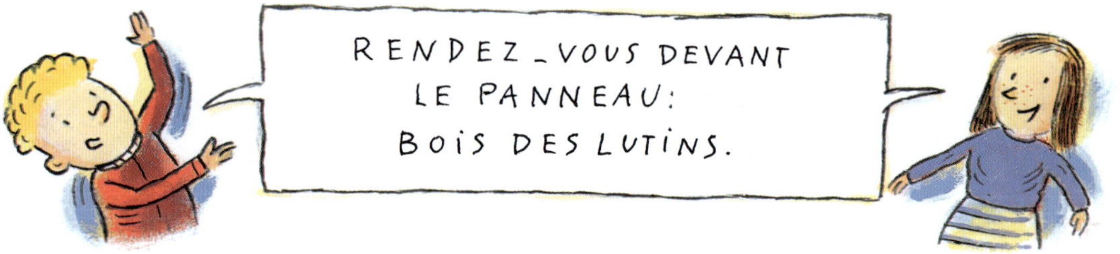

Ce panneau se trouve non loin de la maison, au bout du chemin de terre.

Et Pierre décide :

– On peut toujours aller voir.

Un virage à droite... trois pas de géant, deux pas de fourmi... Et ils arrivent près du panneau sur lequel est accrochée une autre enveloppe, mais ronde cette fois :

Le deuxième message ressemble à une coquille d'escargot :

Celui-ci est plus facile à déchiffrer que le précédent[1]. Mais il fait tourner la tête.
« Il y a dans le bois un mystère à découvrir. Aidez-nous. Suivez le chemin jusqu'au grand châtaignier. Signé : les lutins. »
Et si ce n'était pas un jeu ? S'il y avait vraiment un mystère dans la forêt ?

Pierre met un doigt sur sa bouche et murmure :
– Tu crois que les lutins existent ?
– Bien sûr que non ! dit Céline en haussant les épaules.
– Rien ne prouve le contraire...

1. **le précédent :** celui qui est avant.

... À suivre

1 Je comprends le texte

Lignes 1 à 12, page 18

- Où les enfants ont-ils réussi à déchiffrer le premier message ? Comment fallait-il le lire ?
- Où se trouve le panneau ?
- Que représentent « trois pas de géant, deux pas de fourmi » ?

Lignes 13 à 26, page 19

- Qui a signé le deuxième message ?
- Pourquoi le deuxième message fait-il tourner la tête ?
- À ton avis, les enfants sont-ils rassurés ? Pourquoi ?

- Vers quel endroit mystérieux les enfants vont-ils se diriger ?

2 Je fais fonctionner la langue

S'il y avait vraiment un mystère dans la forêt ?
Tu crois qu'il y a vraiment un mystère dans la forêt ?

– Tu crois que les lutins existent ?
– Et si les lutins existaient ?

- Observe les groupes de mots soulignés.
- Que se passe-t-il d'une phrase à l'autre ?
- Dans chacun des cas, les phrases ont-elles un sens différent ?

3 Je révise les sons

		[ʒ]		
	j	un jeton	un jongleur	un bijou
		le projecteur	le déjeuner	rejoindre
	g	un général	une gifle	une orangeade
		une angine	un logement	un singe

⚠ une gaufre - une virgule - il grignote

4 Je prépare l'expression écrite

J'observe

1. Le Petit Chaperon rouge (suite)

[...] Un jour, sa mère lui dit :
– Tiens, Petit Chaperon rouge, voici un morceau de galette et une cruche de vin. Porte-les à ta grand-mère qui est malade. Elle va se régaler ! (...) Sois bien sage en chemin et ne cours pas à droite et à gauche, ou tu vas tomber et casser la cruche...

© Grimm in *Le Temps des Contes*, Nathan.

2. Le Petit Poucet (suite)

[...] Un soir, alors que les sept frères étaient couchés, le bûcheron discuta avec sa femme, assis au coin du feu. « C'est la misère, lui dit-il. Il n'y a plus rien à manger depuis des mois ! Je ne veux pas voir mes enfants mourir de faim devant mes yeux. J'ai beaucoup réfléchi : il n'y a qu'une solution, il faut les perdre dans la forêt !... »

© Perrault in *Le Temps des Contes*, Nathan.

Je réfléchis

- Après avoir lu ces extraits, sais-tu ce que vont faire les deux héros ?
- Dans chaque texte, quelle expression annonce le changement ?
- Qui veut envoyer le Petit Poucet dans la forêt et le Petit Chaperon rouge chez sa grand-mère ? Pourquoi ?
- Recherche dans d'autres contes d'autres formules annonçant le changement.

Dans cette deuxième partie du conte, un événement se produit qui va changer la situation du héros. Ce changement est annoncé par des mots ou expressions comme « Un jour », « Un beau matin », « Par un bel après-midi ».

J'écris

« Il était une fois, un paysan et sa femme. Ils vivaient misérablement dans une vieille chaumière... »

- Invente une suite pour ce conte.
- Trouve une formule qui annonce le changement et raconte comment le paysan et sa femme trouvent une solution à leurs problèmes.

4. Le châtaignier

Céline entraîne son frère sur le chemin. En route pour le grand châtaignier ! Le vent agite les feuilles. Un merle siffle sur la branche d'un chêne.

Les jumeaux ressentent une impression étrange : comme si quelqu'un les surveillait.

Arrivés au pied du grand châtaignier, ils croient entendre une clochette tintinnabuler[1]. Une clochette en pleine forêt ? Ce n'est pas normal ! Ils regardent d'un côté, de l'autre : personne en vue !

Et Céline se penche vers son frère :

– Ce n'était peut-être pas une bonne idée de partir sans Julie...

– Regarde ! Une enveloppe ! Encore une !

Une troisième enveloppe qui contient un nouveau message codé incompréhensible.

1. **tintinnabuler :** sonner, tinter.

Les jumeaux écarquillent les yeux.

– Comme dirait Julie : je n'y comprends goutte ! remarque Pierre.

Céline pose l'index sur l'avant-dernier mot du message :

– Lutins ! Encore eux ! Tu avais raison...

Les lutins existent sûrement. Sinon, la forêt ne s'appellerait pas « le bois des lutins ». Mais personne ne sait s'ils sont dangereux ou non...

– Viens, chuchote Céline, on rentre à la maison.

Pierre fronce les sourcils :

– Minute papillon ! J'ai compris comment déchiffrer le message. Il suffit de ne lire qu'un mot sur deux. Tous les mots qui commencent par un **r** ne comptent pas.

Pierre est meilleur qu'un vrai détective. En quelques secondes, le nouveau message n'a plus de secret pour lui !

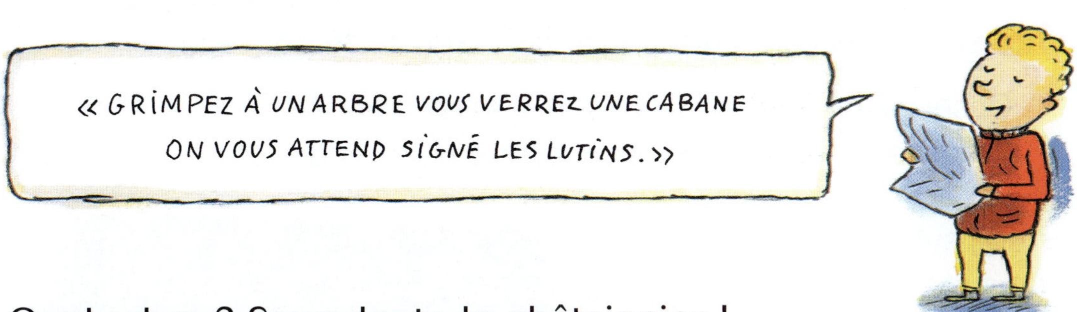

Quel arbre ? Sans doute le châtaignier !

Céline s'élance aussitôt... Un, deux, trois... hop-là !

Pierre la suit. Et chacun s'assoit à califourchon[2] sur une branche.

2. **à califourchon :** à cheval.

... À suivre

1 Je comprends le texte

Lignes 1 à 15, page 22

- Lis le message codé de cette page : essaie de le déchiffrer.
- Cite les phrases qui montrent que les enfants sont de moins en moins rassurés.
- À ton avis, ont-ils raison d'avoir peur ? Justifie ta réponse.

Lignes 16 à 37, page 23

- De quel arbre peut-on voir la cabane des lutins ?
- Pourquoi les enfants sont-ils de plus en plus persuadés que les lutins existent ?
- À ton avis, lequel des jumeaux semble être le plus effrayé ? Essaie d'expliquer pourquoi.

- Pourquoi les enfants continuent-ils leur chemin dans la forêt malgré leur inquiétude ?

2 Je fais fonctionner la langue

une impression <u>étrange</u> → une <u>étrange</u> impression
un message codé <u>incompréhensible</u> → un <u>incompréhensible</u> message codé
un <u>nouveau</u> message codé → un message codé <u>nouveau</u>

- Observe les mots soulignés. À quoi servent-ils ?
- Regarde où ils sont placés. Que peux-tu en déduire ?

Pierre <u>la</u> suit.
Pierre suit Céline.
Julie <u>**les**</u> suit.
Julie suit Pierre et Céline.
Céline <u>**le**</u> suit.
Céline suit Pierre.

- Observe les mots soulignés.
- Quels mots remplacent-ils ?

3 Je révise les sons

	[s]		
s	un sifflet la serviette	un slip le sport	une histoire un disque
ss	une assiette la tendresse	une boisson la caisse	un bassin un dessin
c	une cigogne la ceinture	un berceau un cygne	
ç	un garçon la balançoire	un Français la façade	
t	une addition	la natation	
sc	scier	la scène	
x	dix	soixante	

⚠ une fraise

4 Je prépare ma lecture à haute voix

- **Je repère les pauses.**

Quel arbre ? // Sans doute le châtaignier ! //
Céline s'élance aussitôt... // Un, / deux, / trois... / hop-là ! //
Pierre la suit. //
Et chacun s'assoit à califourchon
sur une branche. //

- **Je relis le texte en mettant le ton.**
- **J'essaie sans les aides, en lisant de la ligne 11 à la ligne 24, pages 22 et 23.**
- **Je joue la scène avec un camarade.**

5. La cabane

Une cabane se dresse à une centaine de mètres de l'arbre.

Une maisonnette en bois sombre !

Pierre n'a pas l'air ravi :

– Ça me rappelle une histoire…

– Quelle histoire ?

– Celle du petit Poucet. Lui et ses frères avaient bien failli se faire dévorer par un ogre.

– Chut ! Arrête ! J'ai peur !

Céline vient de voir des ombres qui glissent dans les sous-bois.

De drôles de petites silhouettes avec de longs bonnets à clochettes sur la tête.

Catastrophe, les lutins !

– C'était un piège, gémit Pierre. On ne rentrera jamais à la maison.

– On ne va quand même pas rester dans cet arbre jusqu'à la fin du monde…

Alors les jumeaux, effrayés, décident d'aller se cacher dans la cabane. Là-bas, ils attendront du secours. Julie finira bien par s'inquiéter de ne pas les voir revenir, et elle préviendra les pompiers, la police et leurs parents.

Sans bruit, ils descendent de l'arbre. Ils ramassent un bâton pour se défendre... on ne sait jamais ! et se dirigent vers la cabane sur la pointe des pieds.

Un quatrième message est punaisé sur la porte de la maison en bois :

– Nous ? bafouillent[1] les jumeaux en tremblant comme des feuilles. Nous, peur ? Ja, ja... jamais !

Ils poussent lentement la porte qui grince. Ils entrent sans oser respirer. Aïe, aïe, aïe ! Les lutins sont là. Ils leur tournent le dos. Ils portent des bonnets à clochettes, des collants multicolores[2] et des pulls rayés.

Et puis, tout à coup, ils se retournent... Surprise !

Yann, Marie, Thibault et les autres... Tous les amis de leur classe sont là, avec deux lutins plus vieux que les autres. Incroyable ! Ce sont leurs parents ! Ils portent une fausse barbe grise et tendent aux jumeaux deux costumes de lutins. Puis ils les embrassent et tous se mettent à chanter :

– Joyeux anniversaire, Céline et Pierre ! Joyeux anniversaire ! Plus de secret, plus de mystère !

C'était vraiment une surprise d'anniversaire **extraordinaire** !

1. **ils bafouillent :** ils parlent avec difficulté.
2. **multicolores :** de plusieurs couleurs.

... Fin

1 Je comprends le texte

Lignes 1 à 24, page 26

- De quel conte Pierre se souvient-il ?
- Pourquoi les jumeaux décident-ils d'aller se cacher dans la cabane ?
- À ton avis, est-ce une bonne idée ? Pourquoi ?

Lignes 25 à 47, page 27

- Combien ont-ils eu de messages au total ?
- Le dernier message est-il codé ? Pourquoi ?
- Qui sont les lutins ? À ton avis, Céline et Pierre pouvaient-ils s'en douter ? Et toi ?

◆ Pourquoi l'auteur a-t-il choisi comme titre à cette histoire : Mystère ?

2 Je fais fonctionner la langue

– C'était un piège, gémit Pierre. On ne rentrera jamais à la maison.
– On ne rentrera jamais à la maison, gémit Pierre, parce que c'était un piège.

◆ Lis ces phrases.
◆ Aide-toi du schéma pour situer les différents verbes de la phrase.

Avant — En ce moment — Plus tard

gémit

Sans bruit, ils descendent de l'arbre.
Ils descendent, sans bruit, de l'arbre.
Ils descendent de l'arbre, sans bruit.
Ils se dirigent vers la cabane sur la pointe des pieds.
Ils se dirigent, sur la pointe des pieds, vers la cabane.
Sur la pointe des pieds, ils se dirigent vers la cabane.

◆ Observe les groupes de mots soulignés. Où sont-ils placés ?
◆ Dans chacun des cas, les phrases ont-elles un sens différent ?

3 Je révise les sons

un champ	des gens
un chou	la joue
chaque	Jacques
la bouche	il bouge
un cache	la cage

4 Je prépare l'expression écrite

J'observe

1. Le Petit Chaperon rouge (fin)

[...] Tout le monde était content : le chasseur prit la peau du loup et la grand-mère se remit de ses émotions en mangeant la galette et en buvant le vin. Quant au Petit Chaperon rouge, elle avait eu tellement peur qu'elle se jura d'être plus raisonnable : c'était sûr, à l'avenir plus jamais elle ne quitterait le chemin pour aller courir dans les bois !

© Grimm in *Le Temps des Contes*, Nathan.

2. Le Petit Poucet (fin)

[...] Le Petit Poucet fit ce métier pendant quelque temps, et un jour, il se dit : « Je suis riche maintenant ! Il est temps que je retrouve ma famille ! » Son père, sa mère et ses frères furent très heureux de le revoir, et grâce à lui, qui était si petit, ils purent vivre sans soucis tout le reste de leur vie.

© Perrault in *Le Temps des Contes*, Nathan.

Je réfléchis

- À quel moment du conte se situent ces extraits ?
- Comment ces contes se terminent-ils pour chacun des personnages ?
- Recherche d'autres contes. Comment se terminent-ils ?

À la fin du conte, le héros a souvent surmonté les épreuves et vit enfin heureux avec sa famille.

J'écris

- Relis l'extrait du Petit Chaperon rouge et imagine une autre fin.

Mystère

Aujourd'hui, c'est mercredi : Pierre et Céline sont à la maison. Leurs parents ne rentreront que ce soir. En prenant leur petit déjeuner dans la cuisine, ils découvrent une mystérieuse enveloppe. Celle-ci contient un message qui va les entraîner dans une curieuse aventure. Attention, un message peut en cacher un autre...

À partir de 7 ans

Dans la même collection :
- *Belle Neigeuse*
- *Aristide*

Ambert une ville de services, de commerces, de loisirs et d'animations pour votre bien-être en pleine nature.

- sous-préfecture, 8 000 h, altitude 535 m
- à 50 km env. des autoroutes pour PARIS, LYON, MONTPELLIER
- Aéroports CLERMONT-FD 80 km, St ETIENNE 70 km
- Aérodrome AMBERT le Poyet, piste 700 m en dur.

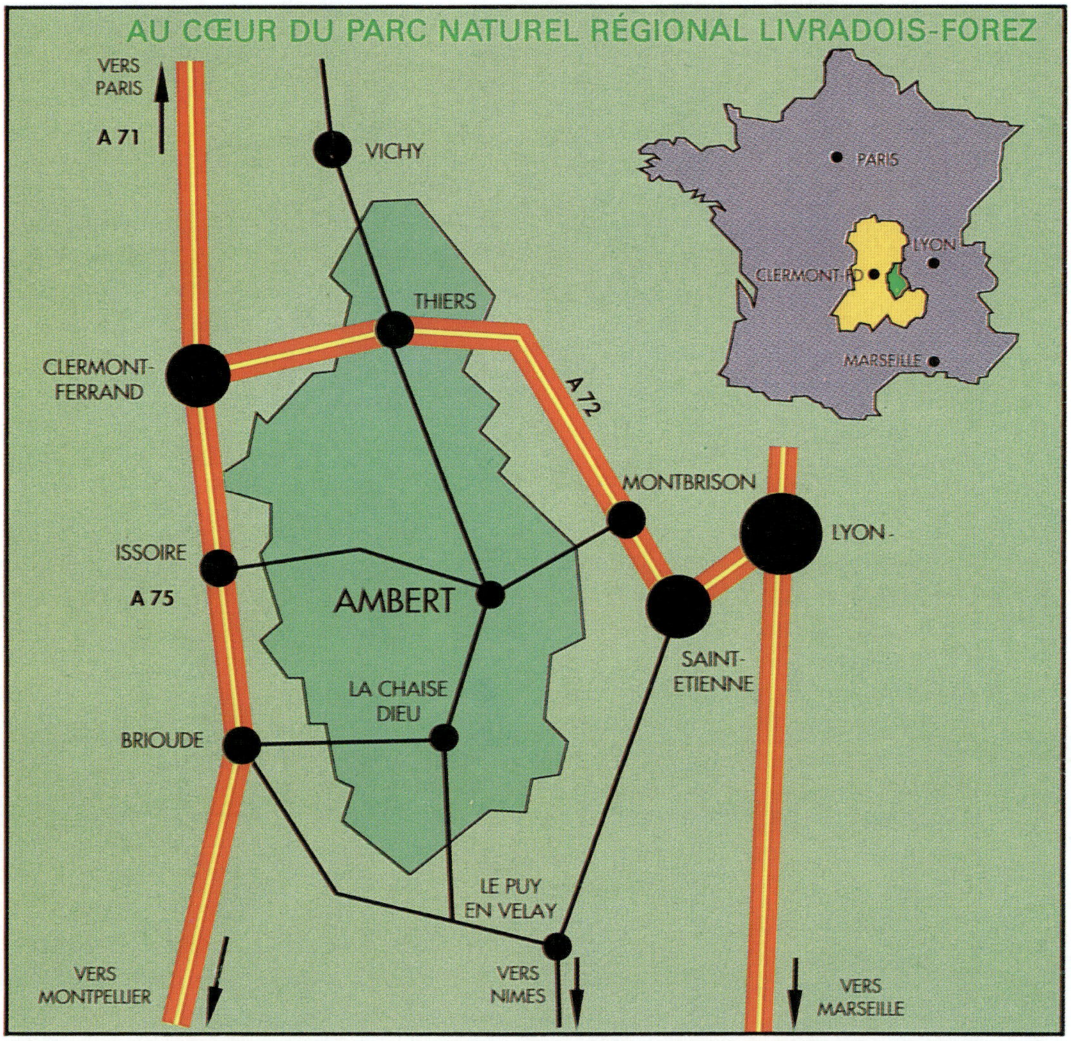

© Office de tourisme d'Ambert.

1 Quel est ce document ? À quoi sert-il ?

2 Qu'apprends-tu sur la ville d'Ambert ?

3 Comment peux-tu y aller ?

4 Recherche d'autres plans. Qu'ont-ils en commun ?

D'où vient l…

Info plus

Chacun d'entre nous jette **110 kilogrammes de papier** par an.

En général, **la pâte à papier** est faite avec de vieux papiers et du bois. Pour fabriquer des billets de banque, on ajoute même de vieux chiffons pour qu'ils soient bien résistants.

36

1 Les arbres sont abattus.

4 On ajoute de l'eau aux copeaux de bois. Ils sont réduits en bouillie.

5 Mélangée à des produits chimiques, la pâte est cuite, puis on la lave pour la blanchir.

1 Quel est ce document ? À quoi sert-il ?

2 Qu'apprends-tu sur l'origine du papier ?

3 Quelles sont les différentes étapes de sa fabrication ?

4 Trouve d'autres sortes de papiers et compare-les.

5 Dans la rubrique *Info plus*, tu apprends que chacun jette 110 kilogrammes de papier par an. Ensemble, que pouvons-nous faire pour éviter ce gaspillage ?

Tous les arbres ont des feuilles et des fruits. Apprends à les observer.

La feuille du châtaignier a des petites dents.

Celle du noisetier a la forme d'un cœur.

La feuille du chêne a des oreilles rondes.

La châtaigne

Les noisettes

Le gland

in *L'arbre*, illustrations Christian Broutin, © Gallimard, coll. Mes premières découvertes.

1 Quel est ce document ? Comment le sais-tu ?

2 Comment pourras-tu reconnaître ces trois arbres ?

3 Recherche d'autres feuilles et fruits d'arbres. Trouve leur nom.

© « Jumeaux et plus, l'Association ».

1 Quel est ce document ? Comment le sais-tu ?

2 Cherche le sens des logos suivants :

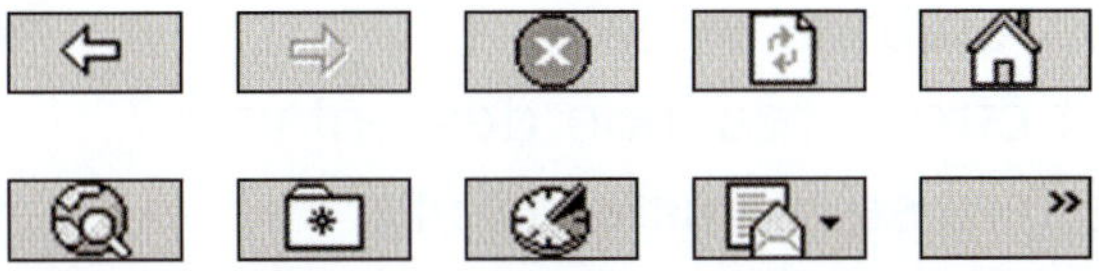

3 Quel est le sujet de cette page ? Trouve son adresse.

4 Cherche d'autres sites sur Internet.

5 Cherche d'autres documents sur les jumeaux.

PROJET D'ÉCRITURE

1 J'ai découvert dans cette période

- la **présentation des héros** de l'histoire :
  les jumeaux Pierre et Céline.
- la **situation du début** de l'histoire :
  c'est le jour de leur anniversaire.
- ce qui **va déclencher** leur aventure :
  l'enveloppe collée sur la vitre.
- leurs **aventures** :
  la découverte de messages codés et de la maison des lutins.
- la **fin** de leur aventure :
  c'étaient les parents et leurs amis qui avaient tout organisé.

> **!** Dans *Mystère*, j'ai découvert comment un récit est construit.

2 Je réfléchis

Et si les lutins existaient ?

- Imagine leur visage.
- Quelle impression donneraient-ils ?
- Seraient-ils des amis ou des ennemis ?
- Que seraient-ils en train de faire ?
- Quelle pourrait être la réaction des enfants ?
- Comment l'histoire se terminerait-elle ?

3 Notre projet

- **Écrire la fin d'une histoire : celle de Pierre et Céline.**

Écrire la fin d'une histoire.

voir pages
13, 21, 29.

4 Je trouve des mots de vocabulaire pour m'aider

Boîte à idées

- ils préparent
- ils chantent
- ils dansent
- ils fabriquent
- ils jouent
- ils se sauvent
- ils s'enfuient
- etc.

- autour
- bruyamment
- silencieusement
- gentiment
- etc.

- souriant
- aimable
- rassurant
- gai
- magnifique
- inquiétant
- méchant
- furieux
- horrible
- affreux
- etc.

- un visage
- une formule magique
- une fête
- une surprise
- des cadeaux
- un gâteau
- une soupe
- un chaudron
- un tour de magie
- etc.

Tu peux utiliser la boîte à idées et la compléter.

5 J'écris

J'invente une autre fin pour l'histoire de Céline et Pierre en imaginant que les lutins existent vraiment.

Pierre et Céline poussent lentement la porte qui grince. Ils entrent sans oser respirer. Aïe, aïe, aïe ! Les lutins sont là. Ils leur tournent le dos. Ils portent des bonnets à clochettes, des collants multicolores et des pulls rayés. Et puis, tout à coup, ils se retournent...

⚠ Avant d'écrire, j'organise mes idées.

Je lis à mes camarades la fin de l'histoire que j'ai inventée. Qu'en pensent-ils ?

Le renard et les raisins

Par un bel après-midi de septembre, l'air était doux et tiède. Tous les animaux étaient au repos, tous sauf un, un renard à la fourrure épaisse. Il allait et venait dans la campagne, cherchant quelque chose à se mettre sous la dent. Et comme l'exercice physique ouvre l'appétit, le renard commença très vite à sentir des tiraillements dans son estomac.

« Aujourd'hui, la viande ne me dit rien, pensa-t-il. Mais je ne refuserais pas quelques fruits. C'est la pleine saison des raisins et j'aperçois là-bas une treille bien alléchante ! »

Aussitôt dit, aussitôt fait : le renard se dirigea en trottant vers un pied de vigne qui avait poussé le long d'un petit muret de pierre. Le paysan à qui appartenait la vigne l'avait dirigée avec art entre les pierres et attachée à deux piquets de bois au sommet du mur. Elle formait comme une tonnelle d'où pendaient sept ou huit superbes grappes. Leur taille et leur belle couleur mettaient l'eau à la bouche.

Le renard grimpa tout d'abord sur une grosse pierre. Les raisins étaient trop hauts. Puis il tenta d'escalader le muret, en vain. Il voulut appuyer une grosse planche contre le mur, mais elle était trop lourde. Il grimpa à un arbre tout à côté de la vigne, mais il eut peur de faire une chute douloureuse en sautant d'une branche à l'autre. Les raisins étaient inaccessibles.

Alors il perdit patience et marmonna d'un ton méprisant : « De toutes façons, ces raisins étaient trop verts ! »

Combien de gens, comme ce renard, critiquent vivement ce qu'ils ne sont jamais arrivés à obtenir !

D'après Ésope,

in *Les contes merveilleux*.

Poésies

Un écureuil mangeant des noisettes.
École allemande vers 1750.

L'Écureuil

Dans le tronc d'un platane
Se cache une cabane.
Un petit écureuil
Est assis sur le seuil.
Il mange des cerises,
Tricote une chemise ;
Recrache les noyaux,
Se tricote un maillot ;
Attaque les noisettes,
Fait des gants, des chaussettes...
Qu'importe s'il fait froid !
Tant pis si vient l'hiver !
Une maille à l'endroit,
Une maille à l'envers :
L'écureuil, fort adroit,
Se fait des pull-overs.

Jean-Luc Moreau, in *L'arbre perché*,

Petit calligramme

En hommage à
Guillaume Apollinaire.

Les cercles sont bien huilés
Ils contiennent le monde
mais le dernier est vide
et le clown
passe au travers

Jean Tardieu, in *Comme ceci Comme cela*,

CE1
Grindelire
Évelyne Brisou-Pellen •
Hélène Moreau
Le jongleur
le plus maladroit
Bordas
Évelyne Brisou-Pellen
Le jongleur
le plus
maladroit
Aymeri
NATHAN

1. Une boule qui perd la boule

Quand Aymeri-le-jongleur, son grand sac en bandoulière, passa devant la ferme, il entendit des cris. Surpris, il s'approcha à pas de loup et aperçut un homme grand et maigre, vêtu d'une cape noire, qui fouettait un paysan.

Le paysan pleurait :

– Arrêtez, messire[1] l'intendant[2] ! Arrêtez !

« Tiens, tiens, se dit Aymeri, voilà donc l'intendant du château. »

L'homme à la cape noire cria :

– Je vais t'apprendre, misérable, à dissimuler du grain dans ta paillasse ! Le grain appartient à ton seigneur, tu dois le lui donner.

– Je veux bien donner au seigneur une part de ma récolte, gémit le paysan, mais si je lui en donne trop, je n'aurai plus assez à manger, et mes enfants non plus !

– Tu pourras toujours manger des glands et des baies de la forêt !

1. **messire :** ancien nom pour monsieur.
2. **intendant :** personne qui s'occupait des terres du seigneur.

Il ne savait pas pourquoi, Aymeri détestait voir fouetter les pauvres.

Calmement, il sortit de son sac cinq grosses boules et se mit à jongler avec. Et voilà que, malencontreusement[3], l'une d'elles lui échappa et fila droit vers la tête de l'homme au fouet qui lui tournait le dos. Il y eut un bruit mat[4]. L'intendant tomba face contre terre et ne bougea plus. Le paysan parut affolé.

– Mon Dieu ! s'écria-t-il. Qu'avez-vous fait, malheureux ? Vous avez assommé messire l'intendant ! Il va vous faire pendre !

– Ne t'en fais pas pour moi, répondit Aymeri, et aide-moi à transporter cet homme jusqu'au village, vite !

3. **malencontreusement :** au mauvais moment.
4. **bruit mat :** bruit sourd.

... À suivre

1 Je comprends le texte

Lignes 1 à 18, page 42

- Qui sont les personnages que tu découvres dans ce passage ?
- À quelle époque se passe ce récit ? Comment le sais-tu ?
- À ton avis, d'où vient Aymeri-le-jongleur ?
  Cite la phrase qui te permet de répondre.

Lignes 19 à 31, page 43

- Que risque Aymeri pour avoir assommé l'intendant ?
- L'intendant a-t-il vu celui qui l'a assommé ? Justifie ta réponse.
- À ton avis, pourquoi Aymeri veut-il transporter
  l'intendant jusqu'au village ?

- Peux-tu maintenant expliquer le sens du titre du chapitre :
  « Une boule qui perd la boule » ? Justifie ta réponse.

2 Je fais fonctionner la langue

– Tu pourras toujours manger des glands ! [...]
– Vous pourrez toujours manger des glands.

– Tu dois le lui donner.
– Vous devez le lui donner.

- Lis les phrases. Observe les différences.
- À qui parle-t-on dans les phrases de couleurs ?
  Et toi, à qui parles-tu de cette façon ?

L'intendant tomba face contre terre **et** ne bougea plus.
L'intendant tomba face contre terre. Il ne bougea plus.

- Lis les deux phrases.
- Quel mot a disparu dans la deuxième phrase ?
  Par quel signe a-t-il été remplacé ?
- Trouve, page 43, d'autres phrases construites sur le modèle
  de la deuxième phrase.

3 Je révise les sons

	[z]		
z	un zoo	un zèbre	un lézard
	bizarre	douze	treize
zz	un puzzle		
s	une fraise	une rose	du poison
	la musique	un présent	une visite
x	la sixième	le dixième	

4 Je prépare ma lecture à haute voix

- **Je repère les pauses et les liaisons.**

Le paysan parut affolé. //
– Mon Dieu ! / s'écria-t-il. // Qu'avez-vous fait, / malheureux ? //
Vous avez assommé messire l'intendant ! // Il va vous faire pendre ! //
– Ne t'en fais pas pour moi, / répondit Aymeri, / et aide-moi
à transporter cet homme jusqu'au village, / vite ! //

- **Je lis le texte à haute voix.**

- **Je m'entraîne sans les aides.**

Le paysan pleurait :
– Arrêtez, messire l'intendant ! Arrêtez !
« Tiens, tiens se dit Aymeri, voilà donc l'intendant du château. »
L'homme à la cape noire cria :
– Je vais t'apprendre, misérable, à dissimuler du grain
dans ta paillasse ! Le grain appartient à ton seigneur,
tu dois le lui donner.

2. Bien malade

Ce n'est qu'un long moment plus tard que l'intendant du château sortit péniblement de son sommeil forcé. Il regarda autour de lui, et ouvrit de grands yeux : que faisait-il ici, sur la place du village, avec la tête si douloureuse ?

– Ah ! messire ! s'écria gaiement Aymeri, vous voilà revenu à vous ! Quelle chance ! Nous avons craint que vous ne soyez très malade.

L'intendant considéra Aymeri avec inquiétude.

– Qui êtes-vous, demanda-t-il, et que faites-vous ici ?

– Je suis jongleur, messire, je m'appelle Aymeri. J'allais me préparer à faire mes tours habituels lorsque je vous ai vu fléchir[1] les genoux et tomber sur le sol. Cela vous arrive-t-il souvent ? C'est inquiétant, vous devriez voir un médecin.

1. **fléchir :** plier.

L'intendant fronça les sourcils en se frottant la tête, puis il demanda :

– Qu'est-ce que je faisais donc, au moment de m'évanouir ?

– Vous veniez d'annoncer que cette année, les paysans de ce village pourraient garder assez de leurs récoltes pour se nourrir toute l'année.

– J'ai dit ça ?

– Oui, ce qui montre que vous êtes un très bon intendant : vous savez que si vos paysans ne sont pas assez nourris, ils ne travailleront pas bien pour vous.

L'intendant se releva avec lenteur et, sans rien ajouter, s'éloigna vers le château. Il était soucieux[2].

« Vraiment, se dit-il, il faut que je consulte un médecin. Pour promettre des choses pareilles, je dois être bien malade. »

2. **soucieux :** inquiet, préoccupé.

... À suivre

1 Je comprends le texte

Lignes 1 à 15, page 46

- Quelles questions l'intendant pose-t-il en se réveillant ?
- Quel mensonge Aymeri a-t-il trouvé pour lui répondre ?
- À ton avis, pourquoi parle-t-on de « sommeil forcé » ?

Lignes 16 à 31, page 47

- Quel est le deuxième mensonge d'Aymeri ?
- Ce mensonge est-il vraisemblable ? Pourquoi ?
- À ton avis, pour quelle raison l'intendant pense-t-il qu'il doit consulter un médecin ?

- Que penses-tu du caractère d'Aymeri et de l'intendant ? Justifie ta réponse avec des exemples du texte.

2 Je fais fonctionner la langue

– Qui êtes-vous ?
– Que faites-vous ?
– **Où** allez-vous ?
– **Quand** rentrerez-vous ?

- Observe les phrases. Qu'ont-elles en commun ?
- Certains mots sont soulignés dans chacune des phrases. À quoi servent-ils ?
- Sur le même modèle, fabrique d'autres questions.

Les paysans pourront garder assez de leurs récoltes.
Les paysans pourront garder **un peu** de leurs récoltes.
Les paysans pourront garder **une grande partie** de leurs récoltes.

- Lis les phrases.
- Observe les mots soulignés dans chacune des phrases. Que signifie chacun d'entre eux ?
- Les trois phrases ont-elles le même sens ? Justifie ta réponse.

3 Je révise les sons

douce	douze
poisson	poison
il sonne	une zone
la face	une phase
il casse	une case
il frissonne	il frise
dix	le dixième

4 Je prépare l'expression écrite

J'observe

Après le cyclone en Amérique centrale, les habitants ont faim

En Amérique centrale, 30 000 personnes environ sont mortes à cause du cyclone Mitch. Et presque 3 millions n'ont plus de maison. L'eau et la boue ont aussi détruit les cultures de riz et de maïs. Alors, les habitants commencent à avoir faim et soif. Au Salvador, les enfants font déjà la queue pour recevoir de la nourriture.

Le Petit quotidien, 13/11/98,

Je réfléchis

- Après avoir lu ce texte, que sais-tu sur le cyclone ?
- Observe comment ce document est présenté.
- Cherche dans une BCD d'autres documents comme celui-ci.

Ce texte est un article de journal, il nous informe sur un sujet précis.

J'écris

- En t'aidant du texte et de ceux que tu as trouvés, écris un article sur un sujet d'actualité qui t'intéresse. Lis-le à tes camarades.

3. Au feu !

Le lendemain matin, Aymeri s'installa sur la place du village et battit le rappel sur son tambourin. Quand le village se fut rassemblé, il s'élança vers l'autre bout de la place, en sautant et en faisant la roue.

Au moment où il retombait sur ses pieds sous les applaudissements de la foule, il reconnut, à l'entrée de la rue, l'intendant du château qui frappait un gosse.

Il demanda autour de lui :

– Qui est ce gosse, et qu'a-t-il fait ?

– Le pauvre, répondit un vieil homme, il est orphelin et sans ressources[1]. L'intendant l'a surpris en train de voler une cuisse de poulet dans les cuisines du château. Maudit intendant !

Il ne savait pas pourquoi, Aymeri détestait voir frapper les gosses. Il fit résonner son tambourin et annonça :

– Regardez ! Regardez, braves gens, Aymeri-le-jongleur va vous surprendre et vous étonner, vous ébahir et vous époustoufler[2] !

1. **sans ressources :** pauvre.
2. **ébahir et époustoufler :** étonner fortement, stupéfier.

Puis il sortit de son sac cinq torches, les alluma et commença à jongler avec trois d'abord, puis quatre, puis cinq. Hélas ! Voilà que l'une d'elles s'envola comme par magie, et tomba pile dans la capuche de l'intendant.

Aymeri éteignit vite ses autres torches et les cacha dans son sac, tandis que l'intendant se mettait à brailler :

– Au feu ! Au feu !

Comme ça commençait à sentir le roussi, Aymeri se précipita pour arracher la cape.

– Quel malheur, monseigneur ! s'écria-t-il. Vous avez failli rôtir comme un poulet. Si je n'avais pas été là...

– Que s'est-il passé ? s'inquiéta l'intendant.

– Nous avons vu un éclair... et la foudre est tombée sur vous. C'est peut-être le Ciel, qui ne veut pas qu'on batte les enfants.

L'intendant jeta à Aymeri un regard soupçonneux[3]. La foule riait en silence.

3. **soupçonneux :** méfiant.

... À suivre

1 Je comprends le texte

Lignes 1 à 18, page 50

- Pourquoi l'intendant frappe-t-il l'enfant ?
- Pourquoi l'enfant a-t-il volé dans les cuisines ?
- À ton avis, qui risque d'être le plus surpris par le prochain tour d'Aymeri ?

Lignes 19 à 37, page 51

- Qu'est-ce qui empêche l'intendant de continuer à battre l'enfant ?
- Est-ce que l'intendant croit le mensonge d'Aymeri ? Justifie ta réponse.
- À ton avis, pourquoi la foule rit-elle en silence ?

◆ À qui l'intendant s'attaque-t-il de préférence ? Pourquoi ?

2 Je fais fonctionner la langue

Quand le village se fut rassemblé, il s'élança vers l'autre bout de la place.
Lorsque le village se fut rassemblé, il s'élança [...].
Au moment où le village se fut rassemblé, il s'élança [...].
Dès que le village se fut rassemblé, il s'élança [...].

- Lis les phrases. Observe les groupes de mots soulignés.
- Quels renseignements apportent-ils ?
- Observe les mots ou groupe de mots en gras. Ont-ils le même sens ?

Aymeri se précipita **pour arracher la cape**.
Il sortit ses torches **pour jongler**.
Il mit ses torches dans son sac **pour les cacher**.

- Lis les phrases. Observe les groupes de mots soulignés.
- Quels renseignements donnent-ils ? Fabrique des phrases sur le même modèle.

3 Je révise les sons

	[g]		
g	un garçon	une grimace	un escargot
gg	un kangourou	le ping-pong	un toboggan
gu	un guépard	une guirlande	une marguerite
	la baguette	la langue	les vagues

⚠ un magicien - un géant - un signe - vingt

4 Je prépare l'expression orale

J'observe

Je réfléchis

- Lis tout ce que dit Aymeri dans ces bulles.
- Que raconte-t-il à l'intendant ?
- Imagine le ton et l'attitude qu'il prend pour raconter cela.
- Relis les phrases à haute voix en utilisant le ton et l'attitude que tu as imaginés.

Je me prépare à prendre la parole

- Invente un mensonge qu'Aymeri aurait pu raconter et présente-le à tes camarades en mettant le ton.

4. Nouvelle recette : l'œuf au vin

Au début de l'après-midi, il faisait chaud et Aymeri était attablé à la terrasse de l'auberge, lorsque l'intendant arriva, l'air maussade, et commanda d'une voix autoritaire :

– Aubergiste ! Une chopine[1] de vin !

– Oui messire, cela fera deux deniers[2].

– Tu te moques de moi ! s'énerva l'intendant. Tu voudrais me faire payer ? Tu sais que j'ai le pouvoir de te faire renvoyer immédiatement de ce village si je le veux, alors prends garde à ne pas te montrer désagréable ! Il ne savait pas pourquoi, Aymeri détestait voir voler les gens.

Il se leva, avança sur la place et frappa gaiement sur son tambourin.

– Attention attention, braves gens ! Aymeri-le-jongleur va vous sidérer et vous amuser, vous réjouir et vous stupéfier !

Il sortit de son sac, un à un, des œufs de toutes les couleurs, les fit rouler sur son bras droit, puis ses épaules, son bras gauche, et les rattrapa dans sa main gauche. Après quoi il les lança en l'air les uns après les autres et commença à jongler.

1. **chopine :** petite bouteille.
2. **denier :** ancienne monnaie.

Au bout d'un moment, un à un, les œufs finirent leur course dans son sac où ils s'entassèrent, sauf l'avant-dernier (qui partit on ne sait où) et le dernier, qu'il rattrapa dans sa bouche et goba[3] tout cru. La foule applaudit.

On ignore comment, mais un œuf (peut-être l'avant dernier, qu'on avait perdu de vue) se cassa sur le bord de la chope[4] de l'intendant et son contenu plongea dans le vin.

Furieux, l'intendant se leva et vint mettre sa chope sous le nez d'Aymeri.

– Qu'est-ce que c'est que ça ? ! aboya-t-il.

Le jongleur regarda dedans avec attention et s'étonna :

– Comment, messire l'intendant, vous buvez votre vin à l'œuf cru ?... Et avez-vous seulement payé cet œuf ?

L'intendant fixa Aymeri de ses yeux pleins de rage, se saisit du tambourin et le creva sur son genou, avant de lancer avec fureur :

– Cette fois, tu ne m'auras pas avec tes bêtises ! Gardes ! Emparez-vous de lui !

Aïe ! Aymeri n'avait pas aperçu les gardes. Il fut aussitôt entouré, attaché, emmené... et il atterrit dans les prisons du château.

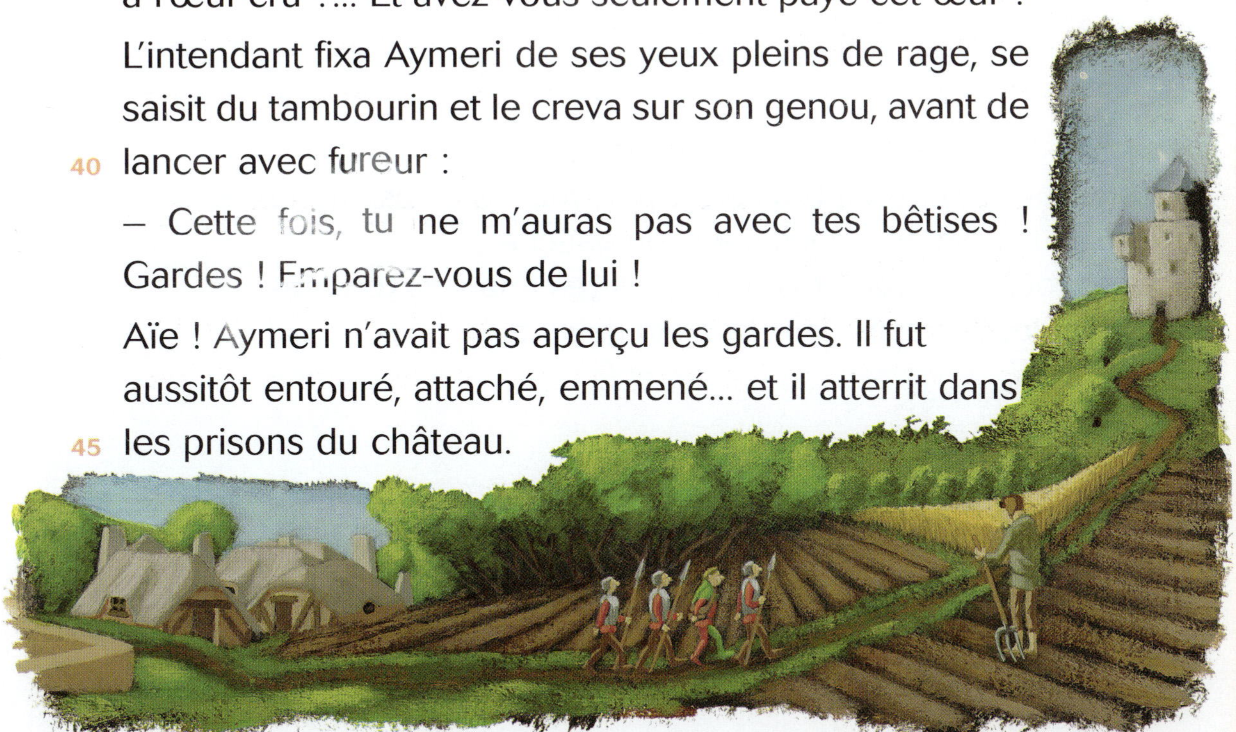

3. **goba :** avala d'un seul coup.
4. **chope :** verre à boire.

... À suivre

1 Je comprends le texte

Lignes 1 à 22, page 54

- Quelle est la nouvelle victime de l'intendant ?
  De quoi la menace-t-il ?
- Quelle différence y a-t-il entre cette victime et les deux précédentes ?
- À ton avis, que peut-il se passer lors du numéro d'Aymeri ?

Lignes 23 à 45, page 55

- Le texte dit « On ignore comment... ». Est-ce vrai ?
  Quelle est l'attitude de l'intendant après l'incident de l'œuf ?
- Aymeri a-t-il réussi son nouveau tour ?
- À ton avis, pourquoi l'intendant casse-t-il le tambourin ?
  Quel était le rôle du tambourin dans l'épisode précédent ?

- Que risque-t-il d'arriver à Aymeri maintenant qu'il est emprisonné ?
  Tu peux faire des recherches à la BCD pour trouver quel sort était réservé aux prisonniers à cette époque.

2 Je fais fonctionner la langue

<u>Il</u> les fit rouler sur <u>son</u> bras droit, puis <u>ses</u> épaules, <u>son</u> bras gauche, et les rattrapa dans <u>sa</u> main gauche.
<u>Je</u> les fis rouler sur <u>mon</u> bras droit, puis <u>mes</u> épaules, <u>mon</u> bras gauche, et les rattrapai dans <u>ma</u> main gauche.
<u>Tu</u> les fis rouler sur <u>ton</u> bras droit, puis <u>tes</u> épaules, <u>ton</u> bras gauche, et les rattrapas dans <u>ta</u> main gauche.

- Lis les phrases.
- Observe les mots soulignés.
- Imagine une phrase au présent sur le même modèle.

<u>Furieux</u>, l'intendant se leva.
L'intendant <u>furieux</u> se leva.
L'intendant était <u>furieux</u>, il se leva.

- Lis les phrases.
- Observe la place du mot souligné dans chaque phrase.
- Sur quel mot donne-t-il un renseignement ?

3 Je révise les sons

	[k]		
c	une cuisine raconter	la cantine un lac	une soucoupe le parc
k	un kilo une parka	un koala un steak	un kayak des skis
qu	quarante une étiquette	une question une attaque	un perroquet la bibliothèque
ch	une chorale	un orchestre	
q	cinq	un coq	
ck	un yack	un rock	
cc	un accord		

4 Je prépare ma lecture à haute voix

- **Je repère les pauses et les liaisons.**

Au bout d'un moment, / un à un, / les œufs finirent leur course dans son sac où ils s'entassèrent, / sauf l'avant-dernier / (qui partit on ne sait où) / et le dernier, / qu'il rattrapa dans sa bouche et goba tout cru.//

- **Je lis le texte à haute voix.**
- **Je m'entraîne sans les aides, lignes 28 à 31, page 55.**

5. Des mains trop glissantes

Les prisons, Aymeri-le-jongleur s'en fichait pas mal. Il était le plus souple des acrobates, et aucune grille ne lui faisait peur. Aussitôt jeté sur la paille moisie, il se releva, bondit jusqu'au soupirail[1] et, se faufilant adroitement entre les barreaux, il se glissa dehors. Puis il brossa d'un revers de main ses chausses[2] mi-rouges mi-vertes. Maudit intendant ! L'enfermer, passe encore, mais salir ses plus belles chausses et lui crever son tambourin, c'était insupportable !

Aymeri réfléchit : allait-il filer ainsi, sans rien faire pour punir l'assassin de son tambourin ? Bien sûr, cela aurait été raisonnable, mais Aymeri n'avait jamais été très raisonnable. Il résolut seulement d'aller se cacher un moment dans la forêt, le temps de réfléchir à sa vengeance.

Or, à peine s'était-il enfoncé dans le bois qu'il repéra un attroupement. Il s'aperçut avec stupéfaction que l'intendant était encore là et, cette fois, on aurait dit qu'il se préparait à pendre un homme.

– Que se passe-t-il ici ? chuchota Aymeri à une grosse femme qui pleurait.

– On pend mon mari.

– Qu'a-t-il fait ?

– Il a braconné sur les terres du seigneur et a capturé un lièvre ce matin. C'est que nous n'avions plus rien à manger et nous avons si faim...

1. **soupirail :** fenêtre au ras du sol qui éclaire une cave.
2. **chausses :** sorte de pantalons moulants.

À ce moment, l'intendant leva un doigt vengeur en s'écriant :

– Voilà ce qui arrive à ceux qui braconnent[3] sur les terres de leur seigneur ! Que cela leur serve de leçon !

Et il abattit sa main pour donner le signal de la pendaison.

La corde se tendit...

Il ne savait pas pourquoi, Aymeri détestait voir pendre les gens.

Oubliant toute prudence, il se rappela juste à temps qu'il était également lanceur de couteaux. Il se saisit de ses deux poignards... et voilà que ces malheureux lui glissèrent des mains, et que l'un coupa net la corde, tandis que l'autre entaillait[4] maladroitement (!) l'oreille de l'intendant.

– Excusez-moi, monseigneur, implora aussitôt Aymeri, je m'entraînais à lancer mes poignards quand deux d'entre eux m'ont échappé.

– Gardes ! Emparez-vous de lui ! hurla l'intendant.

3. **braconnent :** chassent sans autorisation.
4. **entaillait :** blessait, coupait.

... À suivre

1 Je comprends le texte

Lignes 1 à 26, page 58

- De quoi Aymeri est-il le plus fâché ? Justifie ta réponse. Pourquoi Aymeri décide-t-il d'aller dans la forêt ?
- Si Aymeri était raisonnable, que ferait-il ? Pourquoi ?
- À ton avis, Aymeri va-t-il avoir le temps de réfléchir à sa vengeance ?

Lignes 27 à 45, page 59

- Pourquoi l'intendant veut-il pendre le paysan devant tout le monde ?
- Quels autres noms aurait-on pu donner à Aymeri-le-jongleur ?
- À ton avis, Aymeri est-il vraiment maladroit ? Justifie ta réponse.

- Qu'as-tu appris dans cet épisode et dans les épisodes précédents sur la vie des paysans à cette époque ?

2 Je fais fonctionner la langue

<u>Aucune</u> grille ne lui faisait peur.
<u>Cette</u> grille ne lui faisait pas peur.
<u>Certaines</u> grilles ne lui faisaient pas peur.

- Lis les phrases, et observe les mots soulignés.
- Ces phrases ont-elles le même sens ? Pourquoi ?

Voilà ce qui arrive à <u>ceux</u> qui braconnent.
Voilà ce qui arrive à **<u>celles</u>** qui braconnent.
Voilà ce qui arrive à **<u>celui</u>** qui braconne.
Voilà ce qui arrive à **<u>celle</u>** qui braconne.

- Lis les phrases.
- Observe les mots soulignés.
- Que pourrait remplacer chacun d'entre eux ? Pourquoi ?

3 Je révise les sons

le coup		le goût
un quart		une gare
un cadeau		un gâteau
un cri		gris
il écoute		il égoutte
il décale		il régale
un oncle		un ongle

4 Je prépare l'expression écrite

J'observe

Marion, la passion de l'équitation !

[...] I : À quel âge as-tu commencé l'équitation ?
M : À sept ans.
I : Tu pratiques ce sport régulièrement ?
M : Oui, toutes les semaines et pendant les vacances.
I : Aimerais-tu en faire ton métier ?
M : Oui, mais il faut d'abord beaucoup s'entraîner et bien travailler à l'école.
I : Pour résumer, on peut dire que l'équitation, c'est ta passion !
M : Exactement... [...]

Interview d'Isabelle M.

Je réfléchis

- Où trouve-t-on ce genre de texte ?
- À qui s'adresse-t-il ? Comment est-il construit ?
- Cherche d'autres interviews dans des magazines.

Cet extrait de texte est une interview. Elle nous informe sur un sujet donné.

J'écris

- Avec un camarade, préparez une interview sur le sport que vous pratiquez à l'école. Vous l'écrivez et la lisez ensuite à la classe.

6. Aïe !

Aymeri fut entouré, capturé. Il ne résista pas. Il suivit un instant des yeux le braconnier qui s'enfuyait pour se mettre à l'abri de la forêt, puis il pâlit, verdit et se mit à trembler.

– Pardonnez-moi, monseigneur, gémit-il, je ne l'ai pas fait exprès.

– Qu'on le pende à la place de l'autre ! rugit l'intendant.

Aymeri cessa aussitôt de pleurer.

– Oh merci, seigneur ! s'exclama-t-il. S'il ne s'agit que d'être pendu, je ne crains rien.

– Ah tiens ! ricana l'intendant, messire le jongleur ne craint pas d'être pendu ! Pourquoi donc ?

– Parce que je sais que ce n'est pas ainsi que je mourrai.

– Ah !... Et comment mourras-tu donc ?

– D'une mort détestable : une voyante[1] m'a prédit[2] que je périrais enchaîné et noyé.

– Ah bon ! ricana l'intendant... Eh bien, cette voyante, nous n'allons pas la faire mentir !... Qu'on le couvre de chaînes et qu'on le jette dans le lac !

Aymeri eut beau supplier de toutes ses forces, il fut tiré, traîné, enchaîné, et emmené en barque jusqu'au milieu du lac. Puis on le jeta par-dessus bord sans égard[3] pour ses cris.

1. **voyante :** personne qui dit l'avenir.
2. **prédit :** dit ce qui va arriver dans l'avenir.

Les villageois restèrent muets. Ils regardèrent sans rien dire Aymeri s'enfoncer dans l'eau.

... À dire vrai, ils ne se faisaient pas trop de soucis pour lui : ils savaient bien qu'Aymeri-le-jongleur était le plus grand contorsionniste[4] de tous les temps, et que son tour le plus connu était de se faire enchaîner et de se libérer de ses chaînes sous l'eau. Il n'y avait guère que cet imbécile d'intendant pour ne pas le savoir !

Immobiles, ils attendirent donc avec curiosité ce qui allait se passer.

L'eau du lac redevint calme et plate, et voilà qu'une petite inquiétude les saisit : Aymeri-le-jongleur aurait-il raté son coup ?

L'intendant eut un rire mauvais.

– Vous avez vu, se moqua-t-il, ce qui arrive à ceux qui se croient les plus forts !

Puis il tourna le dos pour monter à cheval.

3. **sans égard :** sans faire attention.
4. **contorsionniste :** acrobate qui tord son corps.

... À suivre

... C'est alors qu'on entendit un sifflement.

On ne sait comment, venant de l'autre bout du lac, une flèche vola et vint se planter au milieu de la fesse gauche de ce cher intendant. Peut-être que c'était le Ciel, qui ne voulait pas qu'on noie les gens.

On dit que pendant des mois, l'intendant ne put s'asseoir, mais ce qui le faisait le plus enrager, c'est de ne pas comprendre comment il avait été blessé.

Les villageois, eux, ne se posèrent pas de questions.

... Sans doute une flèche malencontreusement échappée du carquois[5] d'Aymeri tandis qu'il s'entraînait.

5. **carquois :** étui pour les flèches.

... Fin

1 Je comprends le texte

Lignes 1 à 25, page 62

- De quelle façon l'intendant veut-il exécuter Aymeri ?
- Lorsque Aymeri est capturé, quel est son premier souci ?
- À ton avis, pourquoi Aymeri raconte-t-il à l'intendant la prédiction de la voyante ?

Lignes 26 à 42, page 63

- Pourquoi les villageois ne se font-ils pas trop de soucis pour Aymeri, quand on le jette enchaîné dans le lac ?
- Pourquoi les villageois commencent-ils à s'inquiéter ?
- À ton avis, pourquoi Aymeri tarde-t-il à remonter ?

Lignes 43 à 53, page 64

- D'où provient le sifflement que l'on entend dans ce passage ?
- Pourquoi les villageois ne se posent-ils pas de questions ?
- À ton avis, Aymeri s'est-il vraiment libéré ?

- Que va devenir Aymeri ? Imagine une suite possible de ses aventures.

2 Je fais fonctionner la langue

Qu'on le pende à la place de l'autre !
Pendez-le à la place de l'autre !
Qu'on le couvre de chaînes et qu'on le jette dans le lac !
Couvrez-le de chaînes et jetez-le dans le lac !

- Lis les phrases.
- Observe la ponctuation et l'ordre des mots.
- Ces phrases expriment-elles la même idée ?
- Sur le même modèle, construis d'autres phrases.

2 Je fais fonctionner la langue (suite)

Peut-être que c'était le Ciel, qui ne voulait pas qu'on noie les gens.
C'était le Ciel qui ne voulait pas qu'on noie les gens.
Peut-être que c'était Aymeri qui avait tiré la flèche.
C'était Aymeri qui avait tiré la flèche.

- Lis les phrases.
- Supprime les mots soulignés. Que remarques-tu ?

3 Je révise les sons

le rateau	un radeau
nous partons	le pardon
un pétale	une pédale
la poutre	la poudre
un bateau	un badaud

4 Je prépare l'expression orale

J'observe

– Ah ! tiens ! ricana l'intendant, messire le jongleur ne craint pas d'être pendu ! Pourquoi donc ?
– Parce que je sais que ce n'est pas ainsi que je mourrai.
– Ah... et comment mourras-tu donc ?
– D'une mort détestable : une voyante m'a prédit que je périrais enchaîné et noyé.

Je réfléchis

- Combien y-a-t-il de personnages ?
- Quelles sont les phrases dites par l'intendant ?
- Quels signes et quels mots te l'indiquent ? Que répond Aymeri ?

Je prépare un dialogue

- Pose une question à un de tes camarades qui te répond.
  Continuez ce jeu de « question-réponse » le plus longtemps possible.

5 Je prépare l'expression écrite

J'observe

Accident

J'ai vu ce monsieur qui descendait la côte. Il a freiné au carrefour. Tout à coup, le jeune est arrivé sur sa droite, en VTT. Il allait très vite et il n'a pas réussi à éviter le grand-père qui traversait le carrefour au ralenti.

Le choc a été terrible ! Le grand-père s'est retrouvé dans le fossé, il avait la tête dans une de ses sacoches. Emporté par sa vitesse, le jeune a sauté par dessus le talus et il a atterri dans la mare. Heureusement, personne n'a été blessé.

Je réfléchis

- Comment est écrit ce texte ?
- Que peux-tu dire de celui qui l'a écrit ?
- À quoi sert ce genre de texte ?
- Cherche à la BCD et dans des journaux d'autres textes comme celui-ci.
- Pourquoi le narrateur peut-il raconter l'événement de façon si précise ?

Ce texte est un témoignage. L'auteur nous informe sur ce qu'il a vu ou entendu parce qu'il était présent.

J'écris

- En t'aidant du texte et de ceux que tu auras trouvés à la BCD, imagine ce qu'aurait pu écrire le braconnier dans l'histoire pour raconter son point de vue sur ce qu'il a vécu. Un de tes camarades imaginera le point de vue de la femme du braconnier. Comparez vos textes.

Le jongleur le plus maladroit

L'intendant du village qui veut faire régner la terreur devrait se méfier, car Aymeri-le-jongleur a plus d'un tour dans son sac et il ne supporte pas l'injustice...

Évelyne Brisou-Pellen a écrit de nombreuses histoires qui se passent au Moyen Âge, mais aussi à d'autres époques. Dans la collection Grindelire CP, tu peux retrouver l'histoire de Viviane et Merlin.

Hélène Moreau illustre surtout des histoires pour les enfants et des contes, pour les petits et les grands.

À partir de 7 ans

Dans la même collection :

- *Mystère*
- *Belle Neigeuse*
- *Aristide*

1 Quel est ce document ? À quoi sert-il ?

2 Quels sont les renseignements qui sont écrits ?
Comment sont-ils disposés par rapport à l'image ?

3 Choisis un dessin et « habille-le » d'un texte
de ton choix.

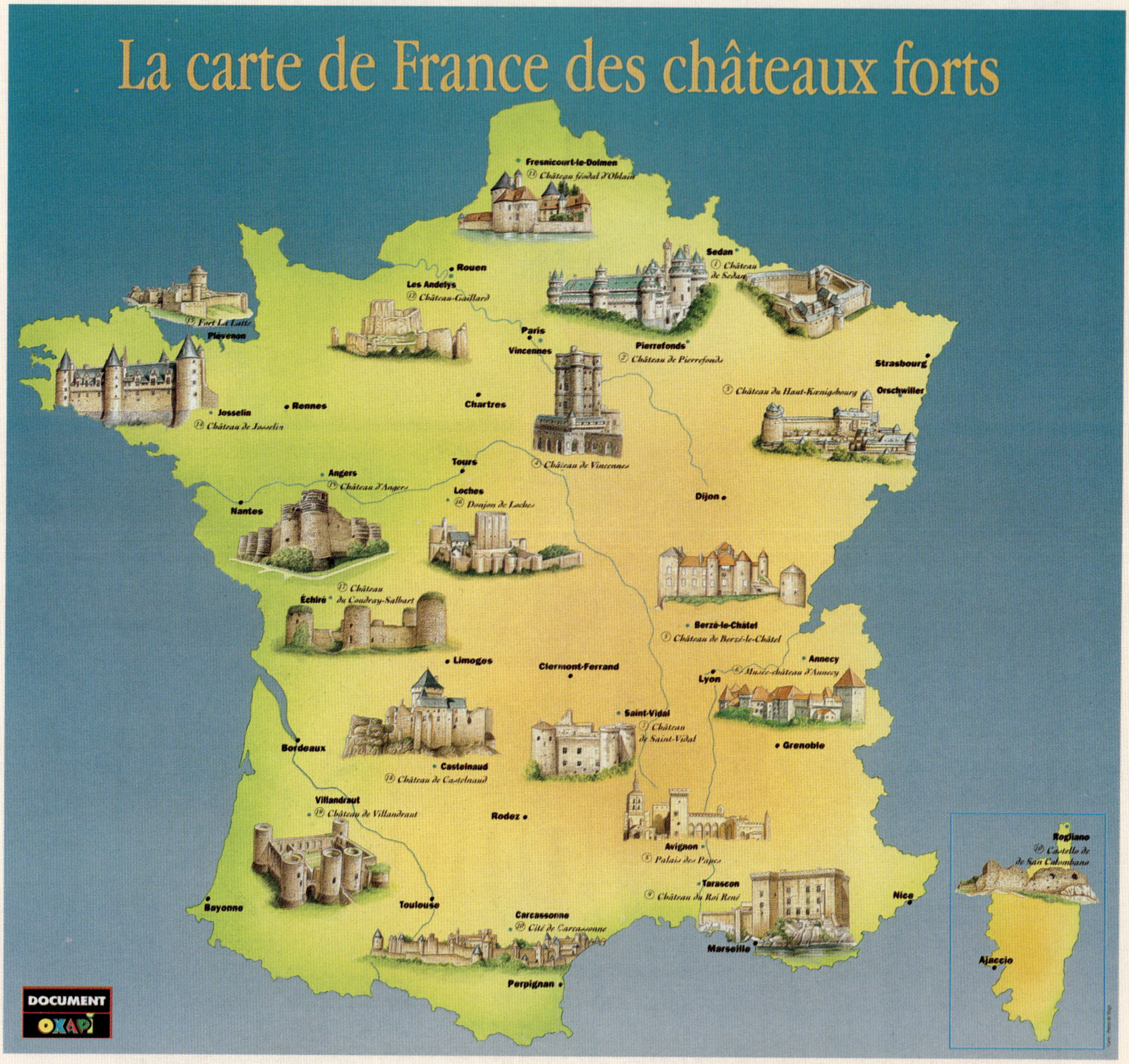

1 Quel est ce document ?
Quels renseignements te donne-t-il ?

2 Compare les différents châteaux.

⑥ **Annecy (Savoie)**

Musée-Château d'Annecy

Photo : H. Gyssels/Diaf

La partie la plus ancienne du château, la Tour de la Reine, date du 12e siècle. Ses murs font 4 mètres d'épaisseur. Les constructions successives ont peu à peu transformé le château fort en résidence princière. La douceur du lac d'Annecy atténue la sévérité du château.

• Aujourd'hui c'est un musée, avec, notamment, l'Observatoire régional des lacs alpins.

• Ouvert tous les jours, de 10 h à 18 h, du 1er juin au 30 septembre*. Tél : 50 45 29 66.

• À voir aussi : le château de Menthon qui domine le lac d'Annecy.

⑭ **Josselin (Morbihan)**

Château de Josselin

Photo : S. Chirol

Depuis le 11e siècle, le château appartient à la famille Rohan. Il a été fortifié par Olivier de Clisson, au 14e siècle. Il subsiste, aujourd'hui, de cette fortification, quatre tours majestueuses, Richelieu ayant fait abattre les autres tours, ainsi que le donjon, en 1629. Au duc de Rohan, il a alors annoncé : *"Je viens Monsieur, de jeter une bonne boule dans votre jeu de quilles…"*

• Côté rivière, le château a l'aspect d'une forteresse, et côté ville, il a une splendide façade style Renaissance.

• À voir, dans les anciennes écuries, le musée de poupées anciennes, avec cette année une grande exposition "Jeux et jouets du Japon".

• Ouvert tous les jours, en juillet et août, de 10 h à 12 h et de 14 h à 18 h*. Tél : 97 22 36 45

in dossier Histoire n° 544 du 01/08/1994, *Okapi*,

3 Sur le document, quel est le château le plus proche de ta ville ?

4 Trouve des renseignements le concernant.

Les fiches-cuisine du temps des cathédrales

Navets et châtaignes

2 bottes de petits navets,
10 châtaignes décortiquées,
20 cl de vin blanc,
2 brins de sauge hachés (les feuilles seulement),
50 g de beurre,
1/2 cuillère à café de muscade moulue,
sel et poivre.

Faire fondre le beurre dans une poêle et sauter les navets avec les châtaignes et la sauge pendant 10 minutes.

Arroser avec le vin blanc, mettre un couvercle et laisser mijoter 10 minutes. Assaisonner avec la muscade, le sel et le poivre. Servir dans un plat décoré avec de la verdure.

© Mango, *Regard d'Aujourd'hui*,
in *Le Mont-Saint-Michel et le Moyen Âge*.

1 Quel est ce document ? Comment le sais-tu ?

2 À quelle saison peux-tu faire facilement cette recette ? Pourquoi ?

3 De quels ingrédients et ustensiles as-tu besoin pour faire cette recette ?

4 Trouve d'autres recettes mélangeant fruits et légumes.

Blasons sur boucliers *Utilisés à l'origine pour identifier les hommes au combat, ils servirent ensuite à montrer que celui qui l'arborait était issu d'une famille noble et fière.*

La chevalerie

Qui étaient les personnes les plus importantes au Moyen Âge ? Les rois ou les prêtres ? Les nobles ou les chevaliers ? Chacun à sa manière avait du pouvoir. Les rois gouvernaient, les prêtres enseignaient la bonne parole aux fidèles. Les nobles apportaient leur soutien au roi et exerçaient le commandement des troupes lors des batailles. Mais chacun dépendait des chevaliers pour défendre son territoire. Et la vision du fougueux chevalier sur son destrier, vêtu d'une armure étincelante, reste l'une des images les plus attrayantes du Moyen Âge.

UNE NOBLE CARRIÈRE

Les premiers chevaliers étaient des hommes armés attachés aux grandes familles nobles pour assurer leur protection. Sur ordre du souverain, les nobles quittaient leurs terres et se présentaient à la cour, accompagnés de leurs chevaliers. De cette manière, les rois pouvaient compter sur une force de combat bien entraînée. Faire partie de la chevalerie était un grand honneur, en général réservé aux couches les plus élevées et les plus riches de la société. Les chevaliers étaient souvent des fils de nobles ou de chevaliers, mais un simple soldat pouvait être sacré chevalier en récompense de sa bravoure sur le champ de bataille.

PAYÉS POUR SE BATTRE

Au fil des siècles, le système de la chevalerie évolua. Plutôt que de partir à la guerre, certains nobles et chevaliers préférèrent donner de l'argent que les rois utilisaient pour engager des soldats professionnels, des mercenaires, ou équiper une armée constituée de volontaires. Se battre pour de l'argent n'était pas très bien vu par l'Église. Même si les poètes médiévaux firent des chevaliers les héros de leurs écrits (chansons de geste racontant les exploits d'un héros), les chevaliers ne se montrèrent pas toujours dignes de leur glorieuse image.

1 Quel est ce document ? Comment le sais-tu ?

2 À quoi servaient les blasons au Moyen Âge ?

3 Connais-tu des histoires de chevaliers ? Lesquelles ?

4 Connais-tu des films sur cette époque ? Lesquels ?

PROJET D'ÉCRITURE

1 J'ai découvert dans cette période

Dans la rubrique
je prépare l'expression écrite :

- un article d'information
- une interview
- un témoignage

2 J'observe

télé

Les aventures de l'orque Willy

Retrouve les aventures de Jesse et de son amie l'orque dans le film *Sauvez Willy II*.
Durée : 1 h 50.
France 2 17 h 30

UNIQUEMENT par ABONNEMENT
tous les jours sauf dimanche et lundi
vendredi 30 octobre 1998

télé

Des pingouins très culottés

En 1985, 4 pingouins s'installent dans la ville de Simonstown (Afrique du Sud). Aujourd'hui, ils sont 3 000 ! Le magazine *Thalassa* enquête.
Durée : 1 h 10.
France 3 20 h 55

Mon Quotidien

n°952 *Le seul journal pour les 10-15 ans qui paraît tous les jours - 2F*

Les conseils municipaux d'enfants réunis à Nevers

500 enfants, venus de toute la France, se sont retrouvés à Nevers pour partager leur expérience de jeunes élus. p.3

Participer au conseil municipal d'enfants est une façon d'être responsable en tant que citoyen.

Cinéma p.4

Luc Besson tourne en ce moment *Jeanne d'Arc* dans un village de l'Orne.

Gymnastique p.6

Dominique Moceanu, médaillée d'or aux JO d'Atlanta en 1996, a obtenu le droit de ne plus dépendre de ses parents.

80% des Français estiment que la pollution atmosphérique s'aggrave.

Retrouve le supplément BD demain dans Mon Quotidien.

Mon Quotidien, © Play Bac Presse.

Participer à la rédaction de la « Une » d'un journal. 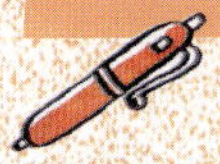

voir pages 49, 61, 67.

3 Je réfléchis

- Quelle est la nature de ce document ?
- À qui s'adresse-t-il ?
- Comment se le procure-t-on ? À quel prix ?
- Quel est le rôle de chaque partie ? Comment sont-elles constituées ?
- Comment sont-elles disposées ?

4 Notre projet

- **Réaliser la « Une » d'un journal pour les enfants de notre école.**

5 Je trouve des mots de vocabulaire pour m'aider

Boîte à idées

Que chercher : où le trouver ?

- **un titre :** regarde le nom de différents journaux.
- **un sujet d'actualité :** écoute la radio, regarde les informations télévisées et des journaux. Choisis un événement international, une catastrophe, une découverte scientifique...
- **une émission télévisée, un film ou un spectacle :** regarde un programme.
- **des illustrations :** consulte des magazines, Internet...

Tu peux utiliser la boîte à idées et la compléter.

6 J'écris

Je rédige la « Une » d'un journal.
Avec tes camarades, choisissez des sujets qui vous plaisent et qui pourraient intéresser les élèves des autres classes.
Répartissez-vous le travail : rédigez vos articles et lisez-les à toute la classe.

Ensuite vous pouvez :
- présenter votre « Une » de journal aux autres classes.
- faire la mise en page, illustrer votre document et l'afficher.

Joyeux

GRINDELIRE VIENS VITE C'EST HORRIBLE !!
Hein !? Qui m'appelle ?
C'est moi, Ricky !!
AAAHH !
AU SECOURS !!
JE T'AI DÉJÀ DIT CENT FOIS DE NE PAS ME RÉVEILLER EN SURSAUT !
Hum, bon... Qu'est-ce qui se passe ?
Toute la neige de la forêt enchantée a fondu en un clin d'oeil ! Tu te rends compte un 24 décembre !
Du jamais vu !
En effet, c'est très ennuyeux pour le réveillon de ce soir !
C'est même catastrophique.
AAATTTCHH WOOUUF !
Et on entend ce bruit affreux depuis des heures...
AH !! D'accord, je vois ce que c'est.

Suis-moi, on va régler ce petit problème vite fait !!
Peu après...
AZOR !! SORS DE TON TROU ! JE SAIS QUE TU ES LÀ !!
Tout ça, c'est bas de ba faute, J'ai attrabé un rhube d'enfer !!
Forcébent, ba grotte est bas chauffée !
Et à chaque fois que j'édernue za fait...
SNIF
AAATTTCHWOOOUUF
Ça réchauffe drôlement l'atmosphère ...
Bon, d'abord tu avales ce sirop au miel... Et après, par mesure de sécurité, je te collerai la bouche avec de la résine de sapin
SIROP AU MIEL
Ça fait pas mal et ça sent bon.
Si tu veux, je te garderai de la dinde aux marrons pour ton petit déjeuner de demain...
Le soir venu...
Il ne reste plus qu'à allumer les bougies !!
Huum
Heureusement qu'il a neigé tout l'après-midi !!
Heu... Ben d'habitude, c'est Azor qui s'en charge !
FIN

Poésies

Les Saltimbanques dans la nuit, CHAGALL, collection particulière.

Rondel

Le temps a laissé son manteau
De vent, de froidure et de pluie,
Et s'est vêtu de broderie,
De soleil riant, clair et beau.

Il n'y a ni bête ni oiseau
Qu'en son jargon ne chante ou crie :
Le temps a laissé son manteau
De vent, de froidure et de pluie.

Rivière, fontaine et ruisseau
Portent en livrée jolie
Gouttes d'argent d'orfèvrerie ;
Chacun s'habille de nouveau,
Le temps a laissé son manteau.

Charles d'Orléans, in *Ballades*.

Saltimbanques

Dans la plaine les baladins
S'éloignent au long des jardins
Devant l'huis des auberges grises
Par les villages sans églises

Et les enfants s'en vont devant
Les autres suivent en rêvant
Chaque arbre fruitier se résigne
Quand de très loin ils lui font signe

Ils ont des poids ronds ou carrés
Des tambours des cerceaux dorés
L'ours et le singe animaux sages
Quêtent des sous sur leur passage

Guillaume Apollinaire, in *Alcools*,

CE1
Grindelire
Xavier-Laurent Petit • Marcelino Truong
Belle Neigeuse
truong
Bordas

1. Les histoires de Monsieur Arsène

Voilà plusieurs mois qu'il n'avait pas plu à Diambo. La terre était dure et poussiéreuse. Rien ne poussait dans les champs brûlés par le soleil et les animaux étaient si faibles qu'ils pouvaient à peine marcher. Presque toutes les familles du village étaient parties.

Un matin, Namia se réveilla en sursaut. La maison semblait déserte. Seul Dimé, son petit frère, dormait encore. Elle sortit et plissa les yeux. La chaleur écrasait déjà le village.

Dehors, rien n'avait changé : ni les maisons abandonnées, ni le gros arbre desséché, ni les maigres chèvres qui broutaient l'herbe jaunie... Mais cependant, rien n'était comme d'habitude.

Namia écouta attentivement et frissonna. Le bruit familier du village n'était plus le même. Il manquait le gargouillement[1] de la source. Elle se précipita : l'eau ne coulait plus ! Le tuyau de fonte restait sec et la cuvette de bois dans laquelle elle recueillait l'eau chaque jour était déjà fendillée par le soleil. La fontaine du village était tarie[2]. Sans eau, plus personne ne pourrait vivre à Diambo...

1. **gargouillement :** bruit que fait l'eau.
2. **tarie :** sèche, il n'y a plus d'eau.

Un bruit de pas la fit sursauter. Elle se retourna, les yeux pleins de larmes. Monsieur Arsène s'approcha. À travers sa grosse barbe blanche, on devinait un sourire. Monsieur Arsène souriait toujours, même lorsqu'il se passait des évènements graves. Il était très grand, très maigre et si vieux que plus personne ne se souvenait de son âge. Même pas lui.

– L'eau ne veut plus couler à Diambo, dit-il à Namia, alors ce matin, très tôt, tes parents sont partis en chercher ailleurs. On va les attendre ensemble.

Dimé les rejoignit et ils s'assirent à l'ombre de l'arbre sec. Le vieil homme leur raconta de longues histoires où il était question de lions, d'éléphants ou de crocodiles. Des animaux étranges qui, depuis longtemps, avaient disparu de la surface de la Terre.

Le temps passait. Les parents ne revenaient pas.

Pendant la sieste de Monsieur Arsène, Namia et Dimé jouèrent ensemble. D'abord à la toupie et aux dés, puis à l'awalé[3], un jeu de billes beaucoup trop compliqué pour Dimé qui renversa tout par terre parce qu'il perdait.

Le temps passait. Les parents ne revenaient toujours pas.

Le soleil s'abaissa sur l'horizon et Monsieur Arsène raconta de nouvelles histoires. Il leur expliqua comment, il y avait très, très longtemps, les hommes s'étaient posés sur la Lune. Plus tard, avec des navettes spatiales, ils avaient voyagé sur Mars, sur Saturne... Et puis ils étaient allés encore plus loin avec des astro-jets, jusque sur ces petites étoiles brillantes qu'on voit la nuit.

– Il y a là-haut des mondes merveilleux, murmura-t-il, les yeux levés vers le ciel, des mondes remplis d'eau, de plantes et d'animaux... Des mondes où le soleil ne brûle pas, où la terre ne ressemble pas à la poussière et où les hommes ne meurent pas de soif. Des mondes où parfois, lorsqu'il fait froid, une mousse blanche, très fraîche, tombe du ciel...

3. **awalé :** jeu africain.

... À suivre

1 Je comprends le texte

Lignes 1 à 16, page 80

- Qu'as-tu appris sur les deux personnages du texte ?
- Pourquoi Namia frissonne-t-elle ?
- À ton avis, que vont faire les derniers habitants du village ? Pourquoi ?

Lignes 17 à 47, page 81

- Pourquoi les parents de Namia et de Dimé sont-ils partis ?
- À quelle époque et sur quel continent l'histoire se déroule-t-elle ?
- Comment Monsieur Arsène sait-il tout ce qu'il raconte aux enfants ?

- Pourquoi la vie de Namia et de Dimé est-elle très difficile ? En quoi est-elle dramatique ?

2 Je fais fonctionner la langue

Dehors, <u>rien</u> n'avait changé : <u>ni</u> les maisons abandonnées, <u>ni</u> le gros arbre desséché, <u>ni</u> les maigres chèvres qui broutaient l'herbe jaunie.

<u>Rien</u> ne poussait dans les champs : <u>ni</u>...

<u>Rien</u> n'était comme d'habitude : <u>ni</u>...

- Lis bien la première phrase.
- Regarde les mots soulignés.
- Essaie de trouver une suite aux deux phrases incomplètes.

Le vieil homme leur raconta de longues histoires <u>où</u> il était question de lions, d'éléphants <u>ou</u> de crocodiles.

Le vieil homme leur raconta de longues histoires <u>dans lesquelles</u> il était question de lions, d'éléphants, <u>ou bien</u> de crocodiles.

- Lis bien les deux phrases. Observe les mots soulignés dans la première phrase.
- Qu'indique chacun d'entre eux ?
- Comment les distingue-t-on l'un de l'autre ?

3 Je révise les sons

		[o]		[ɔ]	
	o	un dos un mot	un chariot le galop	un ogre l'ordinateur	une gomme la colle
	au	une autruche	un dauphin	Paul	
	eau	de l'eau le rideau	le tableau		

⚠ le bout - un coin - un pont - un avion - une poêle

4 Je prépare ma lecture à haute voix

- **Je repère les pauses.**

Dehors, / rien n'avait changé : // ni les maisons abandonnées, / ni le gros arbre desséché, / ni les maigres chèvres qui broutaient l'herbe jaunie... // Mais cependant, / rien n'était comme d'habitude. //

- **Je lis le texte à haute voix.**

- **Je m'entraîne sans les aides.**

Voilà plusieurs mois qu'il n'avait pas plu à Diambo. La terre était dure et poussiéreuse. Rien ne poussait dans les champs brûlés par le soleil et les animaux étaient si faibles qu'ils pouvaient à peine marcher. Presque toutes les familles du village étaient parties.

Un matin, Namia se réveilla en sursaut. La maison semblait déserte. Seul Dimé, son petit frère, dormait encore. Elle sortit et plissa les yeux. La chaleur écrasait déjà le village.

2. Le meilleur des mondes

D'autres jours passèrent et les parents ne revinrent pas.

Un soir, Monsieur Arsène dit simplement que parfois la vie des gens s'arrête sans que l'on sache pourquoi. Namia comprit que maintenant, elle serait toute seule avec Dimé. Cette nuit-là, pendant que son frère dormait, elle s'approcha du vieil homme.

– Je crois que je vais partir avec Dimé, dit-elle dans un souffle.

– Et où comptes-tu aller ?

Namia montra le ciel.

– Là-haut, dans ces mondes dont tu as parlé.

– Moi aussi, quand j'étais jeune, j'ai voulu y aller. Mais pour nous, Namia, c'est un voyage impossible.

– Pourquoi ?

– Nous sommes pauvres et nous n'avons pas les papiers qu'il faut.

– Les papiers ?

– Oui, les papiers. Des roses, des verts, des bleus. Sur certains, il est écrit que tu t'appelles bien Namia, sur d'autres que tu es née en Afrique ou encore que tu as le droit de quitter la Terre... Si tu ne les as pas, on ne te laisse pas partir.

– Et si je me cache dans un astro-jet ?

– Certains essayent de le faire, mais ils finissent souvent en prison...

– Tu es allé en prison, toi ?

Monsieur Arsène ne répondit pas. Sa barbe blanche tremblota et Namia comprit que le vieil homme pleurait.

– Tu voulais partir où ? demanda-t-elle doucement.

Il indiqua une direction dans le ciel.

– Tu vois là-bas, cette étoile très brillante ?... Hé bien, je voulais vivre tout à côté, sur une planète merveilleuse. Peut-être le meilleur des mondes. Mais bien peu de gens ont le droit d'y aller...

– Et comment s'appelle-t-il, ce monde ?

– Beltégeuse, murmura Monsieur Arsène.

« *Belle Neigeuse* », comprit Namia qui répéta ce mot à mi-voix.

De la neige, elle n'en avait jamais vu. Mais « *Belle Neigeuse* », c'était le plus joli mot qu'elle ait jamais entendu.

L'astroport apparut soudain derrière une colline. Il ressemblait à une immense boule étincelante[1] qui surplombait[2] tout le désert.

Namia, Dimé et Monsieur Arsène s'arrêtèrent un instant. Ils avaient marché pendant des heures et Dimé pleurnichait de fatigue. Ils approchèrent jusqu'à la route.

– C'est ici, fit Monsieur Arsène.

– Tu ne veux vraiment pas venir avec nous ? demanda Namia.

Le vieil homme secoua la tête et sourit.

– Je suis trop vieux. Je vais retourner au village. C'est à vous, les enfants, de tenter votre chance.

Namia n'hésita qu'une seconde. Elle serra très fort la main de Dimé et ils traversèrent en courant. La route faisait comme un grand fleuve qui les séparait de Monsieur Arsène. De l'autre côté, le vieil homme leur sourit et leur fit signe de partir. La fillette faillit éclater en sanglots. Elle savait qu'elle voyait Monsieur Arsène pour la dernière fois.

1. **étincelante :** très brillante.
2. **surplombait :** était au-dessus.

... À suivre

1 Je comprends le texte

Lignes 1 à 29, page 84

- Que sont devenus les parents des deux enfants ?
- Qu'a voulu faire Monsieur Arsène quand il était jeune ? Pourquoi ?
- À ton avis, comment peut être le meilleur des mondes pour Namia, Dimé et Monsieur Arsène ?

Lignes 30 à 53, page 85

- Où arrivent les trois personnages ?
- Monsieur Arsène va-t-il partir avec les enfants ? Pourquoi ?
- À ton avis, comment Namia sait-elle qu'elle voit Monsieur Arsène pour la dernière fois ?

◆ Pourquoi Namia et son frère veulent-ils quitter la Terre ? Comment y parvenir et quels sont les risques ?

2 Je fais fonctionner la langue

Le temps passait. Les parents **ne** revenaient **pas**.
Le temps passait. Les parents **ne** revenaient **toujours pas**.
D'autres jours passèrent et les parents **ne** revinrent **pas**.

◆ Lis bien les phrases.
◆ Ont-elles exactement le même sens ?
◆ Quelle est celle qui nous dit que les parents ne reviendront pas ?

Il ressemblait à une immense boule étincelante...
Ils approchèrent jusqu'à la route.
– **Tu** ne veux vraiment pas venir avec **nous** ?
– **Je** suis trop vieux [...] C'est à **vous**, les enfants, de tenter votre chance.
Elle serra très fort la main de Dimé [...]

◆ Observe les mots soulignés.
◆ Qui désignent-ils ? (cherche dans l'histoire.)

3 Je révise les sons

	[ɑ̃]		
an	une antenne une tranche	une branche une frange	un écran
am	la campagne une ampoule	un tambour le flambeau	une crampe
en	une entrée une vente	une tente trente	un serpent la cendre
em	il emporte une embarcation	la tempe il semble	le printemps le temps

⚠ ils marchent - une femme

4 Je prépare l'expression écrite

J'observe

Le jeu du Cent

La partie se joue en 3 tours. Après avoir jeté ses dés, chaque joueur inscrit ses points, dans l'ordre qui lui convient, pour faire un nombre de 2 chiffres. Par exemple 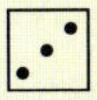  peuvent s'inscrire 35 ou 53, au choix. Au bout du 3ème tour, le joueur dont les 3 nombres additionnés donnent 100 ou le résultat le plus proche de 100 gagne la partie.

Je réfléchis

- Après avoir lu cette règle, sais-tu comment jouer à ce jeu ?
- Observe les phrases du texte : qu'ont-elles de particulier ?

Ce texte est une règle de jeu. Il explique comment jouer.

J'écris

- Choisis un de tes jeux préférés et écris-en la règle.
  Fais-la lire à un camarade : a-t-il compris le jeu ?
  As-tu oublié quelque chose ?

3. L'astroport de Bamako

Devant l'astroport, deux gardiens faisaient le guet[1]. Namia les observa un long moment. Leur trajet était toujours le même : ils passaient devant l'entrée principale, longeaient le bâtiment puis revenaient sur leurs pas. Elle remarqua que, pendant quelques secondes, personne ne surveillait la porte. Il fallait passer juste à ce moment-là... Elle prit son frère par le poignet, prête à bondir.

– Maintenant ! souffla-t-elle.

Et elle se précipita. Surpris, Dimé commença à pleurnicher. Les gardiens allaient l'entendre ! Namia accéléra sa course. Plus que vingt mètres... Dix mètres... Les gardiens lui tournaient le dos. Dimé pleurait toujours. Au moment où les deux enfants franchissaient les portes de l'astroport, l'un des hommes les aperçut.

– Arrêtez ! hurla-t-il.

Mais Namia et Dimé se faufilèrent au milieu des milliers de voyageurs qui se croisaient dans l'immense hall. Certains d'entre eux venaient de planètes si lointaines qu'il leur avait fallu plusieurs semaines pour arriver sur Terre. Encore fatigués du voyage, ils s'épongeaient le front, écrasés par la chaleur africaine. La plupart d'entre eux étaient des Humains, mais il y avait aussi des Tauriens, reconnaissables à leurs petites cornes sur le crâne, des Vénusiens, toujours très coquets, des Saturniens, avec leurs anneaux dans le nez et les oreilles...

1. **faisaient le guet :** gardaient la porte.

Les enfants regardaient toute cette agitation avec stupeur[2]. Jamais ils n'avaient vu autant de monde à la fois. Mais plus encore que la foule et le vacarme, ce qui inquiétait Namia, c'étaient les gardiens qui circulaient et vérifiaient les papiers des passagers. Plusieurs d'entre eux les frôlèrent sans même les regarder, mais à chaque fois Namia sentait son ventre se serrer de peur.

Pendant quelques instants, elle regretta son village et la douce voix de Monsieur Arsène. Elle se retourna pour regarder une dernière fois la haute silhouette de son vieil ami, mais il avait déjà disparu.

Ils se cachèrent derrière un pilier. Dimé était exténué. Il se coucha sur un sac de voyage qui traînait là et s'endormit aussitôt. Namia écoutait attentivement les messages diffusés par les haut-parleurs :

« *Les voyageurs pour Jupiter sont priés de se rendre à la porte 12. Embarquement immédiat. L'astro-jet en provenance d'Aldébaran arrivera avec une demi-heure de retard en raison d'une pluie d'étoiles filantes gênant la visibilité.* »

Un gardien lui toucha soudain l'épaule. Namia sursauta, elle ne l'avait pas entendu approcher.

– Qu'est-ce que tu fais là, petite ? demanda-t-il, soupçonneux.

– Rien, monsieur. Mes parents sont partis chercher les billets. Nous partons en vacances sur Uranus[3].

– Uranus ? Drôle d'endroit pour des vacances, ricana-t-il. Et tu penses que je vais croire ton histoire… Montre-moi un peu tes papiers !

Il empoigna Namia par l'épaule. Sans hésiter, elle lui planta ses dents dans la main et le mordit de toutes ses forces. L'homme hurla de douleur. Elle secoua Dimé à moitié endormi et ils disparurent dans la foule.

2. **stupeur :** grand étonnement.
3. **Uranus :** une des planètes du système solaire.

… À suivre

1 Je comprends le texte

Lignes 1 à 23, page 88

- Qui sont les différents voyageurs qui se trouvent dans cet astroport ?
- Comment Namia et son frère parviennent-ils à franchir les portes de l'astroport ?
- À ton avis, que risquent les enfants ?

Lignes 24 à 54, page 89

- Quels sont les astro-jets sur le point de partir et d'arriver ?
- En quoi l'attitude de Namia et Dimé peut-elle paraître suspecte ?
- À ton avis, pourquoi le gardien ne croit pas ce que dit Namia ? Qu'aurait-elle pu dire d'autre ?

- Namia mord un gardien. Pourquoi fait-elle cela ?
Maintenant que risque-t-il d'arriver aux enfants ?
Quelles solutions peuvent-ils trouver ?

2 Je fais fonctionner la langue

– Qu'est-ce que tu fais **là** petite ?
– Qu'est-ce que tu fais **ici** ?
– Qu'est-ce que tu fais **à cet endroit** ?

- Observe les mots soulignés.
- Qu'indiquent-ils ?
- Sur le même modèle, construis d'autres phrases.

Jamais ils n'avaient vu autant de monde à la fois.
Ils n'avaient **jamais** vu autant de monde à la fois.

- Lis bien les deux phrases.
- Observe la place des mots soulignés.
- Les deux phrases ont-elles le même sens ?
- Justifie ta réponse.

3 Je révise les sons

une folle	le vol
le fond	ils vont
la fin	le vin
frais	vrai
il se fâche	une vache
le fil	la ville

4 Je prépare l'expression écrite

J'observe

Réfléchissez avant de faire votre valise

Pour des raisons de sécurité, il est **interdit** d'y placer certains produits tels que : ALLUMETTES, BRIQUETS, GAZ, FEUX D'ARTIFICE, CHLORE, AÉROSOLS (sauf parfums et médicaments), PEINTURES, MERCURE, etc...
Vérifiez que vos bagages ne présentent aucun danger.
Dans le doute, consultez votre compagnie aérienne.

Think before you pack it ...because

For safety reasons, carriage of certain goods in your baggage is **forbidden** : MATCHES, LIGHTERS, GAS, PAINTS, AEROSOLS (except perfumes and medicines), FIREWORKS, BLEACH, MERCURY, etc...
So make sure your baggage is safe.
In case of doubt, ask your airline.

Avertissement : Transporter des matières dangereuses dans les bagages sur un avion est illégal, et les contrevenants peuvent faire l'objet de poursuites et de sanctions pénales.

Warning : Carrying dangerous goods in baggage aboard an aircraft is unlawful, and violators may be subject to legal prosecution and penalties.

Je réfléchis

- Après avoir lu le texte de ce document, sais-tu ce qu'il est interdit d'emporter dans un avion ?
- Observe les verbes de ce texte (au début, et dans les quatre dernières lignes à gauche). Que remarques-tu ?

Ce texte explique ce qu'il faut faire et ne pas faire.
Il donne les règles à respecter.

J'écris

- En t'aidant du document, écris un texte qui indique les objets qu'il est interdit d'emporter à l'école.

4. Départ

« L'astro-jet n° 134 pour Beltégeuse partira à 15 heures 45. Embarquement immédiat porte 7. »

Le cœur de Namia fit un bond.

Belle Neigeuse...

Ils se faufilèrent[1] vers la porte n° 7. Une longue file de passagers attendaient déjà. Parfois, l'un d'eux n'était pas en règle. Des gardiens surgissaient alors d'on ne sait où et l'entraînaient derrière une petite porte de fer. Namia frissonna. Cachée derrière un chariot à bagages, elle se mordit les lèvres pour ne pas pleurer.

Un gros bonhomme essoufflé se présenta soudain au contrôle.

– C'est affreux, expliqua-t-il, dans toute cette cohue, j'ai perdu mes enfants. Ils doivent pourtant bien être quelque part...

Avec de grands gestes, il indiqua la foule qui encombrait l'astroport. Un gardien vérifia qu'il était bien en règle.

– Passez, dit-il, nous nous en occupons.

C'était le moment ou jamais ! Namia et son frère se glissèrent parmi les passagers et attendirent leur tour, le cœur battant.

Derrière ses lunettes noires, le gardien observa leurs vêtements encore sales de la poussière du désert. Namia grelottait de peur.

– Vous êtes seuls ?

– Non, monsieur, répondit-elle d'une toute petite voix, mais notre papa est déjà passé...

– Ah ! fit le policier, c'est vous ? Un de ces jours, vous vous perdrez pour de bon. Allez, filez !

L'astro-jet était maintenant devant eux. Magnifique, argenté, effilé[2] comme un oiseau. Ils se mêlèrent aux autres passagers en cherchant où se cacher. Il fallait faire vite ! À tout moment, les vrais enfants du monsieur risquaient d'arriver. Ils filèrent vers le fond de l'appareil. Une petite porte était entrouverte. Ils se glissèrent dans une cabine minuscule.

1. **se faufilèrent :** se glissèrent discrètement.
2. **effilé :** fin et pointu.

Namia ferma le verrou et attendit, le cœur battant. Une voix en colère retentit soudain :

– Je te jure que j'ai vu deux gamins passer tout à l'heure !

– Ce sont les enfants du monsieur essoufflé !

– Non ! Lui, il a deux filles ! Moi, j'ai vu passer un garçon et une fille !

– Et moi je te dis que tu as rêvé. On ne va pas retarder le départ de l'astro-jet parce que tu as des visions tout de même !

La poignée de la cabine s'agita violemment.

– Et là-dedans, gronda la grosse voix, qu'est-ce qu'il y a ?

– Rien du tout, je te dis ! Tiens, regarde, c'est fermé à clé.

Les pas s'éloignèrent. Namia sentit ses jambes flageoler[3], elle s'appuya contre la cloison pour ne pas tomber. Très inquiet, Dimé la regardait.

« *Le commandant de bord et l'équipage de l'astro-jet n° 134 à destination de Beltégeuse sont heureux de vous accueillir à bord. Dès que nous aurons dépassé le Soleil, notre vitesse de croisière*[4] *sera d'environ un million de kilomètres/seconde. Nous vous souhaitons un agréable voyage.* »

L'astro-jet vibra de toute sa carlingue. Namia serra les dents et attira Dimé contre elle.

– N'aie pas peur, lui chuchota-t-elle à l'oreille.

Les vibrations cessèrent. L'engin avança doucement vers la rampe de lancement, puis s'élança dans un sifflement aigu. Projetés contre la cloison par une force irrésistible, Namia et Dimé étouffaient, comme si une énorme main leur écrasait la poitrine. Puis, peu à peu, ils retrouvèrent leur souffle.

Namia se haussa sur la pointe des pieds pour regarder par le minuscule hublot. Elle prit Dimé dans ses bras. Là-bas, très loin, une sorte de ballon bleuté semblait s'éloigner d'eux à une vitesse folle.

– Regarde, c'est la Terre ! Une toute petite Terre !

Exténués de fatigue, ils s'endormirent dans les bras l'un de l'autre.

3. **flageoler :** trembler.

4. **vitesse de croisière :** vitesse moyenne.

... À suivre

1 Je comprends le texte

Lignes 1 à 31, page 92

- Quel astro-jet va partir pour Beltégeuse ? À quelle heure et de quelle porte ?
- Quelle chance s'offre aux enfants ? Comment Namia en profite-t-elle ?
- À ton avis, comment le gardien pouvait-il se rendre compte que les enfants n'étaient pas ceux du gros homme essoufflé ?

Lignes 32 à 65, page 93

- Un des gardiens pense que Namia et Dimé ne sont pas les enfants qui s'étaient perdus. Comment le sait-il ?
- Pourquoi les deux hommes abandonnent-ils leurs recherches ?
- À ton avis, quelles sont les différences et les ressemblances entre un astro-jet et les avions d'aujourd'hui ?

- La situation des enfants s'est-elle améliorée ? Ont-ils maintenant des chances de réaliser leur rêve ? Pourquoi ?

2 Je fais fonctionner la langue

Leurs vêtements sont **encore** sales.
Leurs vêtements sont **déjà** sales.
Leurs vêtements sont **toujours** sales.

- Lis les phrases.
- Explique les différences de sens qui existent entre elles.

Ils **se** glissèrent dans une cabine minuscule.
Ils glissèrent **leurs corps** dans une cabine minuscule.
Namia **se** haussa sur la pointe des pieds [...]
Namia haussa **son corps** sur la pointe des pieds.

- Lis les phrases.
- Par quoi est remplacé le mot « se » ?
- Emploierais-tu la première ou la seconde phrase de chaque paire ?

3 Je révise les sons

	[ɛ̃]		
in	Grindelire l'index	un sapin l'infirmière	un chemin le baladin
im	le timbre	imbécile	imprévu
ein	la ceinture	les reins	le peintre
ain	ainsi	demain	châtain
aim	le daim	la faim	
un	un	brun	
um	le parfum		
ym	la cymbale	le thym	

⚠ inutile - immeuble - unique

4 Je prépare l'expression orale

J'observe

Je réfléchis

- À qui peuvent s'adresser ces différents messages. Justifie ta réponse.
- Comment les informations sont-elles présentées ? Sur quel ton ?

Je prépare ma prise de parole

- Invente un message et présente-le comme on le ferait dans une gare, un aéroport ou un... ASTROPORT !

5. Le nouveau départ

La porte de la cabine grinça. Les enfants se redressèrent brutalement. Une hôtesse les fixait d'un air effaré[1].

– Mais qu'est-ce que vous faites là ? demanda-t-elle à mi-voix.
Aucun son ne sortit de la gorge de Namia. Son regard se brouilla et elle éclata en sanglots.
– Vous êtes des passagers clandestins, c'est cela ?
Namia hocha la tête.
– Mais à votre âge, bon sang, c'est une vraie folie ! Comment avez-vous pu passer au travers des contrôles ?
– On veut aller sur *Belle Neigeuse*... hoqueta[2] Namia.
– Et qui t'a déjà parlé de Beltégeuse ?
– Monsieur Arsène. Quand il était jeune, lui aussi a voulu y aller, mais il n'avait pas les « papiers », alors on l'a mis en prison. Il paraît que là-haut, le soleil ne brûle pas tout, qu'on y trouve des plantes...
– Et de l'eau ! ajouta Dimé.
– Chez vous, il n'y a pas tout cela ?
– Chez nous la source ne coule plus, fit Namia.
– Et vos parents ?

Namia ne répondit pas. Son regard se perdit vers les milliers d'étoiles qui brillaient dans l'espace.
– Excuse-moi, murmura l'hôtesse qui resta silencieuse pendant un long moment.
– Vous n'avez pas mangé depuis combien de temps ? demanda-t-elle enfin.
– Deux jours.
Elle hocha la tête et revint quelques instants plus tard avec des sandwiches et des couvertures.
– Je m'appelle Séréna. Ici, vous êtes en sécurité. C'est ma cabine.

Le cinquième jour, l'astro-jet ralentit. Séréna entrouvrit la porte :
– On arrive. Ne bougez pas. Je m'occupe de vous.

1. **effaré :** très étonné.
2. **hoqueta :** parla avec difficulté.

Les enfants se précipitèrent vers le hublot. En dessous d'eux s'étendait un monde tout blanc, un peu vaporeux[3]... Un monde qui semblait très doux.

L'engin se posa. Les passagers descendirent et un grand silence s'installa.

Les minutes, puis les heures passèrent.

Namia s'inquiéta. Peut-être avait-elle eu tort de faire confiance à Séréna... Peut-être s'agissait-il d'un piège... La porte s'ouvrit. L'hôtesse souriait.

Ils se glissèrent hors de l'astro-jet et suivirent Séréna le long d'interminables couloirs gris. Une haute porte se dressa soudain devant eux. Namia frémit. Et si c'était une porte de prison !

– Je ne peux pas vous accompagner plus loin, chuchota Séréna. nous repartons tout de suite. En sortant, suivez le chemin en face de vous. Un ami vous attend un peu plus loin. Ayez confiance !

Elle claqua un gros baiser sur la joue de Dimé, puis un autre sur la joue de Namia et s'éloigna en courant.

Namia entrouvrit lentement la porte.

La fraîcheur de l'air la fit frissonner. De petites choses blanches et légères comme du coton descendaient du ciel. Tout était si blanc, si beau et si doux que Dimé hurla de joie.

– *Belle Neigeuse*, chantonna Namia.

Ils avancèrent sur le chemin. Derrière eux, leurs pas laissaient un drôle de dessin. Dimé happait les flocons de neige comme un jeune chien. Un peu plus loin, à côté d'une cabane, une silhouette leur faisait déjà de grands signes de bienvenue.

Namia déposa sur sa main un baiser, léger comme un flocon, qu'elle souffla en direction de l'espace pour Monsieur Arsène en murmurant :

« Merci ».

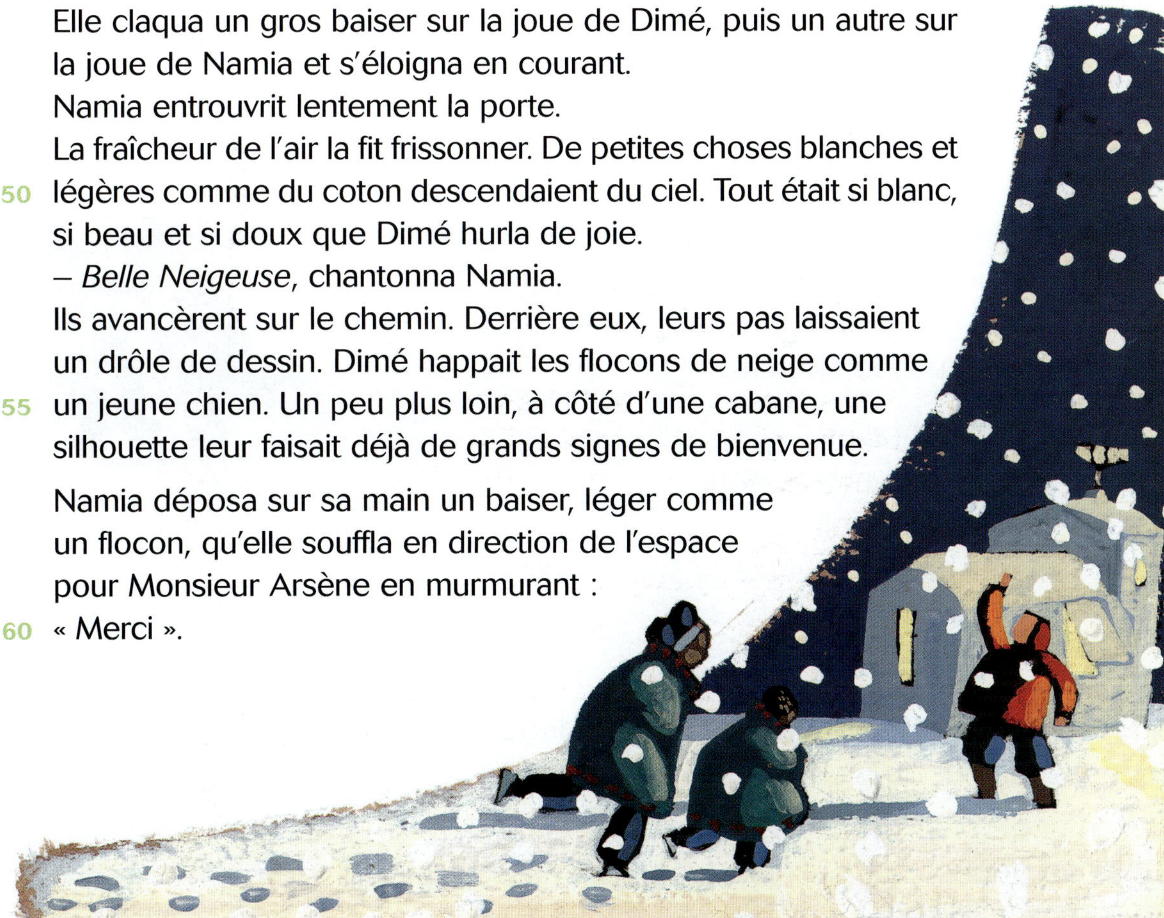

3. **vaporeux :** qui est léger, aérien.

... Fin

1 Je comprends le texte

Lignes 1 à 30, page 96

- Comment s'appelle la personne qui entre dans la cabine ? Quel est son métier ?
- Est-ce une amie ou une ennemie ? Comment le sais-tu ?
- À ton avis, pourquoi aide-t-elle les enfants ?

Lignes 31 à 60, page 97

- Comment leur apparaît le monde qu'ils découvrent ?
- Namia est-elle encore inquiète ? Que craint-elle ?
- À ton avis qu'a fait Séréna pendant son absence ?

◆ Pourquoi Namia remercie-t-elle Monsieur Arsène ?
Pourquoi Beltégeuse est-elle si merveilleuse pour les enfants ?
Essaie d'imaginer leur avenir.

2 Je fais fonctionner la langue

– Ne bougez pas.
– Bougez.

– Suivez le chemin.
– Ne suivez pas le chemin.

◆ Lis ces phrases.
◆ Ont-elles le même sens ?
◆ Qu'indiquent-elles ?
◆ Forme d'autres phrases sur le même modèle.

De petites choses blanches et légères <u>comme du coton</u> descendaient du ciel.
De petites choses blanches, et aussi légères que du coton, descendaient du ciel.

Namia déposa sur sa main un baiser, léger <u>comme un flocon</u> [...]
Namia déposa sur sa main un baiser aussi léger qu'un flocon. [...]

◆ Observe les groupes de mots soulignés.
◆ Quels renseignements apportent-ils ?

3 Je révise les sons

		[ɲ]
	gn	une montagne la cigogne une châtaigne un agneau un oignon saigner un champignon

⚠ un gnome - un diagnostic

4 Je prépare l'expression écrite

J'observe

Pour se rendre à la piscine

- Prendre le bus ligne 4 qui est en face de la maison.
- Descendre à la station Mairie.
- Remonter la rue de l'hôtel de ville.
- Tourner à droite au troisième feu.
- Traverser le jardin des fleurs en longeant le lac aux oiseaux.
- Attendre devant le n° 17 de la rue Victor Hugo. Je te rejoins.

Je réfléchis

- Grâce à ce texte, pourras-tu aller à l'endroit indiqué ?
- Observe les verbes de ce texte. Que remarques-tu ?

Ce texte explique quel chemin suivre pour se rendre à un endroit.

J'écris

- En t'aidant du texte, écris à un camarade les instructions permettant de se rendre de l'école jusque chez toi.

Belle Neigeuse

Voilà plusieurs mois qu'il n'avait pas plu à Diambo. La terre était dure et poussiéreuse. Rien ne poussait dans les champs brûlés par le soleil et les animaux étaient si faibles qu'ils pouvaient à peine marcher...

Namia et Dimé sont nés sous cette difficile étoile mais ils refusent de se résigner et partent tenter leur chance ailleurs...

À partir de 7 ans

CE1 Grindelire

Dans la même collection :

- *Mystère*
- *Aristide*

1 Quel est ce document ? Comment le sais-tu ?
2 Quelle en est l'information principale ?
3 Trouve d'autres journaux ou documents sur la conquête spatiale.

Voyage au cœur du système solaire

Le Soleil est une étoile située au centre du système solaire. Neuf planètes tournent autour de lui. *Images Doc* vous emmène à la découverte de ces planètes.

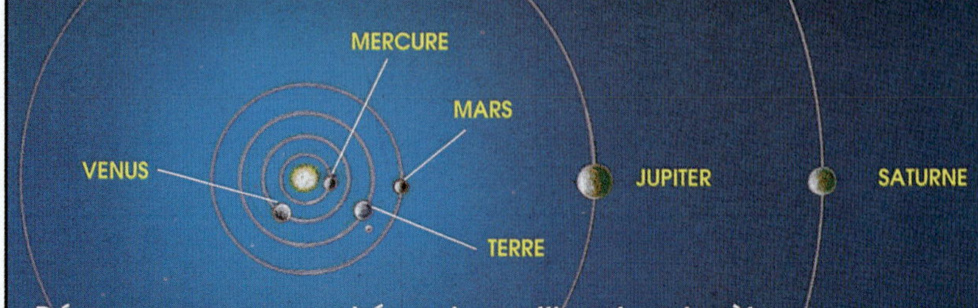

Découvrez avec ce schéma, la position des planètes les unes par rapport aux autres.
Les distances sont proportionnellement respectées.

Comparez la taille des neuf planètes du système solaire les unes par rapport aux autres. Mercure, Vénus, la Terre et Mars sont essentiellement composées de roche. Jupiter, Saturne, Uranus, Neptune et Pluton sont surtout composées de gaz.

LE SAVIEZ-VOUS !
La Lune ne fait pas partie des 9 planètes du système solaire. Elle ne tourne pas autour du Soleil mais autour de la Terre. C'est un satellite naturel de la Terre.

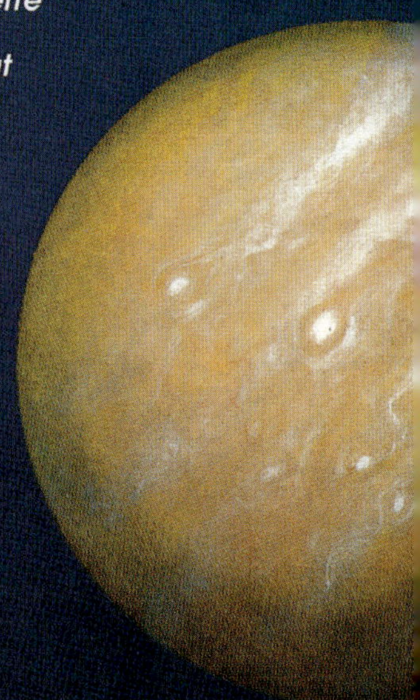

1 MERCURE	2 VENUS	3 TERRE	4 MARS
Distance par rapport au Soleil : **56 millions de km environ**	Distance par rapport au Soleil : **108,21 millions de km**	Distance par rapport au Soleil : **149,6 millions de km**	Distance par rapport au Soleil : **227,94 millions de km**
Durée d'un tour autour du Soleil : **88 jours environ**	Durée d'un tour autour du Soleil : **225 jours environ**	Durée d'un tour autour du Soleil : **365 jours environ**	Durée d'un tour autour du Soleil : **667 jours environ**
Durée d'un tour sur elle-même : **58 jours environ**	Durée d'un tour sur elle-même : **243 jours environ**	Durée d'un tour sur elle-même : **1 jour**	Durée d'un tour sur elle-même : **1 jour environ**

1 Quel est ce document ? À quoi sert-il ?

2 Retrouve les planètes que tu connais.

3 Est-ce que la Lune fait partie des planètes du système solaire ? Comment le sais-tu ?

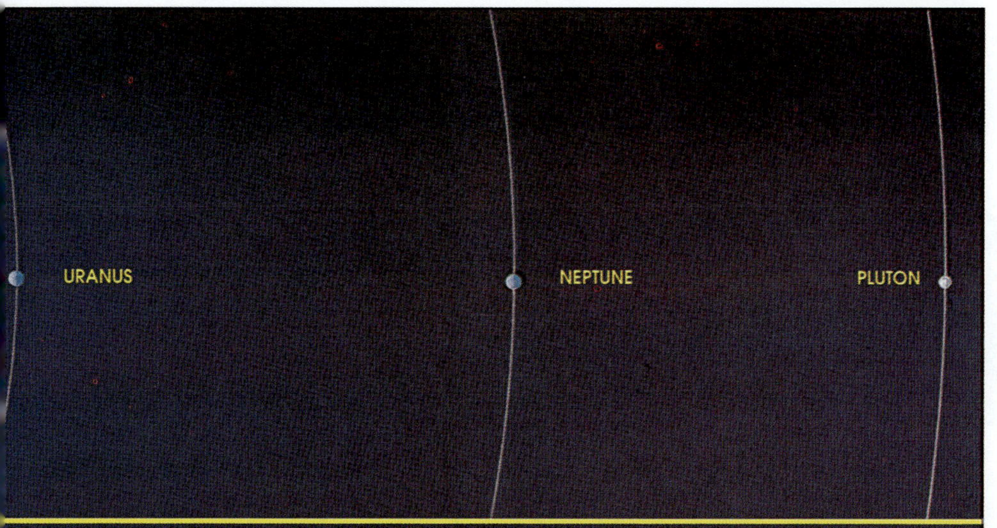

4 Cherche d'autres cartes du ciel visible de la Terre. Essaie de retrouver les constellations[1] ou les étoiles les plus faciles à repérer (Petite Ourse, Grande Ourse ou Bételgeuse par exemple).

1. **constellations :** regroupements d'étoiles.

Le cycle de l'eau

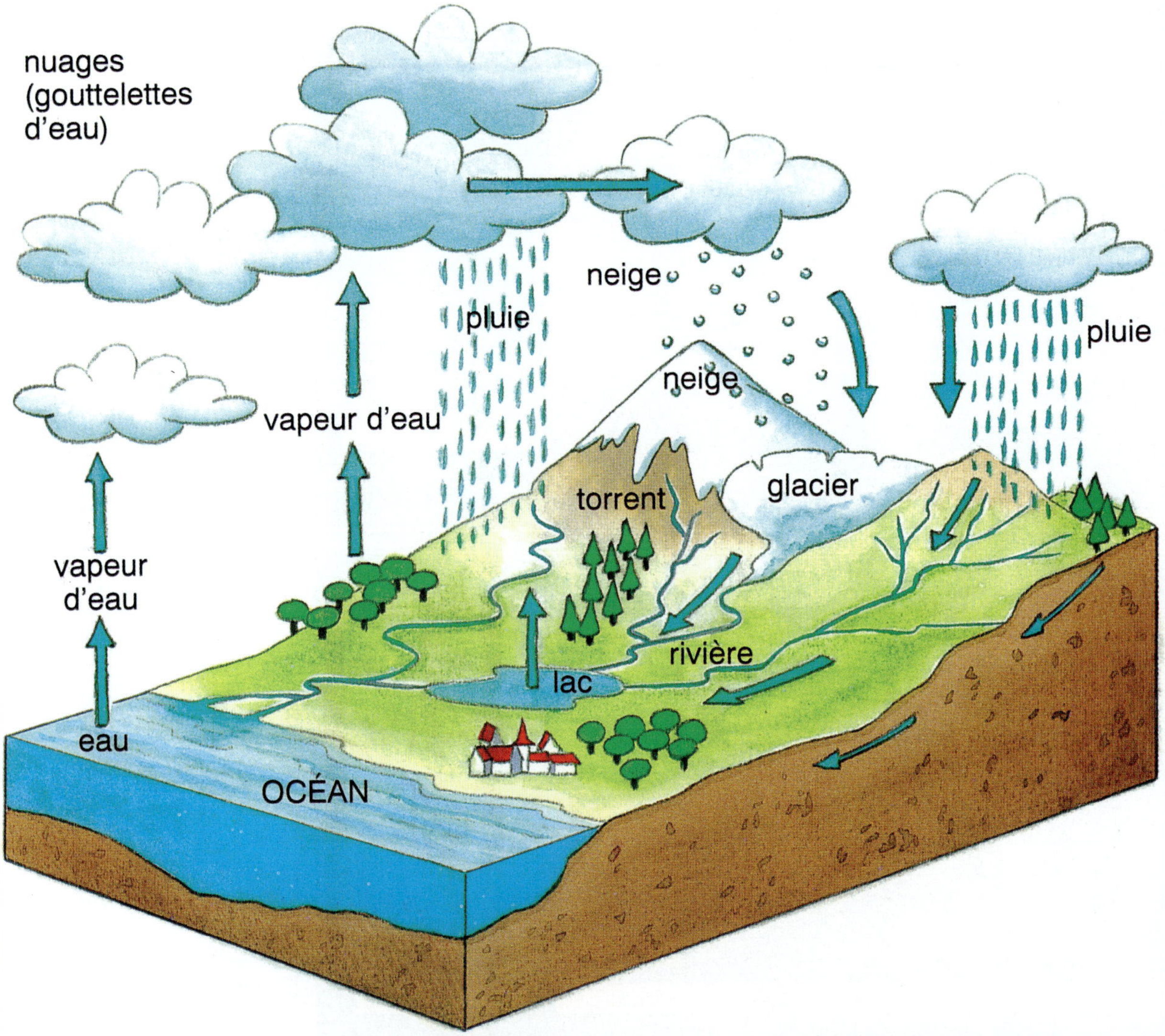

Découverte des Sciences CP/CE1,
Nouvelle collection Tavernier,

1 Quel est ce document ? Comment le sais-tu ?

2 Quels sont les différents renseignements que tu trouves dans ce document ? Quel est leur point commun ?

3 Cherche dans tes livres de classe comment est présenté le cycle de l'eau.

4 Trouve dans des journaux des articles sur la protection de l'environnement.

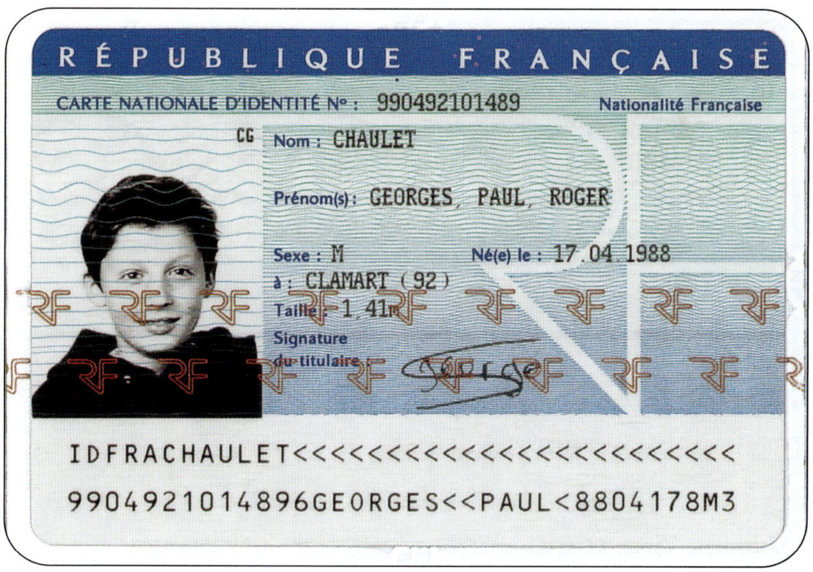

1 Quels sont ces documents ? À quoi servent-ils ?

2 Quels renseignements communs trouves-tu sur ces documents ?

3 Trouve d'autres documents officiels concernant des personnes. À quoi servent-ils ?

PROJET D'ÉCRITURE

1 J'ai découvert dans cette période

Dans la rubrique
je prépare l'expression écrite :

- une **règle de jeu** sert à nous expliquer comment nous devons jouer.
- les **consignes** nous indiquent les règles à suivre : ce qu'il faut faire ou ne pas faire.
- un **itinéraire** nous indique quel chemin suivre pour se rendre dans un endroit.

2 J'observe

> Ce terrain de sport,
> en libre accès,
> est mis à votre disposition sous votre entière responsabilité.
> Gardez-le en bon état. Il est le bien de la communauté.
> Évitez les nuisances sonores pour les habitants du quartier.
>
> Merci.

3 Je réfléchis

Voici le règlement d'un terrain de sport.

- De quelle façon les phrases sont-elles présentées ?
- Pourquoi établit-on des règlements pour des endroits comme celui-là ?
- Que pourrais-tu y ajouter ?

4 Notre projet

- **Rédiger le règlement de notre classe.**

Rédiger le règlement de notre classe.

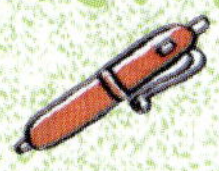

voir pages
87, 91, 99.

5 Je trouve des mots de vocabulaire pour m'aider

Boîte à idées

- jeter
- écrire
- sauter
- se taire
- parler
- courir
- écouter
- s'appliquer
- lever le doigt
- ranger
- se ranger
- lire
- dessiner
- jouer
- faire attention
- respecter
- etc.

- le tableau
- la bibliothèque
- un livre
- une chaise
- la table
- un vêtement
- un cahier
- un casier
- l'armoire
- du papier
- la poubelle
- un jeu
- un stylo
- de la peinture
- etc.

il est :

- interdit
- permis
- autorisé
- recommandé

on est :

- attentif
- agréable
- sympathique
- grognon
- etc.

Tu peux utiliser la boîte à idées et la compléter.

6 J'écris

Je rédige le règlement de ma classe.

Je cherche tout ce que les enfants doivent faire ou ne pas faire en classe. Je compose les phrases puis je les dispose comme dans l'exemple de règlement que nous avons vu. Je le compare avec le travail de mes camarades, puis nous établissons ensemble le règlement de notre classe.

Ensuite vous pouvez :

- lire votre règlement de classe aux autres classes.
- illustrer votre règlement et... essayer de le respecter !

La princesse Flocon de Neige

Il était une fois un pauvre potier qui vivait tout seul dans sa chaumière. Un soir qu'il tombait de la neige, il sortit et recueillit des flocons. Tous fondirent rapidement sauf un. Il se transforma en une jolie petite créature qui se présenta gracieusement :

« Le roi Hiver m'envoie pour que tu ne sois plus seul, je suis la princesse Flocon de Neige. »

Le potier fut bien content et voulut la faire entrer dans sa demeure. Mais elle se récria :

« Je fondrais immédiatement ! Construis-moi un petit palais de neige et tu m'y rendras visite ! »

Le potier fit ce que lui disait la princesse Flocon de Neige et, de ce jour, il ne fut plus jamais triste. Aux premiers rayons de soleil, le palais fondit et la petite princesse disparut. Mais elle revint chaque hiver.

Bientôt le bruit se répandit que le potier avait une fille d'une ravissante beauté et la nouvelle en parvint au roi.

Il fit mettre les chevaux à son traîneau qui volait sur la neige. Quand il arriva devant le palais de neige, la jeune fille apparut, toute blanche et resplendissante comme un flocon de neige. Il fut ébloui de sa beauté et s'écria :

« C'est toi que je veux pour femme et nulle autre ! »

Le potier essaya de dissuader le roi mais celui-ci ne voulut rien entendre et déclara :

« Si tu me donnes ta fille, tu auras de moi tout ce que tu voudras ! Mais si tu n'acceptes pas, je te ferai trancher la tête ! »

Alors Flocon de Neige murmura :

« Père, ne craignez rien. Demandez au roi sa bague et dites-lui que je veux le recevoir dans mon palais de neige. »

Le roi donna sa bague et entra dans le palais de neige. Alors, il se mit à geler et le méchant roi se changea en une stalactite de glace. Au printemps, le palais avec le roi et Flocon de Neige fondit au soleil. Comme le potier possédait la bague royale, il devint le souverain du pays. Et Flocon de Neige ? Elle revint chaque année, toujours plus belle !

Un conte pour chaque soir,
de Vratislav Stovi̇̆ček, adaptation J. et R. Karel,

Poésies

Les quatre éléments

L'air c'est rafraîchissant
le feu c'est dévorant
la terre c'est tournant
l'eau – c'est tout différent.

L'air c'est toujours du vent
le feu c'est toujours bougeant
la terre c'est toujours vivant
l'eau – c'est tout différent.

L'air c'est toujours changeant
le feu c'est toujours mangeant
la terre c'est toujours germant
l'eau – c'est tout différent.

Et combien davantage encore
ces drôles d'hommes
espèces de vivants
qui ne se croient jamais
dans leur vrai élément.

Claude Roy, in *Un seul poème*,
© Gallimard.

La lune blanche

La lune blanche
Luit dans les bois ;
De chaque branche
Part une voix
Sous la ramée...

Ô bien-aimée.

L'étang reflète,
Profond miroir,
La silhouette
Du saule noir
Où le vent pleure...

Rêvons, c'est l'heure.

Un vaste et tendre
Apaisement
Semble descendre
Du firmament
Que l'astre irise...

C'est l'heure exquise.

Paul Verlaine, *La Bonne chanson*.

La lune, LAKOWICZ, 1972.

Les souliers
de Jeanne
Chantal Crétois
Bruno Pilorget
Père Castor
Flammarion

CE1
Grindelire
Chantal Crétois • Anaïs Massini
Les souliers
de Jeanne
1934.35
Bordas

1. « Le certif »

1935, au début du mois de juillet...

Légers, légers, les souliers[1] de Jeanne, cet après-midi-là. Légers et frémissants. Sans cesse en mouvement. Et quand ils s'arrêtent enfin près de ceux de Germaine :

– Et si je ne l'ai pas ?

Germaine hausse les épaules :

– Quoi ! Si tu n'as pas ton « certif » ! Toi ! Mais si tu ne l'as pas, personne ne l'aura dans notre classe !

Les souliers reprennent leur sautillement :

– L'interrogation d'histoire..., s'inquiète Jeanne, je ne suis pas sûre d'avoir dit tout ce qu'il fallait...

– S'il n'y a que ça ! Avec toutes les autres matières, tu n'auras pas de mal à te rattraper...

Jeanne passe en revue toutes les autres épreuves qu'elle a passées quelques jours plus tôt : dictée, questions, rédaction, calcul, géographie, sciences, couture... Mais plus elle y pense, plus ses souliers s'emportent : elle a tout raté ! Tout raté, c'est sûr ! Oh non, il ne faut pas ! La touffe bouclée des cheveux bruns de Jeanne s'ébroue[2]. Ce n'est pas possible... Si elle rate le certificat d'études, elle ne pourra jamais entrer à l'École Primaire Supérieure, puis à l'École Normale... Elle ne sera jamais institutrice !

1. **souliers :** chaussures basses.
2. **s'ébroue :** s'agite.

Être institutrice... C'est le rêve de Jeanne. Tout le monde le sait à l'école. Elle n'en parle pas, pourtant. Mais quand on la voit expliquer les problèmes ou les règles de grammaire, on comprend tout de suite : Jeanne, elle serait la reine des institutrices. D'ailleurs, c'est le maître, monsieur Brun, qui l'a fait remarquer lui-même un jour :

– Eh bien, Jeanne, je peux prendre ma retraite : j'ai trouvé ma remplaçante.

Et depuis, il lui confie quelquefois les plus jeunes pour qu'elle les fasse lire. Comme elle est fière à ces moments-là ! Et heureuse !

À la maison aussi, elle essaie d'apprendre des choses à ses cadets[3], Georges et René. Le père n'aime pas beaucoup ça. Il prétend que c'est du temps perdu. Mais quand les petits lui disent :

« C'est beaucoup mieux qu'à l'école, avec toi, Jeanne », elle rougit de plaisir.

Parfois, son parrain s'approche...

Son parrain, c'est son demi-frère[4], Jacques, le premier enfant de leur mère. Elle ne l'appelle pas par son prénom. Elle dit toujours « Parrain », parce qu'elle est la seule à pouvoir le nommer ainsi. C'est un petit fil qui les lie l'un à l'autre. Un petit fil très fort. S'il est là quand elle fait travailler Georges et René, il écoute lui aussi. Puis il se tourne vers la mère :

– Si j'avais eu une institutrice comme Jeanne, j'aurais peut-être aimé l'école, moi aussi...

C'est le plus beau compliment qu'elle ait jamais entendu. Et c'est tout de suite à lui qu'elle pense, à Parrain, lorsqu'elle voit arriver monsieur Brun. Car il est là, le maître, enfin !... Avec la feuille des résultats dans les mains. Les élèves se précipitent : « Je l'ai ? Je l'ai ? Et moi ? »

Jeanne voudrait demander elle aussi, mais ses souliers ne veulent plus bouger. Ils sont comme collés au sol.

3. **cadets :** les petits frères.
4. **demi-frère :** ici, a la même mère mais pas le même père.

... À suivre

Et sa voix refuse aussi de lui obéir : aucun son ne sort de sa gorge. Elle regarde monsieur Brun. Fixement. Elle ne peut rien faire d'autre. Le maître, lui, se fâche un peu :

– Allons, allons, du calme ! Je ne lirai cette liste que quand vous m'aurez lâché. Et dans le plus grand silence bien entendu !

– Chut ! Chut !, répètent les enfants.

– Hum, hum, monsieur Brun s'éclaircit la voix. Je commence par les filles. Sont reçues : Première du Canton[5] : Cléry Jeanne…

Jeanne n'écoute plus… Ses souliers tremblent, ses jambes vacillent[6], le ciel tourne… Elle est reçue ! Elle est reçue première ! Première de toutes les filles !

Ses yeux la piquent. C'est son rêve qui commence à se réaliser : elle va pouvoir rentrer à l'École Primaire Supérieure ! Et si aujourd'hui, elle est première du canton, un jour, elle sera bien capable de devenir maîtresse d'école !
Mademoiselle Cléry, la maîtresse… Elle imagine déjà les visages enfantins tournés vers elle… Comme ils vont être fiers à la maison ! Parrain, surtout ! Elle n'entend même pas monsieur Brun qui, sa lecture terminée, la félicite :

– J'en étais sûr. Tu es ma meilleure élève. La meilleure depuis des années. Mais, il fronce les sourcils :

– À présent, c'est ton père qu'il va falloir convaincre…

– Mon père… Mais je suis première du canton !

… À suivre

5. **canton :** regroupement de communes.
6. **vacillent :** tremblent.

1 Je comprends le texte

Lignes 1 à 23, page 112

- Quand se passe l'histoire ?
  Qui sont les personnages ?
- Quel métier Jeanne veut-elle exercer plus tard ?
  Que devait-on faire, à l'époque, pour devenir institutrice ?
- Retrouve les trois passages où l'on parle des souliers.
  Que font les souliers ? À ton avis pourquoi ?

Lignes 24 à 55, page 113

- Quels nouveaux personnages découvres-tu ?
  Comment la famille de Jeanne est-elle composée?
- Que pense Jacques du rêve de Jeanne ?
- À ton avis, pourquoi le père prétend-il que « c'est du temps perdu » d'apprendre des choses à ses cadets ?

Lignes 56 à 78, page 114

- Quel est le résultat de Jeanne au « certif » ?
- Pourquoi va-t-il falloir maintenant convaincre le père ?
- Retrouve le passage où l'on parle des souliers.
  Que font-ils ? À ton avis pourquoi ?

- Pourquoi l'auteur a-t-il choisi comme titre du chapitre « Le certif » ?
  Quels obstacles Jeanne devra-t-elle encore franchir pour accomplir son rêve ?

2 Je fais fonctionner la langue

Ils s'arrêtent enfin près de <u>ceux</u> de Germaine.
Ils s'arrêtent enfin près des sabots de Germaine.
Jeanne passe en revue toutes les autres épreuves qu'elle a passées [...].
Jeanne passe en revue toutes <u>celles</u> qu'elle a passées [...].

- Observe les mots soulignés.
- Quels mots remplacent-ils ?

2 Je fais fonctionner la langue (suite)

Elle **ne** peut **rien** faire d'autre.
Elle peut faire autre chose.

Ses souliers **ne** peuvent **plus** bouger.
Ses souliers peuvent encore bouger.

Jeanne **n'**écoute **plus**.
Jeanne écoute encore.

- Observe les mots soulignés.
- Où sont-ils placés dans la phrase ?
- Par quels mots sont-ils remplacés dans la phrase contraire ?

C'est **le plus** beau compliment qu'elle ait jamais entendu.
C'est un beau compliment.

C'est le rêve de Jeanne.
C'est **le plus** beau rêve de Jeanne.

- Observe les mots soulignés.
- Comment changent-ils la phrase ?
- Sur le même modèle, fabrique d'autres phrases.

3 Je révise les sons

	[e]		
é	une école la dictée	un bébé la clé	la récréation une poupée
ez	le nez	vous chantez	vous pouvez
er	le boulanger	le rocher	un boucher
es	des	mes	ses

4 Je prépare l'expression écrite

J'observe

1. Céline a des cheveux noirs et lisses, des yeux verts en amande et le nez piqueté de taches de rousseur.
Pierre est blond et frisé ; il a de grands yeux noisette et le nez en trompette.

Mystère, A. Rocard, © Bordas.

2. Ah ! Qu'elle était jolie la petite chèvre de M. Seguin ! qu'elle était jolie avec ses yeux doux, sa barbiche de sous-officier, ses sabots noirs et luisants, ses cornes zébrées et ses longs poils blancs qui lui faisaient une houppelande ! (...) Un amour de petite chèvre.

La chèvre de Monsieur Seguin, A. Daudet.

Je réfléchis

- Après avoir lu ces extraits, peux-tu imaginer l'animal, les personnages ?
- Quelles parties de la chèvre l'auteur a-t-il décrites ?
- Dans le portrait de Céline et Pierre, retrouve les mots ou expressions qui caractérisent le nez, les yeux, les cheveux.

Ces extraits de textes servent à décrire un personnage ou un animal : ce sont des portraits.

J'écris

- Choisis un camarade pour en faire le portrait, propose la lecture de ce portrait à la classe. Ont-ils reconnu le personnage que tu as décrit ?

5 Je prépare ma lecture à haute voix

- **Je repère les pauses.**

« Hum, / hum, / monsieur Brun s'éclaircit la voix. // Je commence par les filles. // Sont reçues : // Première du canton : // Cléry Jeanne ... »

- **Je relis le texte en jouant le ou les personnages.**
- **Je m'entraîne sans les aides, lignes 75 à 78, page 114.**

2. La grande nouvelle

Les souliers dans son sac d'école, les sabots[1] aux pieds, Jeanne court sur le chemin. Elle n'a pas attendu Germaine, ni Lucienne. Elle est tellement pressée d'annoncer la nouvelle à sa famille : Première du canton !

Ils n'en croiront pas leurs oreilles ! Elle sait bien où ils sont : ils ramassent le foin[2] dans le champ du Milieu, à quatre kilomètres de là. Du plus loin qu'elle les voit, elle crie :

– Je suis reçue ! Je suis reçue ! La première ! C'est moi la première !

Les têtes se lèvent. Les mouvements des bras se figent une seconde. Ils sont trop éloignés pour que Jeanne distingue le sourire de sa mère et celui de Parrain Jacques. Mais un signe du père et ils se remettent tous à l'ouvrage : la mère range sur la charrette le foin que le père et Jacques lui passent à la pointe de leurs fourches, chacun de son côté.

Jeanne ralentit le pas. Elle est devenue toute blanche. Elle ne perçoit pas l'odeur d'herbe coupée qu'elle aime tant. C'est comme une grosse pierre sur sa poitrine. Mais lorsqu'elle arrive près des siens, sa mère lance du haut de la charrette :

– C'est bien, Jeanne. C'est vraiment très bien. Je te ferai la bise tout à l'heure, quand ce sera déchargé, ajoute-t-elle avec un petit rire où Jeanne perçoit un regret. Jacques, lui, n'y tient pas. Il jette son outil et la serre dans ses bras :

– Je suis fier de toi, ma filleule, lui glisse-t-il à l'oreille.

Le père fronce le sourcil : il cherchait les mots pour un compliment et voilà que le travail s'arrête sans qu'il l'ait décidé.

Jeanne s'approche de lui :

– Je suis reçue, répète-t-elle d'une toute petite voix. La première du canton.

– C'est bien, c'est très bien, déclare-t-il enfin.

1. **sabots :** chaussures en bois des paysans.
2. **foin :** herbe séchée pour la nourriture du bétail.

Mais un coup d'œil vers le ciel et il se rembrunit[3] :

– Le ciel se couvre... C'est de l'orage pour ce soir ! Attrape la fourche ! ordonne-t-il en désignant du menton l'outil fiché dans le chargement. Tu vas approcher le foin de mon côté. Depuis le temps qu'on t'attendait ! Parce que tout ça, c'est bien joli, mais il ne faudrait pas que ça t'empêche de remuer les bras !

Le rouge est monté aux joues de Jeanne. De blanche qu'elle était, elle est devenue pourpre. D'un coup, la peine s'est muée[4] en colère. Sans un regard pour Bijou, le cheval attelé à la charrette, qui, naseaux tendus, quémande une caresse, elle s'empare de la fourche. Rageusement, elle embroche le premier tas de foin. Elle leur prouvera qu'elle n'est pas une fainéante ! Ni à l'école. Ni aux champs ! Et elle leur montrera aussi que quand elle veut une chose...

Qu'importent les ampoules qui crèvent au creux de ses paumes ! Qu'importent ses reins brisés, ses membres fourbus. Elle tiendra jusqu'à la dernière fourchée, au même rythme que le père ! Oui, comme un homme ! Après tout, ce n'est pas pour rien que, malgré ses douze ans, on la dit bâtie à chaux et à sable.

Mais lorsque enfin le champ est vide, lorsque le père plante sa fourche dans la dernière charretée, Jeanne sent ses jambes plier sous elle. Sans un mot, elle glisse à terre.

– La p'tite ! La p'tite ! crie la mère du haut du chargement. Elle s'est évanouie !

Le père se retourne et d'un bond, se précipite vers sa fille.

– Tu l'as trop fait travailler ! Elle est jeune encore ! poursuit la mère.

– Elle a fait ce qu'elle a voulu ! Je ne l'ai pas forcée à aller si vite ! proteste le père, devenu tout blanc, en soulevant Jeanne dans ses bras.

– Elle n'est peut-être pas faite pour la terre... ose alors la mère.

Comme s'il n'avait rien entendu, le père grommelle :

– Elle ne tient pas debout... Je vais la porter jusqu'à la maison.

3. **se rembrunit :** devient sombre.
4. **elle s'est muée :** elle s'est changée.

... À suivre

1 Je comprends le texte

Lignes 1 à 31, page 118

- Comment s'appelle ce que porte Jeanne aux pieds ?
- Pourquoi a-t-elle changé de chaussures ?
- À ton avis, pourquoi a-t-elle « comme une grosse pierre sur sa poitrine » ?

Lignes 32 à 63, page 119

- Lorsque Jeanne ramasse le foin, où a-t-elle mal ? Pourquoi le père est-il pressé de rentrer le foin ?
- Que veut prouver Jeanne en travaillant autant ?
- Quelle est l'attitude du père après l'évanouissement de Jeanne ? Qu'en penses-tu ?

◆ Quels sentiments ressent Jeanne face aux réactions de chacun des membres de sa famille ? Crois-tu que Jeanne s'attendait à de telles réactions ?

2 Je fais fonctionner la langue

Elle ne perçoit pas l'odeur **d'herbe coupée qu'elle aime tant**.
Elle ne perçoit pas l'odeur **d'herbe coupée**.
Elle ne perçoit pas l'odeur **qu'elle aime tant**.
Elle ne perçoit pas l'odeur.

◆ À quoi servent les groupes de mots soulignés ?
◆ Quel est le mot qu'ils précisent ?

– Je suis reçue, répète-t-**elle**.
– Je suis reçue, répète Jeanne.
– C'est bien, c'est très bien, déclare-t-**il**.
– C'est bien, c'est très bien, déclare le père.
– Elle est jeune encore ! poursuit la mère.
– Elle est jeune encore ! poursuit-**elle**.

◆ Observe les mots soulignés.
◆ Que remplacent-ils ?

3 Je révise les sons

	[ø]	[œ]	
eu	une danseuse un pneu bleu le creux	la peur l'intérieur un danseur	une demeure l'extérieur le bonheur
œu	un nœud les vœux des œufs des bœufs	ma sœur le cœur	un bœuf un œuf

4 Je prépare l'expression écrite

J'observe

1. ... Elle s'empare de la fourche. Rageusement, elle embroche le premier tas de foin.

Les souliers de Jeanne, Chantal Crétois, © Flammarion.

2. Aussitôt jeté sur la paille moisie, il se releva, bondit jusqu'au soupirail et, se faufilant adroitement entre les barreaux, il se glissa dehors. Puis il brossa d'un revers de main ses chausses mi-rouges mi vertes.

Le jongleur le plus maladroit, É. Brisou-Pellen, © Nathan.

Je réfléchis

- Dans chaque extrait, repère les actions de chaque personnage.
- Quels sont les mots qui t'ont permis de les trouver ?

Dans ces extraits, les personnages accomplissent des actions : pour les indiquer, on utilise souvent des verbes.

J'écris

- Relève les verbes des extraits de textes. Tu en choisis plusieurs et tu écris une petite histoire que tu lis à tes camarades.

3. La visite

Les sabots de Jeanne sont sages sous la table. Immobiles. Raides et tristes. Ils n'attendent plus rien. Les pieds qu'ils chaussent n'iront plus s'installer sous un pupitre[1] ni devant un tableau. C'est la collation[2] du matin chez les Cléry. Les animaux sont nourris. Les vaches sont traites. On peut manger un morceau avant de partir dans les champs.

Un coup à la porte réveille les sabots de Jeanne. Mais lorsqu'elle voit entrer monsieur Brun, accompagné d'une dame qu'elle ne connaît pas, c'est une folle danse qui agite ses pieds.

Le père, lui, fronce le sourcil : justement aujourd'hui où il y a tant à faire ! On voit bien que ces gens-là ne connaissent rien à la terre !

– Monsieur Cléry, commence monsieur Brun, un peu mal à l'aise, je vous présente madame Sicard, la directrice de l'École Primaire Supérieure de filles... Vous devinez que nous venons vous parler de Jeanne... De son avenir...

Devant le silence du père, la mère s'empresse :

– Asseyez-vous donc. Vous prendrez bien un café... Avec une goutte de calva, monsieur Brun ?

1. **pupitre :** ancienne table d'écolier.
2. **collation :** un repas léger.

– Volontiers, madame Cléry, répond l'instituteur. Mais d'abord, je dois donner à Jeanne la récompense de son bon travail scolaire : elle a eu tous les prix cette année. Et en plus, le premier prix du canton au certificat d'études...

– Je sais, coupe le père, que la discussion à venir inquiète.

– Malheureusement, poursuit le maître, comme elle n'est pas allée en classe les dix derniers jours après l'examen, elle n'a droit qu'à la moitié de ses livres de prix. Je suis désolé, Jeanne, c'est la règle.

– Ce n'est pas ma faute, murmure Jeanne.

– Ce n'est pas la mienne non plus ! proteste le père. Les règlements des écoles, ça ne comprend rien à la terre. En ce moment, il y a du travail. On a besoin d'elle. Elle est bien assez savante puisqu'elle a eu son certificat. De toute façon, elle ne retournera plus en classe... Alors dix jours de plus ou de moins...

– Justement, intervient madame Sicard, c'est pour cela que j'ai tenu à accompagner monsieur Brun. J'ai regardé avec attention ses cahiers et ses copies d'examen. Vous pouvez être fiers de votre fille : c'est un travail de qualité. De grande qualité.

La cafetière tremblote une seconde dans les mains de la mère.

– Madame Cléry, plaide[3] monsieur Brun qui sent une alliée[4], vous comprenez bien que c'est l'avenir de votre enfant qui est en jeu ? Elle a dû vous dire qu'elle voulait être maîtresse d'école ?

Elle se tourne vers son mari, puis :

– Vous savez... C'est lui qui décide...

– Monsieur Cléry, reprend monsieur Brun, Jeanne peut devenir institutrice... Elle en a largement les capacités...

– Institutrice..., répète tout bas la mère.

– Institutrice..., murmure aussi Jeanne en caressant sa pile de livres, les yeux pleins de lumière.

– Ou mieux que ça, ajoute madame Sicard.

3. **plaide :** prend la parole pour défendre.
4. **une alliée :** une personne qui aide, une amie.

... À suivre

– Institutrice ! s'exclame enfin monsieur Cléry. Institutrice ! Et la ferme, hein ? ! Jeanne est mon aînée ! Elle a des petits frères après elle. Alors, à douze ans, il est bien temps qu'elle se mette au travail ! Quand j'étais jeune, l'école, c'était pour les jours où il n'y avait rien d'autre à faire chez nous. Et on n'attendait pas douze ans pour prendre sa place à la ferme ! Il n'y a jamais eu de fainéant chez les Cléry !

– Je ne suis pas une fainéante ! s'indigne Jeanne.

– Non, ça, on ne peut pas le dire... renchérit la mère... Et puis, il faut du courage aussi pour étudier, ajoute-t-elle pour atténuer ce que les paroles de son mari peuvent avoir de déplaisant à l'égard de leurs hôtes[5].

– De toute façon, j'ai besoin d'elle et c'est tout, plaque monsieur Cléry.

La tête de Jeanne a plongé dans son bol : pas la peine que les autres voient son chagrin...

Les dents de Jacques se sont serrées. Silencieux, il a suivi avec attention la conversation et il comprend que monsieur Brun a perdu la bataille. Il a beau être venu avec du renfort, le père de Jeanne ne pliera[6] pas devant lui. Son regard effleure la silhouette de sa filleule avant de se durcir. Il ouvre la bouche pour parler, puis la referme. Non... pas encore. Ce n'est pas le bon moment.

... À suivre

5. **leurs hôtes :** les personnes reçues chez eux.
6. **ne pliera pas :** ne cédera pas.

1 Je comprends le texte

Lignes 1 à 18, page 122

- Lorsque la famille Cléry passe à table, quel travail a déjà été fait ?
- Pourquoi Jeanne reprend-elle espoir lorsque monsieur Brun et madame Sicard arrivent ?
- À ton avis, pourquoi monsieur Cléry reste-t-il muet ?

Lignes 19 à 49, page 123

- Pourquoi Jeanne n'a-t-elle pas eu tous ses livres ?
- Pourquoi monsieur Brun sent-il une alliée en madame Cléry ?
- À ton avis madame Cléry est-elle une alliée efficace ?

Lignes 50 à 71, page 124

- Pourquoi monsieur Cléry veut-il garder sa fille à la ferme ?
- Pourquoi et pour qui l'attitude du père est-elle désagréable ?
- Que voulait dire Jacques ?
  À ton avis, pourquoi n'est-ce pas le bon moment ?

- À la fin de la discussion, Jeanne peut-elle encore devenir institutrice ?
  Qui pourrait encore faire évoluer la situation ?

2 Je fais fonctionner la langue

Il a beau être venu avec du renfort, le père [...] ne pliera pas devant lui.
Il est venu avec du renfort **mais** le père [...] ne pliera pas devant lui.
Bien qu'il soit venu avec du renfort, le père [...] ne pliera pas devant lui.

- Observe les phrases. Ont-elles le même sens ?

– Vous comprenez bien que c'est l'avenir de votre enfant qui est en jeu ?
– Vous comprenez bien **?**
– Comprenez-**vous** bien ?
– **Est-ce que** vous comprenez bien ?

- Observe les phrases.
- Quels sont leurs points communs et leurs différences ?

3 Je révise les sons

		[j]			
	y	un yaourt	la hyène	un royaume	un crayon
	ill	une écaille la paille	la grenouille il se mouille	un papillon une bille	la feuille
	il	l'œil	l'ail	un orteil	du fenouil
	i	un lion	un lieu	un chien	

⚠ le paysage - une ville - un fils - l'outil

4 Je prépare ma lecture à haute voix

- **Je repère les pauses.**

Monsieur Cléry, / reprend monsieur Brun, /
Jeanne peut devenir institutrice… // […]
– Institutrice…, // répète tout bas la mère. //
– Institutrice…, // murmure aussi Jeanne […]. //
– Institutrice ! / s'exclame enfin monsieur Cléry. // Institutrice ! //

- **Je relis le texte en jouant les personnages.**

- **Je m'entraîne sans les aides.**

– […] Je suis désolé, Jeanne, c'est la règle.
– Ce n'est pas ma faute, murmure Jeanne.
– Ce n'est pas la mienne non plus ! proteste le père.

5 Je prépare l'expression orale

J'observe

Dans l'histoire, les personnages discutent pour décider de l'avenir de Jeanne.

Les alliés de Jeanne essaient de convaincre le père.
Ils utilisent certains arguments :
- Elle rêve d'être institutrice.
- C'est une très bonne élève, elle a été reçue première au « certif ».
- Elle fait lire les plus jeunes en classe.
- Elle fait travailler ses cadets.
- Elle est courageuse.

Monsieur Cléry, lui, a des arguments pour que Jeanne reste à la ferme :
- Il y a du travail à la ferme.
- Elle est bien assez savante.
- Elle doit s'occuper de ses cadets.
- À douze ans, on travaille à la ferme.

Jeanne, elle, ne donne pas son avis. Elle n'a pas droit à la parole.

Je réfléchis

- Tu aimerais adopter un animal. Avec un camarade, cherche les arguments pour convaincre ton père ou ta mère. Classe-les dans un tableau.

Je prends la parole

- Avec ton camarade, chacun à votre tour, jouez le rôle de l'enfant puis celui d'un des parents et présentez la discussion devant la classe.
- Par qui vos camarades ont-ils été convaincus ? Essayez de comprendre pourquoi.

Pour convaincre, on utilise des arguments et un ton particulier.

4. Parrain Jacques

Les sabots de Jeanne se sont blottis[1] l'un contre l'autre, comme pour se protéger. Tout à sa déception, elle a à peine salué monsieur Brun et madame Sicard qui sortaient. Elle ne lève même pas le nez pour suivre le visage de celui qui s'est mis à parler. Pourtant, c'est son parrain Jacques et il a sa voix des mauvais jours. Sa voix de dispute.

– Je n'ai pas voulu intervenir devant monsieur Brun. Mais je ne suis pas d'accord avec vous : il faut laisser Jeanne continuer ses études.

Le père bondit :

– Ce n'est pas toi qui vas commander ici ! Et d'abord, ça ne te regarde pas !

– Ça me regarde : Jeanne est ma filleule. Je n'ai jamais été malheureux avec vous, beau-père. Mais si vous la gardez à la terre, c'est moi qui pars, annonce Jacques d'une voix de glace.

– Toi qui pars ! s'esclaffe le père, vaguement inquiet cependant. Je voudrais bien voir ça.

– J'ai vingt-quatre ans. Je fais ce que je veux. Le père Martin m'a déjà proposé plusieurs fois de prendre sa ferme. J'ai toujours refusé. Mais aujourd'hui...

– Mais enfin, pourquoi ? Est-ce que tu y es allé si longtemps en classe, toi ? Ta mère dit bien que tu faisais l'école buissonnière[2] chaque fois que tu pouvais !

Jacques rougit et jette un regard en coulisse vers Jeanne. Mais sa demi-sœur l'observe avec anxiété.

Ses sabots, malgré elle, se serrent autour du pied de la table. Parrain lui redonne une chance, entrouvre pour elle la porte de son rêve.

1. **se sont blottis :** se sont serrés.
2. **faire l'école buissonnière :** flâner au lieu d'aller en classe.

– Moi, c'est la terre que j'aime, lance alors Jacques. Je l'aime autant que Jeanne aime ses livres. Alors, je la comprends... Parce que, moi, si j'étais privé de la terre !...

– Il n'y a pas que les livres. Les enfants aussi... C'est les enfants aussi qu'elle aime, murmure la mère. Tu n'as qu'à la voir quand elle s'occupe des petits.

– Justement, fait le père, elle te rendra service à la maison.

– Oh, je peux faire toute seule...

– Mais pas moi ! clame-t-il. Il y a du travail pour elle dans les champs aussi.

– On s'est bien débrouillés sans elle jusqu'à présent, reprend alors Jacques. Et il vaut peut-être mieux que cela soit sans elle que sans moi.

Le père ne dit plus rien. Il s'est rassis. Après un long silence, il déclare :

– De toute façon, on n'a même pas l'argent pour la pension[3].

– Le maître de Jeanne m'avait expliqué un jour que pour les bons élèves, l'État peut payer, indique la mère. Il y a un autre examen à passer. Mais monsieur Brun pense qu'elle l'aura...

Le père regarde obstinément le bois de la table.

Jacques et sa mère le connaissent assez pour comprendre qu'il est en train de prendre sa décision. C'est la première fois qu'on lui résiste ainsi dans sa propre famille. Pour lui qui a été élevé si sévèrement, c'est difficile à accepter. C'est difficile aussi d'admettre que sa fille puisse suivre un autre chemin que lui. Lorsqu'il se lève enfin :

– Je vais réfléchir, déclare-t-il. Tout ça ne me plaît pas beaucoup... Vous avez tous l'air d'accord mais vous ne vous rendez pas bien compte. Vous verrez qu'elle vous fera défaut[4], notre Jeanne. Faudra pas venir vous plaindre après... Pensez bien à tout ça. Je vous donnerai ma réponse demain matin. Et d'ici là, je ne veux plus en entendre parler ! ajoute-t-il en sortant.

3. **la pension :** la nourriture et le logement à l'école.

4. **elle vous fera défaut :** elle vous manquera.

... À suivre

Jacques et sa mère échangent un regard heureux : le père n'a pas voulu avoir l'air de céder trop vite. Mais toutes ces paroles qu'il vient de prononcer, ils savent bien que ça veut dire oui.

– Tu n'aurais peut-être pas dû parler si fort, souffle quand même la mère.

– C'était le seul moyen, répond Jacques. Je ne pouvais pas laisser faire ça. Et pour le travail, je suis certain qu'on y arrivera.

– Mais c'est sûr que Papa dira oui demain ? C'est sûr, Maman ? s'inquiète Jeanne.

– Il a presque dit oui aujourd'hui, Jeanne. Et tu verras : le jour où tu seras institutrice, il sera fier. Très fier.

Jeanne s'est levée. Un tambourin résonne dans sa tête : Institutrice. Je serai institutrice. Institutrice. Institutrice. Institutrice... Si elle pouvait, elle danserait de joie ! Mais ses sabots tremblent sous elle. Parrain Jacques rit :

– Regarde-la donc, notre institutrice : elle ne tient pas debout ! fait-il en la soulevant dans ses bras.

Les sabots battent dans le vide et Jeanne rit à son tour :

– Merci, Parrain.

– Oh, je ne l'ai pas fait seulement pour toi, explique Jacques. J'avais ma petite idée : si un jour j'ai des enfants et qu'ils me ressemblent pour l'école, je serai bien content de les envoyer chez une institutrice comme toi !

... Fin

1 Je comprends le texte

Lignes 1 à 28, page 128

- Qui prend la défense de Jeanne ? Avec quels arguments ?
- À quoi remarques-tu que Jacques est en colère ?
- À ton avis, pourquoi les sabots de Jeanne « se sont blottis l'un contre l'autre » et « se serrent autour du pied de la table » ?

Lignes 29 à 61, page 129

- Ce que Jacques aime le plus, c'est la terre. Et Jeanne ?
- Quels arguments le père oppose-t-il à sa femme et à Jacques ?
- À ton avis, que va décider le père ?

Lignes 62 à 84, page 130

- Pour quelle raison Jacques souhaite-t-il que Jeanne devienne institutrice ?
- À quoi remarques-tu que Jeanne est heureuse ?
- À ton avis, le père sera-t-il fier de Jeanne quand elle sera institutrice ?

◆ Pourquoi l'auteur a-t-il choisi comme titre : « Les souliers de Jeanne » ? Si Jeanne poursuit ses études, quels seront les changements pour chacun des membres de la famille ?

2 Je fais fonctionner la langue

<u>Ta</u> mère dit bien que <u>tu</u> faisais l'école buissonnière [...].
<u>**Ma**</u> mère dit bien que <u>**je**</u> faisais l'école buissonnière.
Tout à <u>sa</u> déception, <u>elle</u> a à peine salué monsieur Brun et madame Sicard.
Tout à <u>**ta**</u> déception, <u>**tu**</u> as à peine salué monsieur Brun et madame Sicard.

- Observe les mots soulignés.
- Sur le même modèle, construis d'autres phrases.

2 Je fais fonctionner la langue (suite)

Le père regarde **obstinément** le bois de la table.
Le père regarde, **de façon obstinée**, le bois de la table.

Pour lui qui a été élevé si **sévèrement**, c'est difficile à accepter.
Pour lui qui a été élevé **de manière si sévère**, c'est difficile à accepter.

C'est **difficile** aussi d'admettre que sa fille
puisse suivre un autre chemin que lui.
Il admet **difficilement** que sa fille
puisse suivre un autre chemin que lui.

- Observe les mots soulignés.
- Sur le même modèle, compose d'autres phrases.

3 Je révise les sons

	[ε] →		
è	la sirène le mystère	discrète un poète	
ê	une tête la fête	la forêt une fenêtre	
ai	une maison un palais	une aile une raie	
ei	une reine	la baleine	
e	belle	la bicyclette	
et	un poulet	un jouet	

4 Je prépare l'expression écrite

J'observe

1. Un intérieur de campagne

Cette pièce servait à la fois de cuisine et de salle à manger.
À droite de la cheminée flambante, un de ces fourneaux de fonte qu'on nomme un potager ronflait doucement. Au milieu, sur une massive et longue table de hêtre, la nappe de grosse toile était dressée et le couvert déjà mis.

© A. Theuriet, *Reine des bois*, Éd. Fasquelle.

2. La salle au chocolat

À leurs pieds s'étalait… une jolie vallée. De chaque côté, il y avait de verts pâturages et tout au fond coulait une grande rivière brune.
Mais on voyait aussi une formidable cascade – une falaise abrupte par où les masses d'eau pleines de remous se précipitaient dans la rivière, formant un rideau compact, finissant en un tourbillon écumant et bouillonnant, plein de mousse et d'embruns.

© R. Dahl, *Charlie et la chocolaterie*, Gallimard Junior.

Je réfléchis

- Après avoir lu ces extraits de texte, peux-tu imaginer ces différents endroits ?
- Dans chacun des extraits, observe les titres.
- Retrouve les différents éléments décrits dans chacun des textes.
- Les informations données dans chaque titre correspondent-elles à celles du texte ?
- Justifie ta réponse.

Ces extraits de textes présentent un lieu : ce sont des descriptions.

J'écris

- Observe ta salle de classe. Regarde bien les détails et rédige la description de ta classe. Lis-la à tes camarades. Ont-ils reconnu votre classe ?
- Comparez vos textes et rassemblez-les en une seule description.

Les souliers de Jeanne

Jeanne est courageuse, Jeanne est brillante, Jeanne veut réussir. Son rêve : devenir institutrice. Malheureusement, on a besoin de bras à la ferme et son père n'est pas d'accord pour qu'elle poursuive ses études.
Comment le convaincre ?...

À partir de 7 ans

Dans la même collection :
- *Mystère*
- *Belle Neigeuse*
- *Aristide*

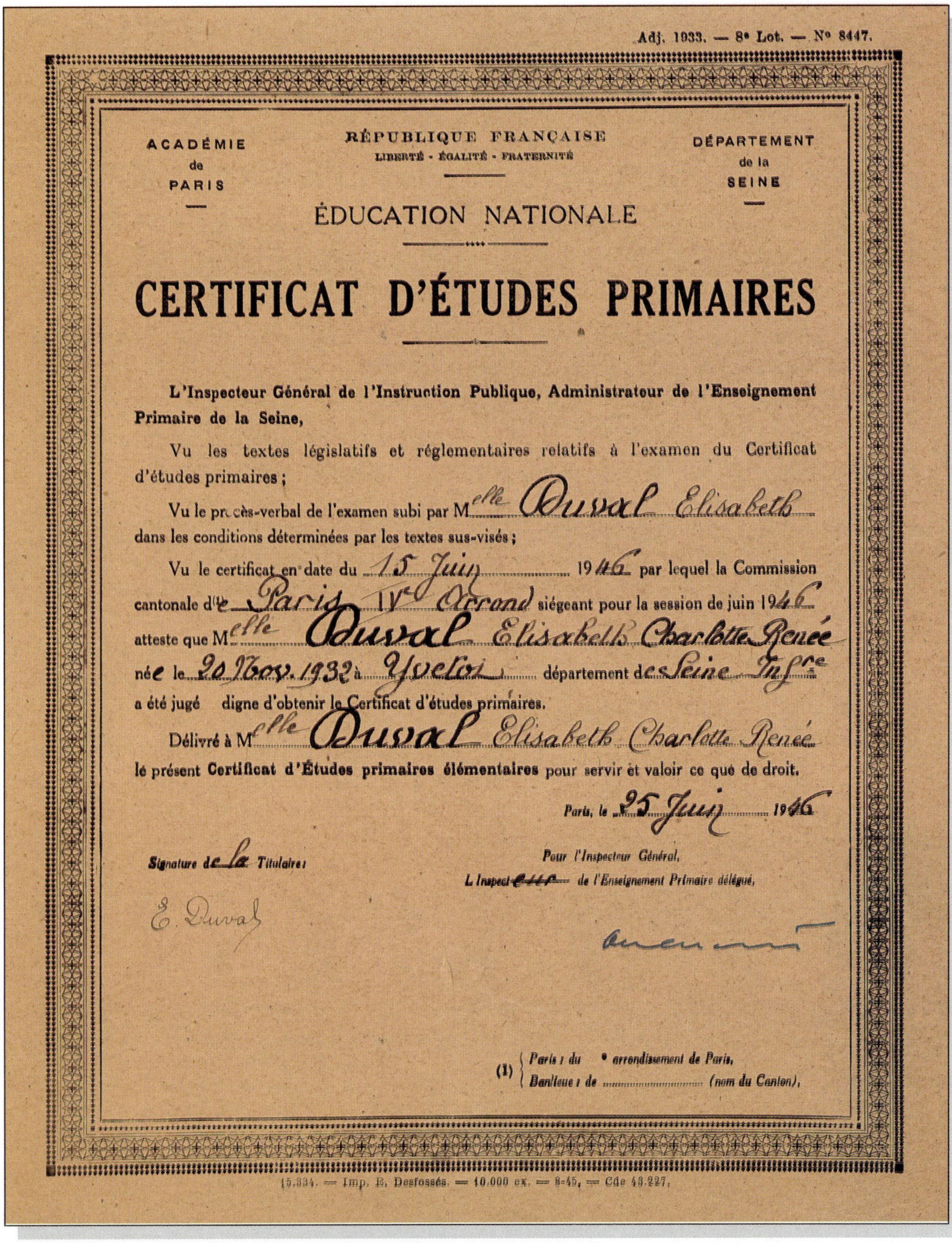

Adj. 1933. — 8e Lot. — No 8447.

ACADÉMIE de PARIS

RÉPUBLIQUE FRANÇAISE
LIBERTÉ - ÉGALITÉ - FRATERNITÉ

DÉPARTEMENT de la SEINE

ÉDUCATION NATIONALE

CERTIFICAT D'ÉTUDES PRIMAIRES

L'Inspecteur Général de l'Instruction Publique, Administrateur de l'Enseignement Primaire de la Seine,

Vu les textes législatifs et réglementaires relatifs à l'examen du Certificat d'études primaires ;

Vu le procès-verbal de l'examen subi par Melle Duval Elisabeth dans les conditions déterminées par les textes sus-visés ;

Vu le certificat en date du 15 Juin 1946 par lequel la Commission cantonale de Paris IVe arrond siégeant pour la session de juin 1946 atteste que Melle Duval Elisabeth Charlotte Renée née le 20 Nov. 1932 à Yvetot département de Seine Infre a été jugé digne d'obtenir le Certificat d'études primaires.

Délivré à Melle Duval Elisabeth Charlotte Renée le présent **Certificat d'Études primaires élémentaires** pour servir et valoir ce que de droit.

Paris, le 25 Juin 1946

Signature de la Titulaire :

E. Duval

Pour l'Inspecteur Général,
L'Inspecteur de l'Enseignement Primaire délégué,

(1) *Paris : du ° arrondissement de Paris.*
Banlieue : de .... (nom du Canton).

15.334. — Imp. E. Desfossés. — 10.000 ex. — 8-45. — Cde 43.227.

1 Quel est ce document ? Comment le sais-tu ?

2 Qui délivre le Certificat d'Études ?
Où a-t-il été passé ? En quelle année ?

3 Sur quels autres documents retrouves-tu la mention « Liberté - Égalité - Fraternité » ?

Déclaration des droits de l'Enfant

20 novembre 1989

1

Le droit à l'égalité sans distinction ou discrimination fondées sur la race, la religion, l'origine ou le sexe.

2

Le droit aux moyens permettant de se développer d'une façon saine et normale sur le plan physique, intellectuel, moral, spirituel et social.

3

Le droit à un nom et à une nationalité.

4

Le droit à une alimentation saine, à un logement et à des soins médicaux.

5

Le droit à des soins spéciaux en cas d'invalidité.

6

Le droit à l'amour, à la compréhension et à la protection.

7

Le droit à une éducation gratuite, à des activités récréatives et à des loisirs.

8

Le droit au secours immédiat en cas de catastrophes.

9

Le droit à la protection contre toute forme de négligence, de cruauté et d'exploitation.

10

Le droit à la protection contre toute discrimination et le droit à une éducation dans un esprit d'amitié entre les peuples, de paix et de fraternité.

d'après Béatrice Haydz Koller, *Nos droits d'enfants*, © Syros.

1. Quel est ce document ? Comment le sais-tu ?
2. De quand date cette déclaration des « droits de l'enfant » ?
3. Depuis combien d'années existe-t-elle ?
4. Connais-tu d'autres déclarations de ce type ?
5. Cherche à la BCD d'autres documents relatifs aux droits des enfants et compare-les à celui-ci.

La Méridienne, Vincent VAN GOGH, (1853-1890).

1 Quel est ce document ? Comment le sais-tu ?
2 Que représente-t-il ?
3 Avec quoi coupait-on les blés à cette époque ?
4 Avec quoi se chaussait-on pour aller travailler ?
5 Cherche d'autres tableaux sur les moissons à la BCD.

La France

Depuis 1945, l'exode rural a vidé les campagnes, l'agriculture s'est modernisée. La France est aujourd'hui une grande puissance agricole, mais ses paysans souffrent de l'endettement et de la surproduction.

LA FIN DES PAYSANS ?

Depuis 1950, trois agriculteurs sur quatre ont quitté la terre. Les conditions de travail difficiles, les revenus très faibles ont poussé beaucoup d'entre eux à partir travailler en ville.
Actuellement, on compte à peine plus d'un million d'agriculteurs en France.

AGROALIMENTAIRE ET TRADITION

Beaucoup d'agriculteurs produisent pour des grandes surfaces ou des industriels de l'alimentation. Ils se lancent dans une production massive et à bas prix, dans l'élevage industriel de poulets, de porcs ou de veaux. À l'opposé, certains exploitants renoncent à la production en grosse quantité et renouent avec des produits traditionnels comme les fromages ou les vins de terroir. Les agriculteurs peuvent ainsi continuer à vivre et à travailler au pays. Ces produits de terroir sont plus chers mais plus naturels.

1 Quel est ce document ? Comment le sais-tu ?
2 Que produit-on dans la région où tu habites ?

agricole

UNE AGRICULTURE SCIENTIFIQUE

En trente ans, des variétés de blé à haut rendement ont été mises au point et on a développé des races bovines produisant plus de viande, de lait.
Aujourd'hui les progrès de la biologie permettent d'élaborer des plantes résistant aux parasites et de limiter l'usage d'engrais chimiques polluants.

PÊCHEURS EN COLÈRE

Comme les paysans, les pêcheurs ont dû s'endetter lourdement pour se moderniser. Aujourd'hui, la concurrence étrangère fait chuter les prix du poisson et met en péril l'activité des grands ports de pêche français comme Boulogne ou Concarneau.

3 Pourquoi parle-t-on d'agriculture scientifique ?
4 Pourquoi les produits du terroir sont-ils plus chers ?

PROJET D'ÉCRITURE

1 J'ai découvert dans cette période

Dans la rubrique
je prépare l'expression écrite :

- un **portrait** sert à décrire un personnage dans ses particularités physiques ou de caractère.
- l'**utilisation de verbes** pour décrire des actions.
- la **description** pour présenter un endroit, un lieu.

2 J'observe

POURQUOI J'AI CHOISI D'ÊTRE HORTICULTEUR :

Lorsque j'étais enfant, j'adorais être dehors et aider mon père dans le jardin. Faire pousser des fleurs, les cueillir pour en faire des bouquets, observer les insectes, et surtout voir grandir dans le potager les graines de légumes que j'avais semées.

Ensuite, quand nous sommes partis habiter en ville, il m'a fallu m'habituer à la vie citadine. Ce n'était pas facile. Alors, souvent, je me réfugiais au jardin public du quartier. Je crois que c'est là, un jour, que j'ai décidé de faire ce métier. Horticulteur, le mot, rien que le mot me faisait rêver. L'idée de retrouver « ma nature » et d'en faire mon travail ! Maintenant, cela fait dix ans que j'exerce ce métier, et je ne regrette pas de l'avoir choisi : je travaille beaucoup, mais je suis libre d'organiser ma journée comme je le souhaite !

Jean-Jacques, 35 ans, horticulteur.

3 Je réfléchis

<u>Et toi, quel métier veux-tu faire plus tard ?</u>

- Comment seras-tu habillé ?
- Quelles seront tes activités ?
- Où exerceras-tu ton métier ?

4 Notre projet

- **Décrire notre futur métier.**

Décrire notre futur métier.

voir pages
117, 121, 133.

5 Je trouve des mots de vocabulaire pour m'aider

Boîte à idées

Plus tard...

je serai	je porterai	j'utiliserai	je travaillerai
infirmière	une blouse	une seringue	dans une ferme
médecin	une combinaison	un stéthoscope	dans un bureau
aviateur		un avion	dans un cabinet
paysan	des bottes	un tracteur	dans la nature
vétérinaire	des chaussons	une lance d'incendie	dans une classe
pompier		une grande échelle	sur scène
alpiniste	un bonnet	un piolet	dans un hôpital
professeur	une casquette	une craie	en ville
pêcheur	un casque	une ligne	à la campagne
danseuse	etc.	un filet	à la montagne
mécanicien		des outils	en mer
etc.		etc.	etc.

• danser • soigner • piloter • pêcher • réparer • ausculter • cultiver
• enseigner • expliquer • sauver • éteindre • escalader • etc.

Tu peux utiliser la boîte à idées et la compléter.

6 J'écris

Je décris le métier que je veux faire plus tard, ma tenue et mon lieu de travail.

⚠ Avant d'écrire, j'organise mes idées.

Ensuite vous pouvez :

- lire vos textes à haute voix.
- comparer les textes de ceux qui veulent faire le même métier.
- rencontrer quelqu'un exerçant ou ayant exercé ce métier.
- préparer un panneau d'affichage avec les métiers et les illustrer.
- chercher quelle formation il faut faire pour apprendre ce métier.

Dans la forêt enchantée, à l'heure de la sieste...
O SOLE Mio
O SOLE
Mio
C'est quoi ce vacarme?!!
Ah enfin! Tu es réveillé!
Pas moyen de dormir tranquille!! Qu'est-ce qui se passe encore dans cette forêt?
Suis-moi, je vais te montrer
LA BELLE DE CADIX A DES YEUX DE VELOURS
Insupportable non?!!
FIGARO CÎÎÎ FIGARO LÂLÂ LÂ
Et voilà.
Dis donc, Mozart, tu ne peux pas mettre une sourdine, on ne s'entend plus dormir dans un rayon d'un Kilomètre!
AH DE QUOÂÂÂ?? ON VEUT M'EMPÊCHER DE M'EXPRIMER!! Sachez, grossier personnage, que voici venu le printemps...
Et je compte saluer son arrivée de mes gazouillis mélodieux!!
FAITES SILENCE MAINTENANT...
L'AMOUUUR EST ENFANT DE BOHÊME

TORÉADOR TON COE N'ES
GRINDELIRE, FAIS QUELQUE CHOSE, JE CRAQUE !!
S'IL NE SE TAIT PAS DANS LES CINQ MINUTES, JE LE GRILLE COMME UNE VULGAIRE SAUCISSE !
Tu ne peux pas faire une chose pareille, ce serait un meurtre !!
C'EST MAL !!
Quoique... Ne bouge pas... je reviens tout de suite !!
Cinq minutes plus tard...
Alors, tu as trouvé une solution ?
Bof... Non. En fait, tu as peut-être raison, on n'a pas le choix...
CLIC
CAPRIiiii C'EST FINI CUI ? CUI ?
WHCOUFF
Hiiiiiii, JE N'VEUX PAS VOIR ÇA !!
Y'a pas à dire, ça soulage !!
LAISSEZ PASSER !! PIN PON ! PIN PON !
Et voilà !! Rien de tel qu'un bon "chaud et froid" pour provoquer une extinction de voix !
Ça alors, je n'y aurais pas pensé.
cui
On peut dire que ça lui a coupé le sifflet !
HiHi !!
FIN

Poésies

Les écoliers

Sur la route couleur de sable
En capuchon noir et pointu,
Le « moyen », le « bon », le « passable »
Vont, à galoches que veux-tu,
Vers leur école intarissable.

Ils ont dans leur plumier des gommes
Et des hannetons du matin,
Dans leurs poches, du pain, des pommes,
Des billes, ô précieux butin
Gagné sur d'autres petits hommes

Ils ont la ruse et la paresse
– Mais l'innocence et la fraîcheur –
Près d'eux les filles ont des tresses
Et des yeux bleus couleur de fleur
Et des vraies fleurs pour la maîtresse.

Puis les voilà tous à s'asseoir
Dans l'école crépie de lune,
On les enferme jusqu'au soir
Jusqu'à ce qu'il leur pousse plume
Pour s'envoler. Après, bonsoir ! [...]

Salle de classe, Amoignes, P.L. Martin, 19ème.

Maurice Fombeure,
extrait de « Les écoliers »
in *Pendant que vous dormez*, ...

Au temps de ma jeunesse folle

Hé Dieu ! si j'eusse étudié
Au temps de ma jeunesse folle,
Et à bonnes mœurs dédié,
J'eusse maison et couche molle.
Mais quoi ? je fuyais l'école
Comme fait le mauvais enfant.
En écrivant cette parole,
A peu que le cœur ne me fend. [...]

François Villon, in *Le Grand Testament*.

CE1
Grindelire
JEAN-CLAUDE MOURLEVAT • VOLKER THEINHARDT
Aristide
BORDAS

TABLEAU 1

ALEX *(en pyjama, cherchant en vain dans toutes les pièces)* **:** Papa ! Maman ! Vous êtes là ? *(il trouve enfin une lettre et la lit à haute voix)* **:**

« Cher Alex, ta maman et moi en avons plus qu'assez de supporter tes caprices à chaque repas. Puisque tu préfères les spaghettis à tous les bons plats que nous te préparons, eh bien tu pourras désormais en manger à ta guise, jusqu'à en devenir spaghetti toi-même. Seulement, il te faudra les préparer tout seul, car figure-toi que nous partons. Bon appétit ! »

Alex reste sidéré quelques secondes, puis : Ça alors, nom d'une nouille trop cuite ! *(Il sort.)*

ALICE *(en chemise de nuit, appelant aussi)* **:** Papa ! Maman ! Vous êtes là ? *(elle trouve une lettre et la lit)* « Chère Alice, désolés d'avoir à t'annoncer notre départ. Aussi longtemps que ton désordre se limitait à ta propre chambre, ton père et moi avons pu le tolérer, mais voici qu'il envahit maintenant l'ensemble de la maison : tes chaussettes dans le frigo, ... Trop, c'est trop ! Débrouille-toi donc toute seule dans ton capharnaüm[1] ! »

Alice en reste bouche bée, puis : Ça alors, nom d'un bazar ! *(Elle sort.)*

AMÉDÉE *(très sale, en pyjama, trouve une lettre et la lit)* **:** « Cher Amédée, voilà des années que nous essayons de te faire comprendre qu'on peut utiliser l'eau non seulement pour la boire mais aussi pour se laver. « Se la-ver ». Peux-tu comprendre le sens de ce verbe ? Apparemment non. Aussi ta mère et moi avons-nous résolu de prendre le large. Signé : tes parents qui se bouchent le nez. »

Amédée reste un instant muet, puis : Ça alors, nom d'un petit goret ! *(Il sort.)*

AGATHE *(une télécommande à la main, l'air épuisé, trouve une lettre et la lit)* **:** « Chère Agathe, quand tu liras cette lettre, nous serons déjà loin, ta mère et moi. Le monde est vaste et nous allons le parcourir. Continue à rester devant l'écran, regarde bien, peut-être qu'un jour tu nous verras dedans et nous te ferons un petit coucou ! Signé : tes parents qui aiment la télé... éteinte. »

Agathe reste désemparée[2], puis : Ça alors, nom d'une télécommande ! *(Elle sort. Musique. Noir.)*

1. **capharnaüm :** désordre.
2. **désemparée :** qui ne sait plus quoi faire.

Tableau 2

(La scène se joue dans la salle commune de l'école.)

Alex, **Alice**, **Amédée** et **Agathe** *(entrent en parlant vivement puis s'installent parmi le public)* **:** Ils prétendent que j'aime seulement les spaghettis... C'est faux, je mange aussi des coquillettes... Ma chambre ? Bien sûr que je la range... Si je m'attendais à ça... Franchement, tu trouves que je sens mauvais ?... L'émission était pratiquement finie, je t'assure... Les tiens sont partis aussi ? *(etc. jusqu'à l'entrée d'Aristide.)*

Aristide *(il porte lunettes et cravate. Il monte sur une chaise et tape dans ses mains pour obtenir le silence)* **:** Mes amis... s'il vous plaît... un peu de calme... merci. Je me suis permis de vous réunir ici à l'école car la situation est grave. Comme vous l'avez constaté, nos parents sont partis.

Alice : Oui, et ils ont même emmené avec eux nos grands frères et nos grandes sœurs...

Amédée : Nos grands-pères et nos grands-mères...

Alex : Nos chiens, nos chats, nos tortues...

Aristide : Exact ! Même nos petites sœurs ! En ce qui me concerne, c'est plutôt tant mieux mais tout de même ! En un mot, nous sommes abandonnés !

Amédée : S'ils croient qu'on est perdus sans eux, eh bien ils se trompent.

Alice : Parfaitement. On sera bien tranquilles et on pourra faire ce qu'on veut. Mettre la pagaille[3] partout...

Alex : Manger des spaghettis au petit-déjeuner...

Agathe : Regarder la télé tout le temps !

Amédée : On ne se lavera qu'une fois par an, et juste les mains !

(Tous crient et applaudissent.)

Aristide : Du calme ! Vous avez raison, bien sûr, autant profiter de la situation, mais je pense qu'il faut tout de même s'organiser. Je veux bien me dévouer pour être votre chef.

Alex : Ah bon ! Et on peut savoir en quel honneur ?

Agathe : Parce que tu as des lunettes ?

Alice : Parce que ton papa est directeur de l'école ?

Aristide : Exactement. Je m'installerai dans son bureau pour vous diriger. Et puis, c'est comme ça et pas autrement ! *(Rideau.)*

3. **pagaille :** autre mot pour désordre.

... À suivre

1 Je comprends le texte

Tableau 1, page 146

- Qui sont les personnages qui entrent en scène dans ce premier tableau ? Où leur nom est-il écrit ?
- Pour quelles raisons leurs parents ont-ils décidé de partir ?
- À ton avis, les quatre personnages s'attendaient-ils à cette situation ? Qu'est-ce qui le montre ? Justifie ta réponse.

- Où et quand les parents apprennent-ils le départ de leurs parents ?

Tableau 2, page 147

- Qui se propose pour être le chef ? Pour quelles raisons ?
- Pourquoi est-ce grave que les enfants soient abandonnés ?
- Comment les enfants comptent-ils réagir ? À ton avis, vont-ils pouvoir réaliser leurs projets ?

- Le départ des parents change-t-il l'attitude des enfants ? Pourquoi ? Une telle situation pourrait-elle arriver dans la réalité ? Explique ta réponse.

2 Je fais fonctionner la langue

– Ta maman et moi en avons plus qu'assez...
– Ton père et moi avons pu le tolérer...

- Observe les groupes de mots soulignés.
- Par quel mot peux-tu les remplacer ?

– Et ils ont même emmené avec eux nos grands frères et nos grandes sœurs...
– Nos grands-pères et nos grands-mères...
– Nos chiens, nos chats, nos tortues...

- Lis les phrases.
- Trouve un mot ou une expression qui pourrait remplacer la liste.
- Continue la liste comme tu le souhaites.

3 Je prépare l'expression orale

J'observe

ALEX, ALICE, AMÉDÉE ET AGATHE *(entrent en parlant vivement puis s'installent parmi le public)* : Ils prétendent que j'aime seulement les spaghettis... C'est faux, je mange aussi des coquillettes... Ma chambre ? Bien sûr que je la range... Si je m'attendais à ça... Franchement, tu trouves que je sens mauvais ?... L'émission était pratiquement finie, je t'assure... Les tiens sont partis aussi ? *(etc. jusqu'à l'arrivée d'Aristide.)*

Je réfléchis

- Trouve des indices pour savoir qui prononce chaque phrase.
- Qu'indique l'abréviation « *etc.* » à la fin du texte ?

Au théâtre, les personnages parlent entre eux, mais aussi au public.

Je prends la parole

- Avec trois camarades, vous vous répartissez les rôles, puis vous improvisez la suite, jusqu'à l'arrivée d'Aristide. La classe joue le rôle du public.

4 Je prépare l'expression écrite

J'observe

« Cher Amédée, voilà des années que nous essayons de te faire comprendre qu'on peut utiliser l'eau non seulement pour la boire mais aussi pour se laver. « Se la-ver ». Peux-tu comprendre le sens de ce verbe ? Apparemment non. Aussi ta mère et moi avons-nous résolu de prendre le large. Signé : tes parents qui se bouchent le nez. »

Je réfléchis

- Que trouves-tu au début du texte ? et à la fin ?
- Pourquoi les parents d'Amédée lui ont-ils écrit ?

Une lettre comporte une adresse et une signature. Elle donne des explications à quelqu'un qui n'est pas là.

J'écris

- Recopie le texte en le présentant comme une lettre.

Tableau 3

(Salle commune de l'école.)

Amédée : Eh bien, qu'est-ce que tu proposes « grand chef » ?

Aristide : D'abord que nous restions tous ici à l'école. Il y a tout ce qu'il faut : la cantine, le dortoir des petits... Ce sera mieux que de s'ennuyer chacun chez soi, non ?

Tous : D'accord.

Aristide : Et puis, j'ai déjà nommé mon gouvernement. Tout est prévu. *(Il lit avec solennité)* **:**
ministre de l'Alimentation : Alex *(applaudissements)* ; ministre de la Culture et des Distractions : Agathe *(applaudissements)* ; ministre de l'Hygiène et de la Santé : Amédée *(applaudissements)* ; ministre du Rangement : Alice *(applaudissements)*.
Président de la République : Aristide, c'est moi... *(silence)*.

Alice : Au fait, Aristide, pourquoi tes parents sont-ils partis ?

Aristide : Pardon ?

Amédée *(plus fort)* **:** Elle te demande pourquoi tes parents sont partis, Aristide.

Aristide : Eh bien, ils sont partis parce que... ils me trouvent trop intelligent et que ça les agace. Mais j'ai d'autres choses à faire. Je n'ai pas le temps de discuter. À tout à l'heure. *(Il sort.)*

Tableau 4

(Salle commune de l'école. Entre Alex suivi de tous les autres sauf Aristide. Ils s'alignent face au public en fond de scène. Ils exécutent systématiquement et en pantomime tous les ordres d'Alex.)

Alex : Ouvrez... robinet ! remplissez... casserole ! Fermez... robinet ! *(À Agathe qui ne l'a pas fait)* : Toi aussi, fermer robinet.

Agathe : Oh pardon ! *(Elle ferme le robinet.)*

Alex : Ouvrez... gaz ! Présentez... allumette ! *(À Amédée qui ne l'a pas fait)* : Toi aussi Amédée ! *(Amédée présente l'allumette. Petite explosion. Ils attendent un instant. Silence et immobilité.)* Eau bouillante ? *(Ils trempent les doigts dans la casserole et crient.)*

Tous : Aaah !

Alex *(satisfait)* **:** Eau bouillante. Jetez spaghettis ! Attendez cuisson ! *(Attente.)* Goûtez spaghettis. Arrêtez gaz ! Spaghettis... Saladier ! Beurre ! Sel ! Tourner ! Très bien. Dorénavant, les spaghettis constitueront le plat unique à la cantine !

Tous : Bravo !

Alex : Et il sera interdit de manger autre chose. Nous les préparerons à tour de rôle. Plus de viande, plus de légumes. Vous pouvez disposer. *(Amédée prend sa place et enchaîne aussitôt.)*

Amédée : Posez devant vous cette cuvette ! Comment est l'eau ?

Tous *(en chœur)* **:** Propre !

Amédée : Et maintenant, observez vos mains. Comment sont-elles ?

Tous *(en chœur)* **:** Sales !

Amédée : Bien. Prenez le petit objet blanc qui est à côté de la cuvette.

Alice : Tu veux parler du savon ?

Amédée *(hurlant)* **:** Je ne veux plus entendre ce mot-là ! Frottez vos mains avec et trempez-les dans l'eau. Comment sont vos mains maintenant ?

Tous *(en chœur)* **:** Propres !

Amédée : Et l'eau ?

Tous *(en chœur)* **:** Sale !

Amédée : Exactement. La saleté n'a donc pas disparu, nous l'avons seulement déplacée. C'est la preuve qu'il est tout à fait inutile de se laver. Des questions ? *(Silence.)* Parfait. Désormais il sera interdit de se laver, sauf les mains quand ça collera trop !

Tous : Bravo !

... À suivre

1 Je comprends le texte

Tableau 3, page 150

- Pourquoi les enfants décident-ils de rester à l'école ?
- Dans le nouveau gouvernement d'Aristide, chaque personnage reçoit-il la responsabilité qui lui convient ? Pourquoi ?
- À ton avis, quelles sont les vraies raisons du départ des parents d'Aristide ?

- En quoi Aristide est-il différent des autres enfants ? Parle de son caractère. Donne des exemples pour justifier ta réponse.

Tableau 4, page 151

- Quelles sont les nouvelles règles de vie imposées aux enfants ?
- Comment Amédée s'y prend-il pour prouver qu'il n'est pas nécessaire de se laver?
- À ton avis, que veulent obtenir Alex et Amédée des autres personnages ? Compare leur caractère.

- Aimerais-tu partager la nouvelle vie des enfants ? Pourquoi ? Justifie ta réponse en donnant des exemples.

2 Je fais fonctionner la langue

– Au fait, Aristide, **pourquoi** tes parents sont-ils partis ?
– Ils sont partis **parce qu'ils**... me trouvent trop intelligent [...].

- Observe ces deux phrases. Quel lien y a-t-il entre elles ?
- Sur le même modèle, fabrique d'autres phrases.

– Ouvrez... robinet ! Remplissez... casserole ! Fermez... robinet ! Toi aussi, fermer robinet.
– Eau bouillante ? Jetez spaghettis ! Attendez cuisson !

- Observe la ponctuation dans ces phrases. Quels signes relèves-tu ? À quoi servent-ils ?

3 Je révise les sons

	[ks]	[gz]	[s]	[z]
x	un taxi le boxeur une excuse un index le fax	un xylophone un examen exact un exil il exagère	six dix soixante	sixième dixième deuxième

⚠ deux - faux - le prix - les genoux - je veux

4 Je prépare l'expression orale

J'observe

Ils exécutent systématiquement et en pantomime tous les ordres d'Alex.
ALEX : Ouvrez... gaz ! Présentez... allumette ! *(À Amédée qui ne l'a pas fait)* : Toi aussi Amédée ! *(Amédée présente l'allumette. Petite explosion. Ils attendent un instant. Silence et immobilité.)* Eau bouillante ? *(Ils trempent les doigts dans la casserole et crient.)*
Tous : Aaah !

Je réfléchis

- Quels sont les mots dits par Alex ?
  Par les autres personnages ? Comment le sais-tu ?
- Qu'indique le texte écrit en italique ? À quoi sert-il ?
- Observe la ponctuation. À quoi sert-elle ?

Dans les textes de théâtre, on trouve les paroles des personnages et des indications, souvent écrites en italique, qui décrivent leurs actions et la façon de les jouer.

Je joue la scène

- Avec trois camarades, tu joues la scène en respectant les indications fournies par l'auteur et en mettant le ton. La classe vérifie que vous n'oubliez aucune indication de jeu.

Tableau 5

(Agathe prend sa place et enchaîne.)

Agathe : Je vais vous montrer comment on doit s'y prendre pour regarder la télé. Un volontaire ? *(Alex se désigne.)* Imagine que tu es devant ton émission préférée. *(Il fait semblant. Elle l'observe.)* Pas mal ! Maintenant passons aux tests. *(Elle l'appelle)* : Alex ! c'est l'heure d'aller se coucher ! *(Alex ne bouge pas.)* Alex ! Tu viens jouer au foot ? *(Il ne bouge toujours pas.)* Bravo !

Alice *(criant)* **:** Alex , la maison brûle ! *(Alex ne réagit pas.)*

Amédée *(criant aussi)* **:** Alex, les Martiens attaquent ! *(Alex ne réagit pas.)*

Alice *(sans crier)* **:** Alex, les spaghettis sont cuits...

Alex *(bondissant)* **:** Où ça, où ça ?

Agathe : Non, même pour les spaghettis, tu ne dois pas réagir ! On recommence ! *(Il se rassied.)*

Alice : Alex, les spaghettis... *(Il ne bronche pas.)*

Agathe : Parfait ! Et surtout n'oubliez jamais, désormais, la télé sera donc obligatoire et les autres distractions interdites.

Tous : Bravo !

(Alice prend sa place, tire un papier et veut commencer à le lire, mais ce n'est pas le bon. Elle en tire un autre encore... Même jeu.).

Alex : Qu'est-ce que tu cherches Alice ?

Alice : Mon exposé... J'avais l'intention de vous lire l'exposé que j'avais préparé...

Agathe : Un exposé sur quoi ?

Alice : Sur le rangement... Mais j'ai commis une grave erreur...

Amédée : Laquelle ?

Alice : Mon exposé sur le rangement, il se trouve que je l'ai rangé...

Alex : Et alors ?

Alice *(soudain triomphante)* **:** Eh bien, je ne le trouve plus ! Forcément ! La meilleure façon de perdre une chose, c'est de la... ?

Tous : Ranger ! *(Rideau. Noir.)*

Tableau 6

(Dans le dortoir des petits. Tous ont l'air de dormir sauf Agathe.)

Agathe *(chuchotant)* **:** Alex !

Alex *(à demi endormi)* **:** Quoi ?...

Agathe : Ça fait combien de temps que nos parents sont partis ?

Alex : Un certain temps. C'est pour ça que tu me réveilles ?

Agathe : Tu crois qu'ils vont revenir ?

Alex : Je ne sais pas, moi. Ils ont dit que non en tout cas...

Agathe : Je peux te faire un aveu, Alex ?

Alex : Bien sûr, je t'écoute.

Agathe *(sans agressivité)* **:** Eh bien tes spaghettis, je commence à en avoir assez. Au début, j'adorais ça, les faire, les manger, enfin tout, mais maintenant, j'en fais des cauchemars.

Alex : Vraiment ? Bon. Je peux te faire une confidence aussi ?

Agathe : Je parie que tu en as assez de la télé ?

Alex : Comment tu as deviné ?

Agathe : Facile. Moi aussi. J'ai l'impression qu'on en a tous assez...

Alex : Il faudrait en parler à Aristide...

Agathe : Oui, c'est vrai, il faudrait en parler à Aristide...

(Ils s'endorment. Alice se réveille à son tour.)

Alice *(chuchotant)* **:** Amédée !

Amédée *(bâillant)* **:** Qu'est-ce qu'il y a ?

Alice : Tu dors ?

Amédée : Je dormais...

Alice : Je peux te faire une confidence ?

Amédée : Tu es amoureuse de moi ou quoi ?

Alice : Mais non ! C'est pas ça...

Amédée : C'est quoi alors ?

Alice : C'est que... je prendrais bien une bonne douche...

Amédée : Une bonne quoi ?

Alice : Une douche. Tu sais, l'eau qui coule sur la tête... Et on se frotte avec ce petit objet blanc...

Amédée *(rêveur)* **:** Du savon tu veux dire ?

Alice : Oui, du savon. Ça alors, Amédée, j'aurais jamais cru ça de toi !

Amédée : Eh si tu vois ! Ah, une bonne douche...

Alice : Un bon shampoing... Il faudrait en parler à Aristide...

Amédée : Oui, c'est vrai, il faudrait en parler à Aristide...

(Noir. Musique.)

... À suivre

1 Je comprends le texte

Tableau 5, page 154

- Quelles sont les nouvelles règles de vie données par Agathe et Alice ?
- Comment chacune parvient-elle à convaincre les autres ?
- Quels sont les points communs entre ce tableau et le précédent ? À ton avis, comment s'expliquent-ils ?

- Les enfants vont-ils continuer à aimer regarder la télévision si c'est obligatoire ? Justifie ta réponse.

Tableau 6, page 155

- À quoi vois-tu que les enfants commencent à regretter l'absence de leurs parents ?
- Que souhaitent Alice et Amédée maintenant ?
- À ton avis, pourquoi les enfants veulent-ils « en parler à Aristide » ? Qu'attendent-ils de lui ?

- Quels changements sont en train de se préparer ? À ton avis, que va-t-il se passer maintenant ?

2 Je fais fonctionner la langue

*Agathe **prend** sa place et **enchaîne**.*
*Alice **prend** sa place, **tire** un papier et **veut** commencer à le lire.*

- Observe les verbes soulignés. Que désignent-ils ?
- Cherche qui fait ces actions. Comment le sais-tu ?
- Trouve d'autres exemples dans le texte. Où les rencontres-tu ?

– Une douche. Tu sais, **l'eau qui coule sur la tête** […]
Et on se frotte avec **ce petit objet blanc**... […] – Du savon, tu veux dire ?

- Observe les expressions soulignées. Quels mots remplacent-elles ?
- À ton tour, invente d'autres expressions pour désigner les mêmes mots ou d'autres mots.

3 Je révise les sons

	[wa]
oi	un moineau la loi le poids il s'assoit Antoine il boit

⚠ un oignon

	[wɛ̃] •
oin	un témoin loin un point le soin joindre le foin

4 Je prépare l'expression écrite

J'observe

(Alice prend sa place, tire un papier et veut commencer à le lire, mais ce n'est pas le bon. Elle en tire un autre encore.... [...]

ALICE *(soudain triomphante)* : Eh bien, je ne le trouve plus ! Forcément ! La meilleure façon de perdre une chose, c'est de la... ?

Tous : Ranger ! *(Rideau. Noir.)*

Je réfléchis

- Comment Alice réussit-elle à expliquer à ses trois camarades qu'il vaut mieux ne pas ranger ses affaires si on veut les retrouver ?
- Es-tu d'accord avec ses arguments ? Classe dans un tableau le pour d'un côté, le contre de l'autre.

Pour expliquer quelque chose à quelqu'un, on peut utiliser un exemple.

J'écris

- Tu essaies maintenant de convaincre tes camarades que la meilleure façon de retrouver ses affaires, c'est de les ranger. Aide-toi du tableau que tu as préparé.

Tableau 7

(Aristide est seul, les pieds sur le bureau de son père. Il lit un roman en grignotant une pomme. Entre Amédée.)

Amédée : Je te dérange, Aristide ?

Aristide *(sans le regarder)* **:** Oui. Et j'aimerais surtout que tu ne m'appelles plus Aristide.

Amédée : Et comment veux-tu que je t'appelle ?

Aristide : Monsieur le président de la République, si ça ne te fait rien !

Amédée : Si tu y tiens... Je voulais te voir, Arist ..., pardon, je voulais te voir, monsieur le président de la République parce que quand nos parents sont partis, il y a un certain temps... *(s'interrompant soudain)* Mais qu'est-ce que tu manges là ?

Aristide : Une pomme. Ça s'appelle une pomme. Tu as oublié ?

Amédée : Non, mais je croyais qu'on avait tous promis de ne plus manger que des spaghettis, et maintenant toi, tu...

Aristide : Vous avez promis ? Pas moi. Rappelle-toi.

Amédée *(décontenancé[1])* **:** Ah, qu'est-ce que tu lis ?

Aristide : Je lis « Charlie et la chocolaterie » de Roald Dahl. Passionnant.

Amédée : Je pensais qu'on n'avait plus le droit de lire...

Aristide : Que vous n'aviez plus le droit de lire. « Vous », Amédée, pas moi...

Amédée *(Il s'approche et renifle)* **:** Mais Arist..., mais monsieur le président de la République... tu sens bon !

Aristide : Oui. Il se trouve que je viens de prendre un bon bain.

Amédée : Ah... *(Silence.)*

Aristide : Tu voulais autre chose, mon brave Amédée ?

Amédée : Non, Arist..., non, monsieur le président de la République.

(Il sort. Noir. Musique.)

1. **décontenancé :** qui ne sait plus quelle attitude prendre.

TABLEAU 8

(Alice s'affaire dans la salle commune. Elle mélange les objets, en jette d'autres au sol, etc.)

AGATHE : Bonjour ! Qu'est-ce que tu fais ?

ALICE : Tu vois, je dérange. Il y a au moins trois jours que cette pièce n'a pas été dérangée !

AGATHE : Tu veux un coup de main ?

ALICE : Oui, merci.

(Entre Alex. Il accroche sa veste à un portemanteau.)

ALEX : Salut les filles !

ALICE *(furieuse)* **:** On s'obstine à déranger et voilà comment tu nous aides !

ALEX *(à contrecœur)* **:** Oh, pardon, excusez-moi ! *(Il jette sa veste au sol et se met aussi au « travail ».)*

AGATHE *(s'immobilisant soudain)* **:** Amédée vous a dit pour Aristide…

ALICE : La pomme, oui, il m'a dit. Une vraie pomme bien craquante avec une vraie peau et des vrais pépins… *(Les trois cessent de déranger et rêvent.)*

ALEX : Et il a pris un vrai bain dans une vraie baignoire !

ALICE : Avec de la vraie mousse…

ALEX : Et de vraies bulles…

AGATHE : Et il lisait un vrai livre…

ALEX : Avec de vraies pages… Vous savez quoi ?

AGATHE et **ALICE** *(se tournant vers lui)* **:** Non…

ALEX : Je crois qu'il est vraiment temps de faire quelque chose.

(Noir. Musique.)

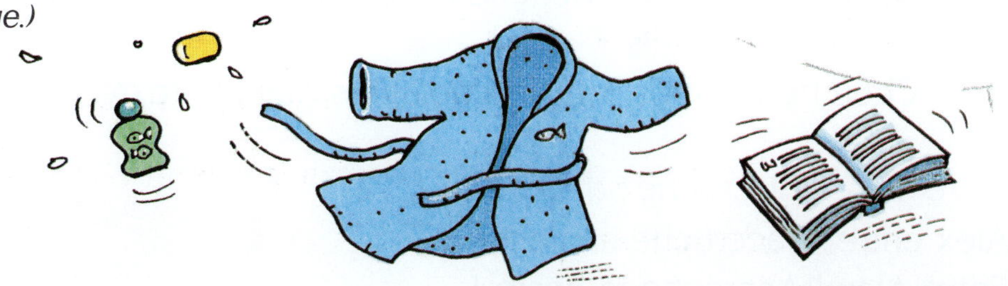

… À suivre

1 Je comprends le texte

Tableau 7, page 158

- Quelles règles Aristide a-t-il décidé de ne pas respecter ?
- Pourquoi Aristide tient-il tant à ce qu'on l'appelle « Monsieur le président de la République » ?
- Qu'est-ce qu'Amédée était venu dire à Aristide ? À ton avis, pourquoi renonce-t-il à lui parler ?

◆ Amédée envie-t-il Aristide ? Pourquoi ? Explique ta réponse.

Tableau 8, page 159

- Par qui les personnages présents ici ont-ils été informés de ce qui s'est passé dans le tableau précédent ?
- Quels signes montrent que les enfants n'ont plus de plaisir à suivre leurs règles ?
- À ton avis, quelle décision vont-ils prendre ?

◆ Que penses-tu de la façon dont Aristide tient son rôle de président ? Quelle influence exerce-t-il sur les autres personnages ?

2 Je fais fonctionner la langue

> Je te dérange, <u>Aristide</u> ?
> [...] je voulais te voir, monsieur le président de la <u>République</u> [...]
> Je lis « <u>Charlie</u> et la chocolaterie » de <u>Roald Dahl</u>.

◆ Observe les mots soulignés. Qu'ont-ils en commun ? Que désignent-ils ?

◆ Cherche d'autres mots semblables dans le texte.

> *Entre Alex. Il accroche sa veste.* [...]
> Alex entre. Il accroche sa veste.
> Entre Alex ! Accroche ta veste !

◆ Observe ces phrases. Lesquelles ont le même sens ?

3 Je prépare ma lecture à haute voix

- **Je repère les pauses.**

AMÉDÉE : Si tu y tiens... // Je voulais te voir, / Arist, // ... pardon, / je voulais te voir, / monsieur le président de la République / parce que quand nos parents sont partis, / il y a un certain temps... // *(s'interrompant soudain)* // Mais qu'est-ce que tu manges là ? //
ARISTIDE : Une pomme. // Ça s'appelle une pomme. // Tu as oublié ? //

- **Je lis le texte à haute voix.**

⚠ Attention : le texte doit être lu avec trois voix différentes. Repère bien Amédée, Aristide et le récitant. Lis d'abord seul, puis avec deux camarades.

- **Je m'entraîne sans les aides.**

Avec trois camarades, lis puis joue l'extrait du tableau 8, de la ligne 18 à la fin. Fais attention aux enchaînements.

4 Je prépare l'expression écrite

J'observe

[...] – Une vraie pomme bien craquante avec une vraie peau et des vrais pépins [...]
– Et il a pris un vrai bain dans une vraie baignoire !
– Avec de la vraie mousse...
– Et de vraies bulles...
– Et il lisait un vrai livre...
– Avec de vraies pages...

Je réfléchis

- Quel mot est répété neuf fois dans ce texte ? Pourquoi ?
- À quoi cela sert-il de répéter ce mot ?

Pour insister sur une idée, on peut l'expliquer, et répéter un mot plusieurs fois.

J'écris

- En t'inspirant du texte, écris un texte pour vanter les mérites de la pièce que vous allez représenter, en commençant ainsi : Une vraie pièce de théâtre, avec de vrais acteurs...

Tableau 9

(Aristide entre et contemple le désordre avec mépris.)

Aristide : *(au public : Je viens de composer une petite chanson. Vous voulez que je vous la chante ? Il chante avec entrain, dans un style comique.)*

Avoir son bureau bien rangé
C'est épatant, faut l'avouer
Mais avant tout on l'apprécie,
Quand les aut' vivent dans le fourbi

Refrain
Aristide, Aristide,
tu es un vrai bolide

Déguster un bifteck purée
C'est délicieux il faut l'avouer
Mais c'est encore dix fois meilleur
Quand les aut' mangent des pâtes au beurre

Refrain
Aristide, Aristide,
tu es un vrai bolide

Lire un beau roman d'aventures
C'est un bonheur à l'état pur
Et un plaisir inégalé
Quand les aut' sont devant la télé

Refrain
Aristide, Aristide,
tu es un vrai bolide

Prendre chaque jour un bain moussant
C'est un régal sans précédent
Plus chouette encore assurément
Quand les aut' sont bien dégoûtants.

Refrain
Aristide, Aristide,
tu es un vrai bolide

(Pendant le dernier refrain qu'Aristide, déchaîné, reprend plusieurs fois, les autres sont arrivés dans son dos.)

Tableau 10

Alex : Bonjour Aristide. Nous venons te faire nos adieux.

Aristide *(décontenancé)* **:** Vos adieux ?

Alice : Oui, figure-toi que nous avons décidé de partir.

Amédée : On trouve que c'est un peu étouffant ici.

Agathe : On manque d'air.

Alex : On a besoin de respirer.

Aristide : Vous rentrez chez vous ?

Agathe : Non, nous partons. Le monde est vaste, paraît-il, on va vérifier ça...

Aristide : Ah bon ? Et moi ?

Amédée : Toi, tu restes. Tu te plais bien ici, non ?

Aristide : Et quand vos parents reviendront ?

Alex : Ah oui , justement... On voulait te laisser ces lettres. Tu pourrais leur donner ? *(Tour à tour chacun des quatre lui remet une lettre et sort. Amédée, qui est le dernier, revient sur ses pas)*

Amédée : Tiens, celle-ci est pour toi. *(Il lui remet une dernière lettre et sort. Aristide reste seul. Il lit en silence tandis que les enfants font entendre à voix haute)* :

Alex : Chers parents, je ne mange plus de spaghettis. Est-ce que vous fumez toujours autant ? Signé Alex.

Alice : Chers parents, je range mes affaires. Est-ce que vous vous querellez toujours sans cesse ? Signé Alice.

Agathe : Chers parents, je ne regarde plus la télé, est-ce que vous allez enfin faire réparer mon vieux vélo ? Signé Agathe.

Amédée : Chers parents, je me lave chaque soir et chaque matin. Est-ce que vous vous embrassez à nouveau, comme quand j'étais petit ? Signé Amédée.

Aristide *(Seul, lisant)* **:** Cher Aristide, si tu veux nous rejoindre, il n'est pas trop tard. Mais ôte ta cravate. Et cours ! Signé : tes amis.

Il réfléchit quelques secondes, ôte sa cravate et sort en courant aussi vite qu'il peut... (Noir. Musique. Fin.)

Quelques indications amicales pour la mise en scène : La priorité doit être donnée au jeu : projection des voix, déplacements, axes, rythmes... Le décor peut être très sommaire. La scène du dortoir par exemple peut très bien se jouer avec les comédiens dormant debout.

... Fin

1 Je comprends le texte

Tableau 9, page 162

- Combien de couplets la chanson comporte-t-elle? Quel est le sujet de chacun d'eux ?
- Qu'est-ce qui indique la joie d'Aristide ?
- À ton avis, pourquoi éprouve-t-il une telle joie ?

◆ Aristide va-t-il encore rester le chef longtemps ?

Tableau 10, page 163

- Que vont faire Alex, Amédée, Alice et Agathe ?
- Qu'annoncent les enfants à leurs parents ? Leur lettre est-elle seulement la réponse à celle reçue dans le premier tableau ? Pourquoi ?
- À ton avis, pourquoi Aristide doit-il retirer sa cravate avant de rejoindre les autres ?

◆ Les enfants ont réussi à éliminer leur défaut principal. À ton avis, leur exemple permettra-t-il à leurs parents de se corriger aussi ?

2 Je fais fonctionner la langue

Un beau roman **d'aventures**.
Un bonheur **à l'état pur**.
Un régal **sans précédent**.

◆ Observe les groupes de mots soulignés. À quoi servent-ils ?
◆ Sur le même modèle, construis d'autres groupes de mots.

Je me lave **chaque** soir et **chaque** matin.
Il réfléchit ***quelques*** *secondes.*

◆ Observe les mots soulignés. À quoi servent-ils ? Par quoi peux-tu les remplacer ?

3 Je prépare l'expression orale

J'observe

Avoir son bureau bien rangé
C'est épatant, faut l'avouer
Mais avant tout on l'apprécie,
Quand les aut' vivent dans le fourbi
Refrain
Aristide, Aristide,
Tu es un vrai bolide

Je réfléchis

- Qu'entends-tu à la fin de chaque ligne ? Compte le nombre de syllabes des quatre premières lignes. Que remarques-tu ?

Je me prépare à chanter

- À la médiathèque municipale ou chez toi, cherche des disques ou CDs dont la musique pourrait accompagner la chanson d'Aristide. Propose-la à tes camarades et choisissez celle qui vous convient le mieux. Chantez ensuite sur l'air que vous avez choisi.

4 Je prépare l'expression écrite

J'observe

Chers parents,
Je ne regarde plus la télé, est-ce que vous allez enfin faire réparer mon vieux vélo ? Signé Agathe.

Je réfléchis

- À quoi reconnais-tu qu'il s'agit d'une lettre ?
  Agathe attend-elle une réponse ? Laquelle ?

Une lettre peut servir à exprimer une demande.
Dans ce cas, elle doit recevoir une réponse.

J'écris

- Tu rédiges une lettre d'invitation à la représentation de la pièce en demandant aux parents de préciser s'ils viendront.

Aristide

On entend soudain les trois coups : toc, toc, toc... Le spectacle va commencer : les enfants du CE1B imaginent une pièce de théâtre. Les parents sont partis, ils ne supportaient plus les caprices de leurs enfants. Les enfants vont organiser leur vie sans eux, et Aristide va prendre les choses en main... Pour le meilleur ou pour le pire ?

À partir de 7 ans

Dans la même collection :
- *Mystère*
- *Belle neigeuse*

LE THÉÂTRE

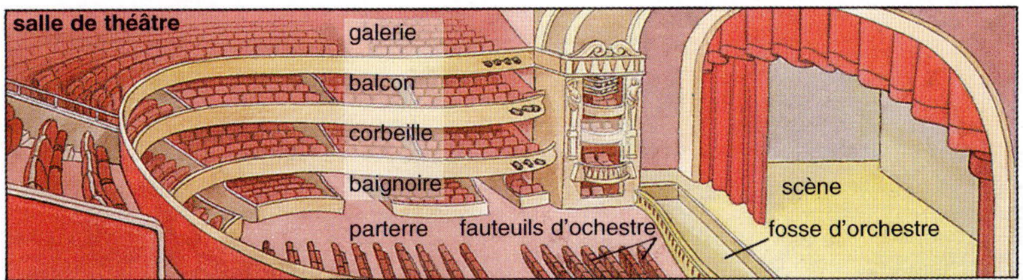

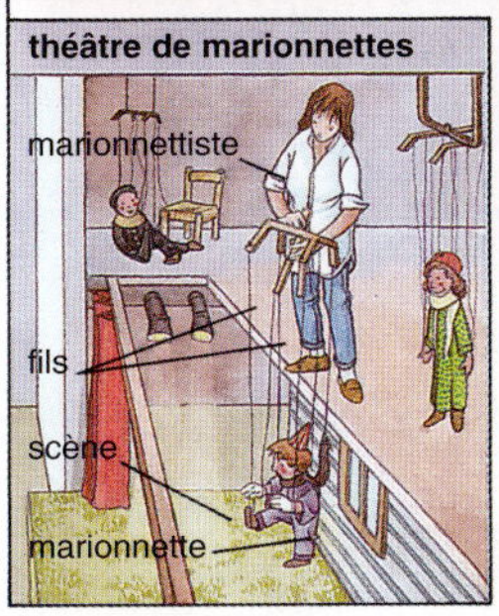

illustr. p. 952, 427 **théâtre** n.m. SENS 1. *Hier soir, nous sommes allés au **théâtre**,* dans une salle où des acteurs jouent une pièce sur une scène. SENS 2. *Cet acteur de cinéma fait aussi du **théâtre**,* il joue dans un théâtre. *Les comédies, les tragédies, les drames, les mélodrames sont des **pièces de théâtre**.* SENS 3. *Cette maison a été le **théâtre** d'un crime,* le lieu où un crime a été commis. SENS 4. *Son arrivée a été un **coup de théâtre**,* un événement inattendu et sensationnel.

▪ **théâtral, ale, aux** adj. [SENS 2] *Les comédiens ont donné une représentation **théâtrale**,* ils ont joué une pièce de théâtre. ◆ *Il a salué l'assistance d'un air **théâtral**,* avec une solennité excessive (= pompeux).

▪ **théâtralement** adv. *Il est parti **théâtralement** sans un mot en claquant la porte,* d'une manière théâtrale.

Extrait du *Maxi Débutants*, © Larousse, 1997.

1 D'où provient ce document ? Quels renseignements te donne-t-il ? Sous quelle forme ?

2 Observe les illustrations : que représentent-elles ? En t'aidant des dessins, donne la définition de « corbeille », « marionnettiste », « rampe » et « coulisses ». Recherche ensuite dans un dictionnaire la définition de ces mots pour vérifier ton travail.

3 Quel mot retrouves-tu dans « théâtral » et « théâtralement » ?

Monsieur le Premier ministre

Le deuxième personnage de l'État n'est pas élu, mais choisi par le Président de la République.

C'est lui qui propose la liste des ministres au Président.

A l'hôtel Matignon, il reçoit syndicats, chefs d'entreprise, organisations... et ses ministres.

Tant que le Président lui fait confiance, le Premier ministre dirige le gouvernement.

Le Conseil des ministres

Chaque mercredi matin, tous les ministres se réunissent au palais de l'Elysée autour du président de la République. A l'ordre du jour : discuter et signer des projets de lois, des décrets, nommer des hauts fonctionnaires. Puis certains ministres présentent leur travail.

Un ministre dans son cabinet.

Un ministre ne travaille pas seul, mais avec ses conseillers, ses chargés de mission et ses secrétaires. Tous ces gens constituent son cabinet.

Quand il prend sa fonction, le ministère n'est pas vide. Un grand nombre de personnes, les fonctionnaires, travaillent déjà.

Chaque ministère a des antennes dans tout le pays. Ce sont les Directions Régionales et les Directions Départementales.

Des inspecteurs circulent entre l'administration centrale du ministère et les services extérieurs. Ils contrôlent aussi les activités des fonctionnaires.

© Casterman, in *Le petit citoyen*.
Texte : M.P. Perdrizet.
Illustrations : Bruno Heitz.

1. D'où provient ce document ? Quelles informations te fournit-il ? Où se trouvent les informations essentielles ? À quoi servent les dessins ?
2. Fais un schéma pour indiquer la position des différents personnages les uns par rapport aux autres.
3. Recherche d'autres documents sur la fonction de président de la République ou de ministre.

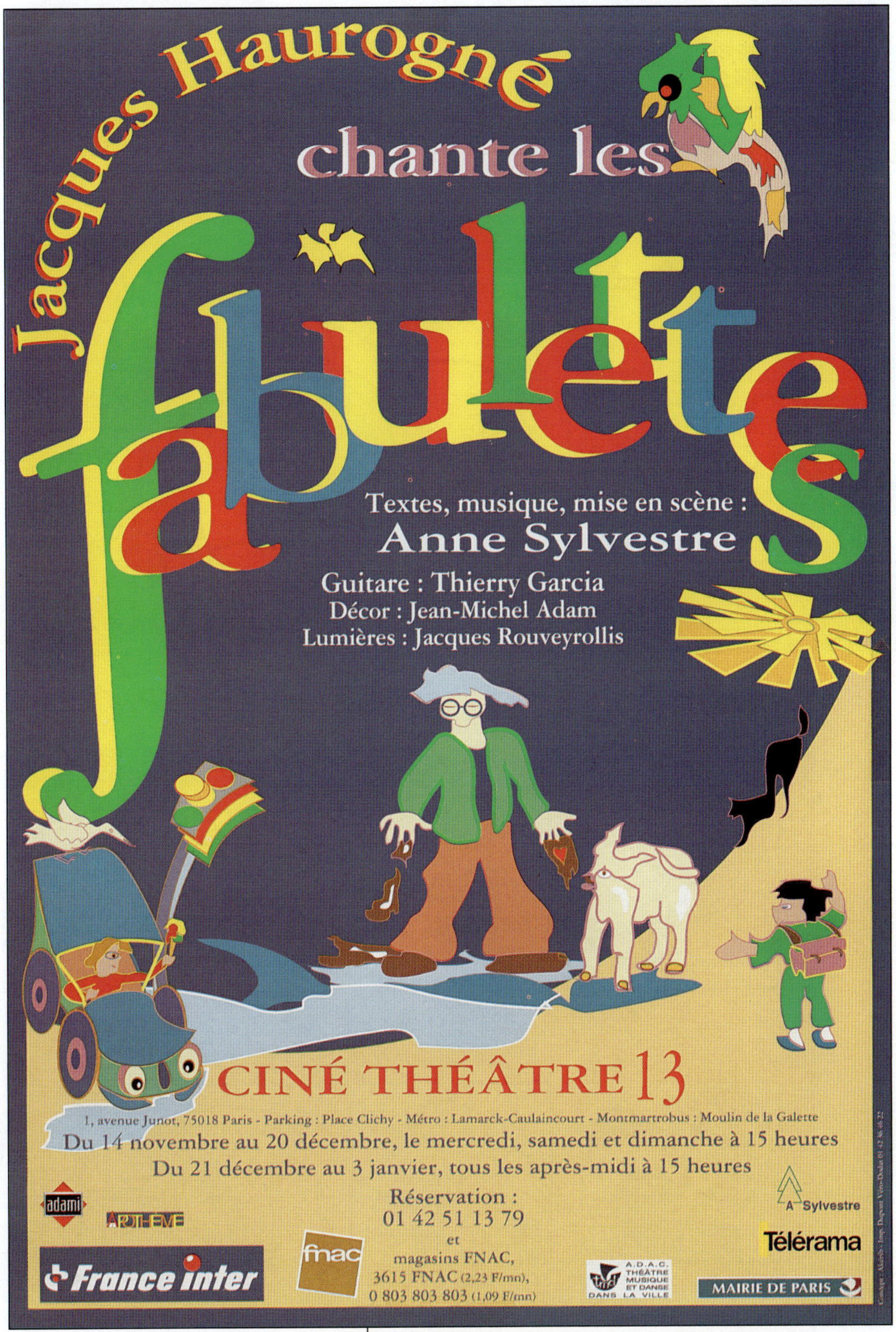

Illustrations : Agnès Akebib, © A. Sylvestre.

1 Quel est ce document ? Comment le sais-tu ?

2 Quelles informations peux-tu trouver dans ce document ? Quelles sont celles qui sont particulièrement mises en valeur ? Comment ? Pourquoi ?

3 Recherche d'autres documents du même type.

1 Quel sujet aborde ce document ? D'où provient-il ? À qui s'adresse-t-il ? Comment est-il composé ?

2 Quelles informations apportent les textes ? Les dessins ? Si tu avais des poux, saurais-tu, après la lecture de ce document, faire le nécessaire pour qu'ils disparaissent ?

3 Recherche d'autres documents sur le même sujet.

SAMEDI 11 DÉCEMBRE

FRANCE 2

07.50 **Anim'+**
Fracasse. Princesse du Nil.
08.45 **La planète de Donkey Kong**
Cat's eyes. Parker Lewis.
Hercule contre Arès.
Clueless. S Club 7.
Code Lisa.
11.35 **Les z'amours**
12.10 **Pyramide** 12.45

14.50
À la redécouverte du monde
Un avenir pour l'Amazonie.
Film documentaire de Jacques-Yves Cousteau.
Les équipes du commandant Cousteau visitent des régions où l'a tenté d'apprivoiser la jungle amazonienne en utilisant les nouvelles techonologies: implantation de rizières, collecteurs de caoutchouc, etc.
15.40 **Samedi Sport**
Patinage: championnat de France, commenté par Nelson Montfort et Isabelle Duchesnay.
Rugby: coupe d'Europe, Bourgoin/London Wasps, commenté par Pierre Salviac et Thierry Lacroix.
19.00 **Union libre**
Animé par Christine Bravo.
19.50

20.55
2000 mercis
Animé par Estelle Hallyday.
Ce spécial *2000 mercis* est consacré au rire avec Les Nuls et Pierre Palmade. Côté variétés, Patrick Bruel, Pascal Obispo, David Hallyday, Patrick Fiori, Tina Arena, Axelle Red et Nathalie Cardone. Le XV de France est également sur le plateau. 23.10

FRANCE 3

06.40 **Les Minikeums**
Patrouille 03.
Tom et Sheenah.
Bob Morane.
La Famille Pirate.
Les Troubakeums.
Cinékeum: "Superkeum".
Michatmichien. Ripley et les aventuriers de l'étrange.
Mission Pirattak (jeu).
10.30

13.00
Couleur pays
Émissions régionales.
18.20 **Questions pour un champion** 18.50
20.10 **Mr Bean**
20.35 **Tout le sport**

20.55
Louis la brocante
ST
Série française.
Avec Victor Lanoux et Evelyne Buyle.
"Louis et la prison de cristal"
Pour tous.
À la recherche d'un objet en verre soufflé très rare, Louis la Brocante rencontre une famille de verriers réputés mais en pleine crise.
22.30 **1900...2000, l'explosion du sport** (3/3)
Le spectacle du sport.
Une excellente série-documentaire sur l'histoire du sport au 20ᵉ siècle (lis HDJ 327, page 16). 23.30

LA 5ᵉ-ARTE

08.30 **L'œil et la main**
Magazine d'infos pour les sourds et malentendants.
09.00
09.55 **Les écrans du savoir**
11.30
12.35 **Virunga, des coulées de feu et de glace**
Reportage dans le parc national de Virunga, au cœur de l'Afrique équatoriale, au pays des gorilles de montagne.
13.30 **100 % question**
14.00

15.30
Pi=3,14...
16.00 **Sur les chemins du monde**
À 17h25, Va savoir.
18.05 **Daktari** 19.00
20.15 **La vipère noire**
Série comique britannique.
Avec Rowan Atkinson.

20.45
L'aventure humaine
Amundsen: un cœur de glace
Les grands exploits de Roald Amundsen, le premier explorateur parvenu en Alaska en franchissant le détroit de Béring au début du 20ᵉ siècle: des images spectaculaires filmées lors de ses explorations au pôle Nord dans les années 20.
21.45

Magazine ou documentaire · Série ou téléfilm · Jeunesse · Jeu ou divertissement · Sport · Sous-titrage ST · L'avis de L'Hebdo

L'Hebdo des Juniors du 11/12/1999.

1 Quel est ce document ? À quoi sert-il ?

2 Quelles informations trouves-tu dans ce document ?
Qu'est-ce qui te permet de les repérer ?
Si tu t'intéresses à la découverte du monde, quelles émissions pourras-tu regarder, sur quelle chaîne, à quelle heure ?

3 Recherche d'autres magazines qui apportent ce genre d'informations et compare-les à celui-ci.

PROJET D'ÉCRITURE

1 J'ai découvert dans cette période

Dans la rubrique je prépare l'expression écrite :

- comment **présenter** et **rédiger** une lettre
- comment utiliser des exemples pour **convaincre**
- comment **mettre mes propos en valeur**.

2 J'observe

Centre dramatique national jeunes publics. Lille-Région Nord Pas-de-Calais.

3 Je réfléchis

- Recherche dans le document où sont indiqués : le titre du spectacle, le genre de la pièce, le public concerné. Que sais-tu de l'histoire ? Comment se termine-t-elle ? Qui sont les artistes ? Comment s'appelle leur compagnie ? Quels renseignements nous donne-t-on sur eux ?
- Quand ce spectacle a-t-il eu lieu ?

Rédiger le programme du spectacle « Aristide ».

voir pages 149, 157, 161, 165.

4 Notre projet

◆ **Rédiger le programme du spectacle « Aristide ».**

5 Je trouve des idées pour m'aider

Boîte à idées

- J'utilise toutes les informations dont je dispose sur la pièce pour présenter l'histoire, mais sans raconter la fin et je termine sur une question. Par exemple : *Les enfants ne vont-ils pas regretter le départ de leurs parents ?* ou *Le stratagème des parents va-t-il réussir ?* ou *Les enfants parviendront-ils à se corriger ?*
- Je fais la liste de tous les camarades de la classe qui participent au spectacle en indiquant leur rôle. Par exemple : *Agathe : Chloé Legrand, Delphine Caron...*
- Je raconte brièvement comment nous avons travaillé pour réaliser ce spectacle.
- Je précise le lieu, en indiquant clairement l'adresse.
- Je précise la date et l'heure de la représentation.
- etc.

Tu peux utiliser la boîte à idées et la compléter.

6 J'écris

Je rédige les différentes parties du programme.
Nous imaginons une illustration pour le programme et nous préparons la mise en page. Nous comparons nos réalisations et tous ensemble, nous choisissons celle que nous préférons.

⚠ Je fais attention de ne rien oublier.

Ensuite vous pouvez :

◆ utiliser votre programme pour votre spectacle.

Par une belle journée d'été ...
Pffff!! C'est insupportable, il fait de plus en plus chaud!!
Sans parler de cette horrible odeur de fumée...
Comment ça, une odeur de fumée?
Oui, c'est net... Tu ne sens pas? Un peu comme une forêt qui brûle.
SNIF SNIF
AAAAHH!! MAIS TU AS RAISON!! LA FORÊT ENCHANTÉE EST EN FEU!!
VITE, À LA RIVIÈRE!! PAS DE PANIQUE, GARDE TON CALME!! SUIS-MOI!
Grindelire, je suis là.
Me demander d'éteindre le feu, à moi!! C'est le monde à l'envers!!
AZOR!! Qui a fait ça ?!! Tu ne vas pas me dire que tu as encore éternué, on est en plein été
Je n'y suis pour rien!

C'est des touristes qui ont voulu faire un barbecue avec des saucisses...
Alors, avec cette chaleur, évidemment...
AH C'EST MALIN!! J'AI POURTANT FORMELLEMENT INTERDIT QU'ON LAISSE ENTRER DES TOURISTES DANS LA FORÊT ENCHANTÉE!!
Euh... Ils ont dû profiter de l'heure de ma sieste!
GRINDELIRE, LA RIVIÈRE EST À SEC!!
On est grillés!!
IL NE NOUS RESTE PLUS QU'UNE SOLUTION, COMBATTRE LE MAL PAR LE MAL!!
Cinq minutes plus tard
AHEM! MONSIEUR, S'IL VOUS PLAÎT!!
Comment osez-vous me déranger, sinistre individu!
C'est à dire... Mes amis et moi-même aimerions beaucoup que vous nous chantiez une chanson.
AH ENFIN. VOUS RECONNAISSEZ MON TALENT, BANDE D'IGNORANTS!! VOUS ÊTES DONC VENUS M'IMPLORER À GENOUX DE DONNER UN RÉCITAL...
Et même, si possible, avec des morceaux de votre composition
Soit... 'y consens.
Peu après...
Si ça continue, on risque l'inondation!
LE SOLEIL BRILLE QUAND JE PÉPIE Y'A PAS DE SECRET C'EST BIEN L'ÉTÉ
Et alors? Ce n'est pas possible, vous n'êtes jamais contents!!
FIN

Poésies

Des nouilles

Il y a donc les vermicelles
Les spaghettis les papillons
Cheveux d'ange ou demoiselle
Rubans coussins et tortillons
Macaronis et coquillettes
Petits plombs ou langues d'oiseaux
Alphabet au bord de l'assiette
Paniers roulettes et fuseaux...

Extrait de *Des nouilles*, Anne Sylvestre,
in *Fabulettes à manger*, © EPM.

Bain de soleil

La salle de bains est fermée à clef
Le soleil entre par la fenêtre
Et il se baigne dans la baignoire
Et il se frotte avec le savon
Et le savon pleure
Il a du soleil dans l'œil

Jacques Prévert, in « Textes divers »,
œuvres complètes tome 2,
Bibliothèque de La Pléiade, © Gallimard.

La Baigneuse de Degas.

Réponses jeu p. 7 : ① p. 40, p. 31, pp. 38-39 ; ② 17 fois.

Imprimée en Espagne par Gráficas Estella, S.A.
N°. d'éditeur: 10072603 (I) (55) CSBL 90 - dépôt légal: mars 2000